Friederike Barié-Wimmer, Katharina von Helmolt,

Bernhard Zimmermann (Hg.)

Interkulturelle Arbeitskontexte

Beiträge zur empirischen Forschung

KULTUR – KOMMUNIKATION – KOOPERATION

herausgegeben von Gabriele Berkenbusch und Katharina von Helmolt

ISSN 1869-5884

8   *Gabriele Berkenbusch, Katharina von Helmolt, Vasco da Silva (Hg.)*
Migration und Mobilität aus der Perspektive von Frauen
ISBN 978-3-8382-0156-6

9   *Ann-Kathrin Hörl*
Interkulturelles Lernen von Schülern
Einfluss internationaler Schüler- und Jugendaustauschprogramme auf die persönliche
Entwicklung und die Herausbildung interkultureller Kompetenz
ISBN 978-3-8382-0361-4

10   *Gwendolin Lauterbach*
Hierarchie in internationalen Hochschulkooperationen
Eine Studie zu deutsch-kirgisischer Projektarbeit
ISBN 978-3-8382-0392-8

11   *Gabriele Berkenbusch, Elisa Wiesbaum, Jens Weyhe*
Zwischen Hochschule und Arbeitsmarkt
Die Absolventenstudie der Fakultät Angewandte Sprachen und Interkulturelle
Kommunikation der Westsächsischen Hochschule Zwickau
ISBN 978-3-8382-0351-5

12   *Ciara Hogan, Nadine Rentel, Stephanie Schwerter (eds.)*
Bridging Cultures: Intercultural Mediation in Literature, Linguistics
and the Arts
ISBN 978-3-8382-0352-2

13   *Katharina von Helmolt, Gabriele Berkenbusch, Wenjian Jia (Hg.)*
Interkulturelle Lernsettings
Konzepte – Formate – Verfahren
ISBN 978-3-8382-0349-2

14   *Alexandra Bauer*
Identifikative Integration
Über das Zugehörigkeitsgefühl von Migranten und Migrantinnen
zu ihrer Aufnahmegesellschaft
ISBN 978-3-8382-0382-9

15   *Melanie Püschel*
Emotionen im Web
Die Verwendung von Emoticons, Interjektionen und emotiven Akronymen in
schriftbasierten Webforen für Hörgeschädigte
ISBN 978-3-8382-0506-9

Friederike Barié-Wimmer, Katharina von Helmolt,

Bernhard Zimmermann (Hg.)

INTERKULTURELLE ARBEITSKONTEXTE

Beiträge zur empirischen Forschung

ibidem-Verlag
Stuttgart

Bibliografische Information der Deutschen Nationalbibliothek
Die Deutsche Nationalbibliothek verzeichnet diese Publikation in der
Deutschen Nationalbibliografie; detaillierte bibliografische Daten sind im
Internet über http://dnb.d-nb.de abrufbar.

Bibliographic information published by the Deutsche Nationalbibliothek
Die Deutsche Nationalbibliothek lists this publication in the Deutsche Nationalbibliografie;
detailed bibliographic data are available in the Internet at http://dnb.d-nb.de.

Coverabbildung: © weseetheworld - Fotolia.com, bearbeitet von Anne Schäfer

∞

Gedruckt auf alterungsbeständigem, säurefreien Papier
Printed on acid-free paper

ISSN: 1869-5884

ISBN-13: 978-3-8382-0637-0

© *ibidem*-Verlag
Stuttgart 2014

Printed in Germany

Inhaltsverzeichnis

Vorwort

Der vorliegende Band geht auf die Tagung „Interkulturelle Arbeitsplätze, Arbeitssituationen und Berufsfelder" zurück, die im November 2013 als „10. Internationaler Tag" der Hochschule München stattfand. Im Rahmen der Tagung wurden Berichte empirischer Untersuchungen interkultureller Arbeitskontexte aus unterschiedlichen wissenschaftlichen Disziplinen vorgestellt und diskutiert. Der Tagungsband umfasst die ausgearbeiteten Vorträge der Tagung.

Wir danken allen Autorinnen und Autoren herzlich für ihre Beiträge und ihre Offenheit für unsere Anregungen und Hinweise.

Die Durchführung der Tagung selbst wäre ohne die Unterstützung vieler Personen nicht möglich gewesen. Wir danken Gerda Walter und Mahalia Wandelt-Peröti für die organisatorische Unterstützung im Vorfeld und während der Tagung, Nico Fung für die fotografische Dokumentation der Tagung sowie Florian Anfang, Stefanie Armbruster, Carola Bilitik Oculi, Surya Diwald, Sarah Schmid und Verena Tauchert für ihren Beitrag zum reibungslosen Ablauf der Tagung.

Allen Leserinnen und Lesern wünschen wir eine interessante Lektüre und Anregungen zu einem interdisziplinären Austausch über die Merkmale und Besonderheiten von Arbeit in interkulturellen Kontexten.

Friederike Barié-Wimmer   Katharina von Helmolt   Bernhard Zimmermann

Friederike Barié-Wimmer, Katharina von Helmolt, Bernhard Zimmermann

Einleitung

Arbeit ist in vielen Bereichen durch eine Zunahme kultureller Vielfalt gekennzeichnet. Dafür sind vor allem zwei Entwicklungen ausschlaggebend. Zum einen führt die grenzüberschreitende Verflechtung von Wirtschaft und Politik dazu, dass Unternehmen international agieren, um Standortbedingungen zu nutzen oder wachsende Märkte zu erreichen. Zum anderen findet individuelle Migration über nationale Grenzen hinweg statt und stellt Unternehmen, Organisationen und Behörden vor die Herausforderung, sich interkulturell zu öffnen und Personen mit unterschiedlicher kultureller Herkunft und Zugehörigkeit in Arbeitsabläufe zu integrieren oder als Zielgruppe für Produkte oder Dienstleistungen zu berücksichtigen (Griese/Marburger 2012).

Als Folge dieser Entwicklungen kann kulturelle Vielfalt in verschiedenen Bereichen von Arbeit eine Rolle spielen: Personen mit unterschiedlichen kulturellen Hintergründen arbeiten an einem Standort oder auf virtueller Basis an verschiedenen Standorten zusammen, sie kommunizieren an internen oder externen Schnittstellen mit Kolleginnen oder Geschäftspartnern im Ausland oder werden zur Wissensvermittlung an ausländische Standorte entsandt. Kulturelle Vielfalt kann aber auch dann zum Tragen kommen, wenn Funktionsbereiche wie Entwicklung, Fertigung oder Vertrieb kulturell unterschiedliche Zielgruppen im Blick haben müssen oder länderspezifische Gesetzgebungen, Messgrößen und Technikanwendungen aufeinanderstoßen (v. Behr 2004: 88ff.).

Ob und auf welche Weise Kultur und kulturelle Vielfalt im Arbeitsprozess wirksam werden und wie Arbeitende damit umgehen, ist das Thema des vorliegenden Bandes, der auf die Tagung „Interkulturelle Arbeitsplätze, Arbeitssituationen und Berufsfelder" an der Hochschule München zurückgeht.[1] Im Fokus stehen arbeitsbezogene Interaktionen, in denen sich Kultur als Einflussgröße zeigt, weil die Beteiligten

---

[1] Die Tagung „Interkulturelle Arbeitsplätze, Arbeitssituationen und Berufsfelder" fand am 15. November 2013 als 10. Internationaler Tag der Hochschule München statt.

aufgrund unterschiedlicher Sozialisationen und Lebenswege voneinander abweichende Kommunikationsformen, Deutungsmuster und Arbeitsroutinen erworben haben oder in expliziter oder impliziter Form kulturelle Zuschreibungen vornehmen. Diese Bedingungen bezeichnen wir hier als „interkulturelle Arbeitskontexte".[2] Die Beiträge des Bandes behandeln aus der Perspektive unterschiedlicher wissenschaftlicher Disziplinen Arbeitsinteraktionen, subjektive Interpretationen dieser Interaktionen durch die Beteiligten, institutionelle Rahmenbedingungen und strategische Steuerungsmöglichkeiten auf der Ebene der Unternehmensführung und der Personalauswahl.

Dass interkulturelle Arbeitskontexte besondere Kompetenzen erfordern, ist im Forschungsdiskurs unbestritten. Welche das aber sind, ist bisher nicht abschließend beantwortet worden. Obwohl interkulturelle Kompetenz als eine Schlüsselkompetenz für das Arbeiten in internationalen Zusammenhängen gilt und als Lehr- und Lernziel zahlreicher akademischer Bildungsangebote und weiterbildender Qualifizierungsmaßnahmen angegeben wird, gibt es noch wenige systematische Analysen interkultureller Arbeitskontexte. Ohne Erkenntnisse darüber, welche spezifischen Anforderungen interkulturelle Arbeitskontexte an Beschäftigte stellen, lässt sich jedoch nur unzureichend beurteilen, ob interkulturelle Kompetenz kontextübergreifend oder bezogen auf spezifische Arbeitskontexte zu konzeptualisieren ist, also etwa branchen-, arbeitsplatz-, aufgaben- oder anforderungsspezifisch. Für den Bereich der Vermittlung von interkultureller Kompetenz ist zudem die Frage von Bedeutung, ob Beschäftige in interkulturellen Arbeitskontexten auf Fähigkeiten, Kenntnisse und Fertigkeiten zurückgreifen, die sich in formalen Lehr- und Lernformaten vermitteln lassen, oder eher auf ein implizites praktisches Wissen, das in informellen Lernprozessen erworben wird.[3] Schließlich ist es für Bildungs- und Auswahlverfahren von Interesse, inwieweit die für die Beschäftigung in interkulturellen Arbeitskontexten benötigte interkulturelle Kompetenz überhaupt durch Wissensaneignung oder Training erworben werden kann oder vielmehr auf stabilen Persönlichkeitsmerkmalen beruht.[4] Antworten auf die offenen Fragen zur Beschaffenheit von interkultureller

---

[2]   Der Begriff „interkultureller Arbeitskontext" ist in der wissenschaftlichen Diskussion noch nicht systematisch eingeführt. Er wird in diesem Band in der oben beschriebenen weiten Bedeutung verwendet, um die thematische Vielfalt der einzelnen Beiträge abzudecken.

[3]   Vgl. dazu auch Straub 2007: 42-44.

[4]   Vgl. dazu auch Leenen, Stumpf, Scheitza in diesem Band.

Kompetenz mit Relevanz für Arbeitskontexte kann letztlich nur die Analyse der Arbeitspraxis selbst geben.

Vor diesem Hintergrund ist Forschung notwendig, die sich mit interkultureller Kommunikation in Arbeitskontexten befasst, insbesondere mit den Handlungsweisen und subjektiven Sichtweisen der in diesen Kontexten agierenden Personen. Dabei besteht eine grundsätzliche Herausforderung der Erforschung interkultureller Kommunikation darin, die Wirksamkeit von Kultur und kultureller Vielfalt empirisch nachzuweisen, denn Forschungsinteresse und -design sind in der Regel so angelegt, dass Kultur als Kontextvariable bestätigt und reproduziert wird. Damit trägt der Forschungsdiskurs zur interkulturellen Kommunikation dazu bei, das „interkulturelle Paradigma" (Haas 2008) fortlaufend zu reproduzieren.[5] Auch wenn oder gerade weil sich dieses Dilemma nicht umgehen lässt, besteht Bedarf an empirischen Untersuchungen von Arbeitskontexten, die sich nicht a priori auf Kultur als Deutungsansatz festlegen, sondern weitere für den Arbeitsprozess relevante Kontextvariablen systematisch berücksichtigen.

Je nach disziplinärer Verankerung und methodischem Verfahren geht die Forschung zur interkulturellen Kommunikation auf unterschiedliche Weise mit dieser Herausforderung um. Dies entspricht dem breiten Spektrum an Erkenntnisinteressen und methodischem Repertoire, das die Forschung zur interkulturellen Kommunikation kennzeichnet.[6] In Abhängigkeit von Kulturkonzepten und wissenschaftlichen Bezugsdisziplinen werden unterschiedliche Methoden der Erhebung und Auswertung von Daten bevorzugt. Forschungen, die Kultur als eine handlungs- und deutungsdeteminierende Einflussgröße betrachten, setzen bevorzugt Methoden ein, die auf einen Vergleich von Strukturen, Einstellungen und Handlungsweisen abzielen. Forschungsansätze, die Kultur als Prozess auffassen, wenden dagegen Forschungsmethoden an, die es erlauben, die Entstehung von Kultur in sozialer Praxis nachzuvollziehen. Beide Perspektiven sind von Bedeutung, wenn es darum geht, interkulturelle Arbeitskontexte zu analysieren und das Handeln und Erleben der Beteiligten zu verstehen.

Dieser Band stellt Untersuchungen in unterschiedlichen Arbeitskontexten vor, die auf verschiedene wissenschaftliche Bezugsdisziplinen wie die Soziologie, die Ethnologie,

---

[5] Vgl. dazu Busch 2013.
[6] Einen Überblick über das Feld der empirischen Erforschung interkultureller Kommunikation geben z. B. Otten/Geppert 2009.

die Psychologie, die Wirtschaftswissenschaften und die ethnographisch orientierte Gesprächsanalyse zurückgreifen. Dabei werden sowohl strukturvergleichende als auch rekonstruierende Forschungsverfahren angewendet. Die Beiträge bieten einen Einblick in das breite Panorama der Fragstellungen und möglichen methodischen Vorgehensweisen im Bereich der empirischen Erforschung von interkulturellen Arbeitskontexten.

Zu den Beiträgen des Bandes

Die Beiträge des Bandes befassen sich mit empirischen Untersuchungen auf der Mesoebene der Zusammenarbeit in und zwischen Organisationen, auf der Mikroebene der interpersonalen Kommunikation in Arbeitskontexten und auf der Ebene der Steuerung von Unternehmen und Organisationen durch Personalauswahl und Management.

Im ersten Abschnitt des Bandes werden Ergebnisse empirischer Untersuchungen der internationalen, interkulturellen und interinstitutionellen Zusammenarbeit in und von Unternehmen und Organisationen vorgestellt. Die Untersuchungen basieren auf Methoden der Soziologie, der Ethnologie und der ethnographischen Gesprächsanalyse.

Um die globale Zusammenarbeit im Bereich der IT-Dienstleistungsbranche geht es im Beitrag von **Steffen Steglich, Andreas Boes** und **Tobias Kämpf**. Ihre arbeitssoziologische Forschung umfasst mehr als 30 Fallstudien aus Deutschland, Indien, Mittel- und Osteuropa sowie den USA. Die Autoren zeigen auf, welche Auswirkungen verschiedene Kooperationsmodelle auf das Erleben und Agieren der Beschäftigten haben, und diskutieren die Notwendigkeit, interkulturelle Aspekte von Zusammenarbeit im Kontext organisationaler Rahmenbedingungen zu betrachten.

Mit der Beschreibung interkultureller Prozesse in multinationalen Unternehmen durch die Methode der ethnographischen Organisationsforschung befasst sich der Beitrag von **Alois Moosmüller**. An drei Beispielen organisationsethnographischer Untersuchungen aus Japan und Deutschland wird gezeigt, welche Erkenntnisse aus einem situations- und kontextbezogenen Forschungszugang über die Praxis eines multinationalen Unternehmens gewonnen werden können. Der Fokus liegt dabei auf dem Umgang mit Interkulturalität und den Auswirkungen auf die Beschäftigten.

Mareike Martini stellt die Untersuchung einer deutsch-kubanischen Hochschulkooperation vor. Mit den methodischen Verfahren der teilnehmenden Beobachtung und der ethnographischen Gesprächsanalyse geht die Autorin in ihrer Untersuchung der Frage nach, mit welchen kommunikativen Mitteln die Beteiligten ihre Kooperationsaufgaben bearbeiten. Neben spezifischen Gattungsformen der Aufgabenbearbeitung werden Problemfelder der Kooperationsbesprechungen herausgearbeitet, die auf kulturelle, institutionelle und individuelle Faktoren zurückzuführen sind. Besonderes Augenmerk wird dabei auf die Handlungsweise sprachmittelnder Personen und ihren Einfluss auf den Verlauf der Koopationsbesprechungen gelegt.

Die Beiträge des zweiten Abschnitts thematisieren die interpersonale Kommunikation in interkulturellen Arbeitskontexten. An Fallbeispielen interpersonaler Arbeitskommunikation werden Herausforderungen und Lösungsansätze der kommunikativen Bearbeitung von Arbeitsaufgaben in interkulturellen Arbeitskontexten behandelt.

Katharina von Helmolt spricht sich in ihrem Beitrag dafür aus, die Performanz interkultureller Arbeitspraxis zum Gegenstand von Forschung und Lehre zu machen. Nach einer begriffsgeschichtlichen Einführung des Begriffspaars Kompetenz und Performanz wird eine authentische Arbeitssituation exemplarisch analysiert. Dabei wird gezeigt, welchen Beitrag die Methode der Gesprächsanalyse durch ihre Fokussierung der Performanz interkultureller Kommunikation zu einer kontextspezifischen Bestimmung interkultureller Kompetenz leisten kann.

Gespräche in der Ausländerbehörde finden in einem gleichermaßen institutionellen wie interkulturellen Setting statt. Dies gilt insbesondere für die Fremd- und Fachsprachlichkeit der Kommunikationssituationen. Wie sich die genannten Aspekte auf die Gespräche zur Anliegensbearbeitung zwischen SachbearbeiterInnen und ausländischen KundInnen auswirken und wie die Gesprächsbeteiligten mit Fach- und Fremdsprachlichkeit umgehen, zeigt der Beitrag von **Friederike Barié-Wimmer** mithilfe der Analyse authentischer Gesprächsdaten im Rahmen einer ethnographischen Gesprächsanalyse auf.

Das Arbeitsfeld der internationalen Handelsschifffahrt wird im Beitrag von **Michael Brenker, Sarah Möckel** und **Stefan Strohschneider** thematisiert. Obwohl die internationale Handelsschifffahrt einen elementaren Beitrag zur Globalisierung leistet und die Besatzung eines Handelsschiffes in der Regel international und interkulturell zusammengesetzt ist, sind die Formen der Zusammenarbeit sehr traditionell und weisen einen geringen Innovationsgrad auf. Nach einer Übersicht über die organisationalen Strukturen und Bedingungen der Zusammenarbeit auf einem Handelsschiff beschreiben die Autoren die Ergebnisse eines auf der Grundlage von Fragebogenerhebungen und Computersimulationen durchgeführten Forschungsprojektes zur Untersuchung der Kommunikation der Besatzungsmitglieder im Alltag und in kritischen Situationen.

Die Herausforderungen der interpersonalen Beratung in interkulturellen Kontexten behandelt **Kirsten Nazarkiewicz** in ihrem Beitrag. Anhand von drei orientierenden Metakonzepten wird zunächst erläutert, wie unterschiedlich Kultur in der Beratung aufgefasst und als Deutungsansatz eingesetzt werden kann. Die Potenziale und Risiken der drei Konzepte werden anschließend diskutiert. An einem Fallbeispiel aus der Beratungspraxis wird aufgezeigt, wie in einem als „kulturreflexiv" bezeichneten Beratungsansatz alle drei Konzepte integriert werden können.

Im dritten Abschnitt des Bandes geht es um den Umgang mit kultureller Vielfalt in Unternehmen und Organisationen auf der Ebene des Managements und der Personalauswahl. Die vorgestellten empirischen Untersuchungen sind im Hinblick auf die zugrunde gelegten theoretischen Voraussetzungen und die methodischen Verfahren in der Psychologie und in den Wirtschaftswissenschaften verortet.

Astrid Podsiadlowski und **Daniela Gröschke** berichten in ihrem Beitrag von mehreren Studien zum Thema Diversität in Organisationen. Nach einem Überblick über Ansätze des Diversitätsmanagements in Organisationen stellen die Autorinnen Ergebnisse aus quantitativen Befragungen zum Umgang mit Diversität in Unternehmen in Österreich und Deutschland vor. Die strategischen Ansätze des Diversity-managements werden unter verschiedenen Perspektiven analysiert. Die Ergebnisse der Erhebungen in Österreich und Deutschland werden anschließend kontrastierend dargestellt.

Eckart Koch beschäftigt sich mit der Praxis interkulturellen Managements in trans-nationalen Unternehmen. Nach einer Darstellung der Rahmenbedingungen, die sich den Unternehmen durch die Globalisierung stellen, werden die Grundfunktionen des Managements beschrieben und davon verschiedene Felder des interkulturellen Mana-gements abgeleitet. Nach einer Diskussion interkultureller Basiskompetenzen präsentiert der Autor Ergebnisse von Befragungen zur Praxis interkulturellen Mana-gements, die Studierende eines interkulturellen Studiengangs in Unternehmen durchgeführt haben.

Wolf Rainer Leenen, Siegfried Stumpf und **Alexander Scheitza** stellen ein For-schungsprojekt zur Analyse des Personalauswahlverfahrens der Polizei NRW vor. Ein Ziel des Projektes besteht darin, das Kriterium der interkulturellen Kompetenz in das Auswahlverfahren der Polizei für Direkteinsteiger zu integrieren. Nach einem Überblick über den Forschungsstand zum Thema interkulturelle Kompetenz werden Vorgehensweise und Ergebnisse des Projektes dargestellt. Durch die inhaltsanalyti-sche Auswertung von Daten, die durch Interviews und Fragebögen erhoben wurden, gelangen die Autoren zu induktiv gewonnenen Kompetenzmerkmalen. Auf dieser Grundlage wird ein Vorschlag entwickelt, die durch die Anforderungsanalyse ge-wonnenen Kompetenzmerkmale in das Kompetenzprofil der Polizei NRW zu integrieren.

Literatur

Behr, Mahrhild von (2004): Im Sog der Internationalisierung. Startpunkte, Wege und Ziele kleiner und mittlerer Unternehmen. In: Behr, Mahrhild von / Semlinger, Klaus (Hg.): Internationalisierung kleiner und mittlerer Unternehmen. Neue Ent-wicklungen bei Arbeitsorganisation und Wissensmanagement. München: Campus, 45-98.

Busch, Dominic (2013): Im Dispositiv interkultureller Kommunikation. Bielefeld: transcript.

Griese, Christiane / Marburger, Helga (2012): Interkulturelle Öffnung – Genese, Konzepte, Diskurse. In: Griese, Christiane / Marburger, Helga (Hg.): Interkulturelle Öffnung. München: Oldenbourg, 1-23.

Haas, Helene (2008): Das interkulturelle Paradigma. Passau: Karl Stutz.

Otten, Matthias / Geppert, Judith (2009). Mapping the Landscape of Qualitative Research on Intercultural Communication. A Hitchhiker's Guide to the Methodological Galaxy [62 paragraphs]. Forum Qualitative Sozialforschung / Forum: Qualitative Social Research, 10(1), Art. 52, [http://nbnresolving.de/urn:nbn:de:0114-fqs0901520, 01.07.2014].

Straub, Jürgen (2007): Kompetenz. In: Straub, Jürgen / Weidemann, Arne / Weidemann, Doris (Hg.): Handbuch interkulturelle Kommunikation und Kompetenz. Stuttgart/Weimar: Metzler, 35-46.

Zusammenarbeit in und zwischen Organisationen

Steffen Steglich, Andreas Boes, Tobias Kämpf

Arbeit in globalen Kooperationsbeziehungen – Die Bedeutung sozialer und organisationaler Rahmenbedingungen in der Softwareentwicklung

1 Globale Kooperationsbeziehungen auf Arbeitsebene – interkulturelle und organisationale Faktoren für Konflikte

Das Thema Kooperation in globalen Arbeitszusammenhängen erhält in neuen globalen Produktionsstrukturen eine zunehmende Bedeutung und stößt somit auf ein immer größer werdendes Interesse. Lange Zeit hatte sich der Diskurs zur Globalisierung vordringlich mit der Internationalisierung von Unternehmen und deren Folgen für Wirtschaft und Politik befasst, häufig mit Fokus auf die Verlagerung von Arbeitsplätzen im Bereich der Fertigung und der klassischen Industrien. Wie Beschäftigte die Globalisierung in ihrer Arbeit erlebten, spielte zunächst eine vergleichsweise geringe Rolle. Schließlich waren direkte Kooperationsbeziehungen mit Kollegen an einem anderen Standort auf der Welt wenigen Spezialisten oder dem Management vorbehalten und beschränkten sich meist auf koordinierende Aufgaben. Kooperationsbeziehungen auf Arbeitsebene über Grenzen hinweg blieben daher lange eine Ausnahme.

Heute sind nicht mehr nur die klassischen Industrien von Globalisierungsprozessen betroffen, sondern auch neue Bereiche wie die hochqualifizierte Angestelltenarbeit in der IT-Industrie. Immer mehr Felder der Kopfarbeit werden zum Gegenstand internationaler Arbeitsteilung, was ein komplexes Gefüge von globalen Kooperationsbeziehungen auch und gerade auf der unmittelbaren Arbeitsebene bedingt. Vor allem die Diskussion um Offshoring und Nearshoring zeigt diese veränderte Situation (einen Überblick über die Diskussion bieten Boes 2004, 2005 und Kämpf 2008; siehe auch Mayer-Ahuja 2011; Flecker/Huws 2004; Flecker/Kirschenhofer 2002; Flecker

2007; Holtgrewe/Meil 2008; Sahay et al. 2003).[1] Insbesondere Länder wie Indien und China sowie die Region Mittelosteuropa werden nun zu attraktiven und kostengünstigen Alternativen zu den traditionellen Hightech-Standorten der westlichen Welt. Im Zentrum dieser Entwicklung steht die Internationalisierung von Software-Entwicklung und IT-Dienstleistungen.

Die Entwicklung beschränkt sich allerdings nicht auf eine bloße Verlagerung von Arbeit. Vielmehr haben die Unternehmen begonnen, auf der Basis einer Standardisierung von Produkten und Prozessen ihre Wertschöpfung sehr grundlegend auf globaler Ebene zu reorganisieren. Auf der Basis moderner Informations- und Kommunikationstechnologien entwickeln sich dauerhafte standortübergreifende Kooperationsbeziehungen auf Arbeitsebene. Als Resultat von strategischen Suchprozessen nach einer weltweiten Organisation der Arbeitsteilung entsteht das „global integrierte Unternehmen" (Palmisano 2006), das zum strategischen Leitkonzept avanciert ist (Boes et al. 2008).

Damit erweist sich die Verlagerung von Arbeitsplätzen als nur eine von vielen Facetten der Internationalisierung. Entscheidend ist, dass sich die betroffenen Beschäftigten zunehmend in einem globalen Verweissystem bewegen und die Kooperation mit Kollegen aus weltweit verteilten Standorten immer mehr zu einer alltäglichen Erfahrung wird. Die Internationalisierung von Kopfarbeit und die damit verbundenen neuen Formen der globalen Kooperation bezeichnen wir als „neue Phase der Globalisierung" (Boes et al. 2008; Boes/Kämpf 2010a, 2011). An den Strategien der Unternehmen wird jedoch deutlich, dass die Herausforderungen dieser

---

[1]   Wissenschaftlichen Kriterien genügen die Begriffe Offshoring und Nearshoring jedoch kaum. In den gebräuchlichen Definitionen wird nur unspezifisch die Verlagerung von Arbeitsplätzen in den Blick genommen, ohne jedoch die genauen Bedingungen und Merkmale dieser Form der Internationalisierung verbindlich und trennscharf zu bestimmen. Nicht zuletzt deshalb hat sich kaum eine einheitliche Verwendung des Begriffs durchgesetzt (vgl. dazu auch Boes /Schwemmle 2005; Boes 2004, 2005; Storie 2006). Offshoring bezeichnet in der Regel sehr allgemein die Nutzung von Produktionskapazitäten in Niedriglohnregionen zur Internationalisierung betrieblicher Wertschöpfungsprozesse. Damit der Begriff produktiv verwendbar wird, ist es sinnvoll, die damit bezeichneten Internationalisierungsprozesse auf Tätigkeiten in Bereichen der „Kopfarbeit" und der Dienstleistungserstellung zu beschränken, die bisherigen Formen internationaler Arbeitsteilung nicht zugänglich waren. Insofern sollte der Begriff also im Sinne einer Abgrenzung von Arbeitsplatzverlagerungen innerhalb industrieller Fertigungsprozesse verwendet werden. Zudem wird in der einschlägigen Literatur häufig auch zwischen Offshoring und Nearshoring differenziert. Nearshoring beschreibt demnach Verlagerungsprozesse in relativ nahe gelegene (Niedriglohn-)Standorte, während Offshoring explizit die Verlagerung in weit entfernte Regionen thematisiert (vgl. Ruiz-Ben/Wieandt 2006).

neuen Phase kaum als abschließend gelöst gelten können. Immer wieder stellt sich die Frage neu, wie sich eine global verteilte Zusammenarbeit erfolgreich gestalten lässt. In der Praxis ist diese häufig mit einer Vielzahl von Problemen verbunden. Im Folgenden wollen wir aus einer arbeitssoziologischen Perspektive zeigen, dass gerade eine globale Zusammenarbeit häufig auf komplexen sozialen Beziehungen der Kooperationspartner beruht und damit äußerst voraussetzungsreich und störanfällig ist. Der unmittelbare Kontakt von Personen mit unterschiedlichen kulturellen Hintergründen ist sicherlich eine der am häufigsten diskutierten Ursachen für Probleme in der globalen Zusammenarbeit und Gegenstand verschiedener wissenschaftlicher Analysen (z. B. Maletzky 2008; Huang/Trauth 2008; vgl. allgemein Buche et al. 2013). An diese Diskussion knüpfen wir an. Unsere These ist, dass das Erleben und Agieren von Beschäftigten in interkulturellen Kooperationsbeziehungen im Zusammenhang mit den erweiterten sozialen und organisationalen Settings dieser Kooperation steht. Ohne Zweifel kann eine standortübergreifende Zusammenarbeit durch die unterschiedlichen kulturellen Hintergründe der Beteiligten erschwert werden. Darüber hinaus erweisen sich jedoch Interessenkonflikte zwischen den Standorten, die von den Beschäftigten häufig als interkulturelle Konflikte interpretiert bzw. thematisiert werden, als Hemmnis. So werden in diesen Fällen widersprüchliche Interessen kulturell aufgeladen. Gerade in den von uns untersuchten standortübergreifenden Kooperationsbeziehungen stellten sich Faktoren wie die Organisation und die Interessenkonstellationen im Unternehmen als entscheidend für das Verständnis standortübergreifender Konflikte heraus. Konkret rekonstruieren wir die Praxis der globalen Zusammenarbeit im Kontext der beiden für die IT-Branche typischen Modelle „verlängerte Werkbank" und „kollaboratives Entwicklungsnetzwerk" (Boes et al. 2007). Im organisationalen Kontext der „verlängerten Werkbank" wird die Zusammenarbeit durch eine Standortkonkurrenz der Beschäftigten unterminiert. Dass kulturelle Unterschiede als Hindernis für eine erfolgreiche Zusammenarbeit betont werden, ist sehr wesentlich auch dieser Konkurrenzsituation geschuldet. Im organisationalen Kontext des „kollaborativen Entwicklungsnetzwerkes" zeigen sich hingegen Beispiele für eine erfolgreiche Bearbeitung von Hindernissen in der Kooperation, die eine vertrauensvolle Zusammenarbeit ermöglicht. Die empirische Basis unserer Überlegungen bilden mehr als 30 Fallstudien in Deutschland, Indien, Mittel- und Osteuropa sowie den USA. Dabei wurden insgesamt mehr als 570 Expertengespräche und Tiefeninterviews mit hochqualifizierten Beschäftigten geführt.[2] Im folgenden Abschnitt 2 führen wir zunächst den Begriff des „Informationsraums" (Baukrowitz/Boes 1996) als theoretisch-konzeptionellen Rahmen zur Analyse globaler Kooperationsbeziehungen ein. Danach wird am Beispiel der IT-Industrie gezeigt, wie sich neue Formen der Zusammenarbeit entfalten, die zwischen den Polen „verlängerte Werkbank" und „kollaboratives Entwicklungsnetzwerk" verortet werden können. Abschließend wird argumentiert, dass nur eine Unternehmensstrategie, die den Menschen in den Mittelpunkt der Globalisierung stellt und seine Bedürfnisse und Interessen ernst nimmt, eine nachhaltige globale Zusammenarbeit ermöglicht.

2 Der „Informationsraum" als Basis global verteilter Zusammenarbeit

Aktuell beobachten wir eine deutliche Zunahme in der Internationalisierung von Arbeit. Diese Entwicklung ist im Wesentlichen Folge eines global verfügbaren „Informationsraums". Der Ursprung dieser Entwicklung liegt im Aufstieg und der rasanten Verbreitung globaler Informationsnetze. Auf der Basis von Informations- und Kommunikationstechnologien entsteht somit eine neue Handlungsebene, auf deren Grundlage sich Wirtschaft und Gesellschaft grundsätzlich verändern. Insbesondere im Bereich der Kopfarbeit werden neue Geschäftsmodelle und Formen der Arbeitsteilung ermöglicht. Somit bietet der „Informationsraum" das Potenzial, speziell die Kopfarbeit standortübergreifend über verschiedene Weltregionen hinweg zu organisieren.

2.1 Der „Informationsraum" als „sozialer Handlungsraum" und „Raum der Produktion"

Wer den „Informationsraum" in seiner gesellschaftlichen Bedeutung und in seiner Rolle als Motor der „neuen Phase der Globalisierung" genauer verstehen will, muss

---

[2]   Die Erhebungen fanden u. a. im Rahmen mehrerer Projekte statt: „Export-IT – Erfolgsfaktoren der Internationalisierung und der Exportfähigkeit von IT-Dienstleistungen" (Förderung BMBF); „Offshoring und eine neue Phase der Internationalisierung von Arbeit" (Förderung Hans-Böckler-Stiftung); „GlobePro – Global erfolgreich durch professionelle Dienstleistungsarbeit" (Förderung BMBF); IWP IT – Innovations- und Weiterbildungspartnerschaft zur Förderung der Qualifizierung von Beschäftigten in der IT-Branche (Förderung: Europäischer Sozialfonds für Deutschland).

dessen neue Qualität im Gebrauch und in der Verarbeitung von Informationen in den Blick nehmen. Entscheidend ist, dass mit dem Aufstieg des Internets nicht einfach eine gigantische digitale Bibliothek oder ein bloßer „Daten-Highway" entstanden ist, sondern ein neuer „sozialer Handlungsraum" (Boes 1996). Menschen können hier nicht nur Informationen bearbeiten und austauschen, sondern miteinander interagieren. Noch Anfang der 1990er Jahre ging es bei der Arbeit mit dem Computer (z.B. Textverarbeitung) vor allem um eine Interaktion zwischen Mensch und Maschine. Der „Informationsraum" eröffnet nun einen „Aktionsraum" (Dolata/Schrape 2013: 39), in dem es um die Interaktion zwischen Menschen geht. Anders als in vorherigen Entwicklungsphasen, bei denen sich menschliche Arbeit stets in „monologisch programmierten Strukturen" (Boes 1996:170) bewegte, ist die Wirklichkeit dieses sozialen Raums nicht vorprogrammiert, sondern er verändert seine Struktur und die in ihr bestehenden Handlungsmöglichkeiten durch das praktische Tun der Nutzer (Baukrowitz/Boes 1996; vgl. ähnliche Überlegungen zum Internet bei Orlikowski 2000). Er ist also nicht einfach nur „Technik" oder ein Medium zum Transport digitaler Informationen, sondern eine lebendige globale Informations- und Kommunikationsumgebung, deren Zwecke und Verwendungsmöglichkeiten sich durch aktive Nutzung beständig verändern und erweitern. Weil so geistige Tätigkeiten in neuer Qualität aneinander anschlussfähig werden, entsteht hier ein ganz neues Potenzial der Nutzung geistiger Produktivkraft (vgl. Boes 2005).

Dieses neue Potenzial wird deutlich, wenn man die Veränderungen in der Arbeitswelt betrachtet (vgl. z.B. Castells 1996). Der „Informationsraum" wird hier zur zentralen Basisinfrastruktur und zur dominanten Bezugsebene von Arbeit. Für einen immer größer werdenden Anteil von Beschäftigten werden digitalisierte Informationen und Informationssysteme zum zentralen Arbeitsgegenstand und Arbeitsmittel. Die Arbeit findet dann sozusagen „im Netz" statt. Informationssysteme sind nicht mehr nur zentrale Basis der Steuerung und Planung von Produktionsprozessen. Der „Informationsraum" wird darüber hinaus immer mehr zur zentralen Handlungs- und Eingriffsebene von Arbeit selbst – er wird zu einem neuen „Raum der Produktion" (Boes 2004, 2005). Damit entsteht eine veränderte Grundlage, geistige Tätigkeiten arbeitsteilig zu organisieren und neue Formen der Kommunikation und des Austauschs von Wissen in den Arbeitsprozess zu integrieren (vgl. dazu z.B. auch Kleemann et al. 2008; Fuchs 2010; Leimeister/Zogaj 2013). Gerade weil der

„Informationsraum" ein „sozialer Handlungsraum" ist, können insbesondere die notwendige Kooperation und der Fluss von Know-how selbst über den „Informationsraum" erfolgen. Auch im Hinblick auf die Globalisierung von Arbeit führt die Entwicklung dieser neuen Handlungsebene zu einem Bruch in den bisherigen Formen der Arbeitsteilung und Organisationsstrukturen.

3 Die Praxis globaler Kooperation im „Informationsraum"

Die zunehmende Bedeutung des „Informationsraums" als globaler „sozialer Handlungsraum" und als gemeinsame Infrastruktur räumlich verteilter Kooperationspartner kommt in vielfältigen Bereichen gesellschaftlich relevanter Arbeit zum Ausdruck. Soziale Initiativen, insbesondere im Kontext von „freier Software" bzw. der Open-Source-Bewegung, wären ohne diese neue Handlungsebene überhaupt nicht denkbar. Sie machen auf das Potenzial globaler Kooperationsformen im „Informationsraum" aufmerksam (vgl. z.b. Grassmuck 2004; Tepe/Hepp 2008; Sebald 2008). Weitere Beispiele für zivilgesellschaftliche Initiativen der letzten Jahre sind das „Guttenplagwiki" (Reimer/Ruppert 2013) oder auch die Koordination der Hilfseinsätze um das Erdbeben von Haiti 2008[3] (s. Tapscott 2006 auch für weitere Beispiele). Gemeinsam ist diesen Projekten in der Regel die Arbeitsweise einer Gemeinschaft („community") bzw. eine „(sub-)politische Vergemeinschaftung" (Tepe/Hepp 2008). Die Community bietet hinreichende Rahmenbedingungen für erfolgreiche Kooperationsformen. Auch wenn diese Beispiele nicht verklärt werden sollten (vgl. dazu auch Crowtson/Howision 2005; Finck/Bleek 2006), zeigen sie doch deutlich die Potenziale von Kooperationsbeziehungen im „Informationsraum".

Diese Potenziale werden zunehmend auch im Kontext von Unternehmen aufgegriffen. Wenn der Arbeitsgegenstand digitalisierbar ist, wird der „Informationsraum" als

---

[3] Ushahidi-Haiti ist eine Non-Profit-Organisation, die u.a. Open-Source-Software herstellt (Tapscott/Williams 2010). Auf Grundlage dieser Software wurde ein großer Teil der Nothilfe nach dem Erdbeben in Haiti koordiniert. Die Software erlaubt es, für deren Nutzer alle relevanten Informationen der Katastrophe über E-Mail, Textnachrichten und Tweets zu erhalten und auf einer Karte zu visualisieren. Um die Informationsflut bewältigen zu können, wurde die Arbeitskraft Hunderter engagierter Freiwilliger genutzt, die weltweit verteilt Informationen übersetzten, kategorisierten und (über GPS) exakt lokalisierten. In dringenden Fällen konnte über Skype direkt mit Rettungsteams vor Ort kommuniziert werden. Dieses neue Paradigma der Arbeit in der Nothilfe durch die Nutzung des Informationsraums als einen sozialen Handlungsraum stellte sich im Vergleich zu den großen etablierten Institutionen als deutlich erfolgreicher heraus (ebd.).

globaler „Raum der Produktion" (Boes 2004, 2005) genutzt. Gerade mit Blick auf die Diskussion zu Offshoring oder Nearshoring wächst die Zahl der Beispiele für solche Formen global verteilter Kopfarbeit beständig: sei es die Bearbeitung einer digitalisierten Reisekostenabrechnung in einem Shared-Services-Center, sei es die Arbeit in einem ausländischen Call-Center, sei es die Remote-Wartung von bestehenden IT-Systemen oder die Entwicklung von Software-Produkten.

Die Zusammenarbeit in diesem Kontext kann dabei die Arbeit an einem gemeinsamen Arbeitsgegenstand (wie Dokumenten, Softwarecode und Grafiken) sowie die Kommunikation und den Austausch von Wissen zwischen den Mitarbeitern umfassen. Wurde diese Zusammenarbeit bisher räumlich an einem Ort erbracht, also im Büro, gehen Unternehmen nun zunehmend dazu über, diese im „Informationsraum" zu integrieren. Arbeitsgegenstände werden also digital auf internen Servern oder in der Cloud bearbeitet. Mitarbeiter kommunizieren über Videokonferenzen, Chats oder E-Mail. Außerdem teilen und generieren sie Wissen in Wikis, Foren, Blogs usw. Auf diese Weise treten die Nutzer durch die gemeinsame Praxis im „Informationsraum" in eine soziale Beziehung zueinander. Diese kann trotz räumlicher Distanz entstehen, da Mitarbeiter im „Informationsraum" als Personen identifizierbar werden: als Vorgesetzter bzw. Untergeordneter, als vertrauter Kooperationspartner bzw. Konkurrent oder als Experte auf einem Gebiet bzw. Inhaber einer spezifischen Rolle innerhalb der Organisation. Dennoch müssen bei der Analyse globaler Zusammenarbeit die lokalen Standorte der Kooperationspartner einbezogen werden.

3.1 Lokale Bindungen von Arbeit im „Informationsraum"

Die Nutzung des „Informationsraums" als globaler „Raum der Produktion" löst – trotz der im Internet gegebenen Infrastruktur, Kommunikationstools und Arbeitsplattformen – die Bindung der Beschäftigten an konkrete Arbeitsorte nicht auf. Die Arbeit der Menschen bleibt stets in die sozialen und organisationalen Kontexte ihres Standortes eingebunden. So arbeiten Personen im „Informationsraum" zusammen, die durch den jeweiligen kulturellen Kontext ihres Standortes in ihren Verhaltensweisen geprägt sind. Außerdem müssen die Kooperationspartner auf die jeweiligen infrastrukturellen Bedingungen und materiellen Informationsnetze ihres Arbeitsortes zurückgreifen. Die lokale Ausgangsbasis globaler Kooperationsbeziehungen wirkt sich auf die konkrete Praxis der Zusammenarbeit aus. Die neuen Potenziale der

Globalisierung sind daher nicht mit einer Virtualisierung von Arbeit zu verwechseln. Arbeit im „Informationsraum" wird weder „virtuell" noch „footloose" oder gar „entbettet" (vgl. dazu auch Mayer-Ahuja 2011; Flecker 2000; Granovetter 1985). Vor diesem Hintergrund entfalten sich Standortkonkurrenzen (nicht selten in strategischer Absicht genutzt), die den Zusammenhalt und die Kooperation in global verteilten Arbeitsprozessen unterminieren. Beschäftigte unterschiedlicher Standorte, die sich zum Beispiel hinsichtlich der Lebensbedingungen und des Lohnniveaus erheblich unterscheiden können, treffen im Arbeitsprozess aufeinander. Gerade die Zusammenarbeit mit Kollegen, die eine ähnliche Arbeit bei niedrigerem Lohnniveau ausüben, kann von Beschäftigten als Konkurrenzsituation erlebt werden. In der Folge drohen Ängste und Sorgen um Arbeitsplatzsicherheit sowie Unsicherheiten bezüglich der beruflichen Perspektive erfolgreiche Kooperationsbeziehungen zu unterminieren. Die Globalisierung wird so für viele unmittelbar erfahrbar, und zwar oft auch in negativer Hinsicht.

4 Formen global verteilter Zusammenarbeit am Beispiel der IT-Industrie – interkulturelle und organisationale Dimensionen

Die wohl am weitesten fortgeschrittenen Formen zur Nutzung des „Informationsraums" finden sich im Bereich der IT-Industrie. Sie steht im Zentrum der neuen Phase der Globalisierung (Boes et al. 2006). Betrachtet man die konkrete Internationalisierungspraxis in der IT-Industrie, so fällt auf, dass sich keineswegs ein einfacher „one best way" zur Etablierung globaler Produktionsmodelle herausgebildet hat (vgl. dazu auch Boes/Kämpf 2011; Holtgrewe/Meil 2008). Vielmehr zeichnen sich bei der Organisation globaler Zusammenarbeit strategische Suchprozesse ab, die zu keiner einheitlichen Lösung geführt haben. Die in der Praxis vorgefundenen Formen der globalen Integration von Arbeit lassen sich zwischen zwei Polen verorten: 1. das Modell der „verlängerten Werkbank" und 2. das „kollaborative Entwicklungsnetzwerk". Beide idealtypischen Modelle haben ihre je eigenen Vor- und Nachteile und bilden als organisationalen Kontext jeweils eigene Muster in den globalen Kooperationsbeziehungen ihrer Mitarbeiter aus.

4.1 Global verteilte Arbeit im Modell der „verlängerten Werkbank"

Ende der 1990er Jahre begannen IT-Unternehmen im Bereich der IT-Dienstleistungen und der Software-Entwicklung mit dem Aufbau neuer Standorte in Indien und später auch in Osteuropa. Dem Leitbild Offshoring folgend, war das Ziel vor allem Kostensenkung durch die Verlagerung von Tätigkeitsbereichen in „Niedriglohnregionen". Die neuen Standorte wurden dabei nach dem Modell der „verlängerten Werkbank" konzipiert.

4.1.1 Das Modell der „verlängerten Werkbank"

Das Modell der „verlängerten Werkbank" zeichnet sich durch eine spezifische Rolle der neu aufgebauten Standorte in der Wertschöpfungskette aus. Es ist ihre zentrale Aufgabe, einfache, meist standardisierte Arbeitspakete abzuarbeiten. In diesem Sinne fungieren die Offshore-Standorte idealtypisch nur als ein Anhängsel der Zentralen, die ihrerseits weiterhin die strategischen Knoten im Netzwerk bleiben. Dort werden die wertschöpfungsträchtigen Arbeitsanteile erbracht und die Zentralen bleiben insbesondere für die strategische Funktion der Innovation verantwortlich (Boes et al. 2007:12). Richtung und Dynamik von Innovationsprozessen bleiben damit die Domäne der Zentren. Kernkompetenzen und strategisches Know-how sind nach wie vor in erster Linie in den Zentralen angesiedelt. Auch ein Wissenstransfer von den Offshore-Standorten zur Zentrale findet kaum statt. Dies ist meist schon in der Arbeitsteilung so angelegt, da die abzuarbeitenden Arbeitspakete zwar offshore erledigt und geliefert werden, eine weitere Kommunikation aber häufig nicht vorgesehen ist. In der Folge können sich die Offshore- und Nearshore-Standorte als abhängige Zulieferer nur eingeschränkt zu eigenständigen und strategiefähigen Akteuren in den internationalen Unternehmensnetzwerken entwickeln.

Mit Blick auf die Arbeitsebene und die Kooperationsbeziehungen der Beschäftigten ist entscheidend, dass sich zwischen den bereits bestehenden Entwicklungsstandorten und den Standorten der neu erschlossenen Offshore- bzw. Nearshore-Regionen ein hierarchisches Verhältnis entwickelt. Analytisch gewendet, werden Macht und direkte Kontrolle zum Modus der Binnenintegration der verteilten Wertschöpfungsprozesse. Die hierarchische Beziehung spiegelt sich auch in der Form der Arbeitsteilung und der Gestaltung der Kooperation zwischen den Beschäftigten an den verschiedenen Standorten wider. Die Zusammenarbeit erfolgt keineswegs auf

Augenhöhe, sondern ist durch ein Machtgefälle und einseitige Anweisungs- und Kontrollstrukturen gekennzeichnet. Damit werden zwischen den Beschäftigten asymmetrische Kooperationsverhältnisse entwickelt, die die Freiräume der Beschäftigten an den Offshore-Standorten empfindlich einschränken, indem sie eigenständiges Engagement und Entwicklungsperspektiven reglementieren. Aufgrund dieser Konstellation leidet das Modell an inneren Widersprüchen. Einerseits krankt es an einem zu geringen standortübergreifenden Austausch von Wissen. Der Kontakt zwischen den Beschäftigten verschiedener Standorte reduziert sich tendenziell auf formalisierte und regelhafte Prozesse. Ein gezielter Austausch von Wissen ist dabei häufig nicht einmal vorgesehen. Insbesondere die kollektive Lernfähigkeit innerhalb global aufgestellter Abteilungen, Projekte oder Teams wird so blockiert. Andererseits zeigen sich Aufwärtsspiralen bei Kontrollmechanismen: Beschäftigte an Hochlohnstandorten reagieren auf Misserfolge in grenzübergreifenden Projekten mit einer zunehmenden Anzahl von Kontrollschleifen. Damit geht eine Erhöhung des Arbeitsaufwandes in der Zusammenarbeit einher, die im Hinblick auf die Effizienz fragwürdig ist. Unter anderem erhöht sich der Arbeitsaufwand auch aufgrund der hohen Fluktuation der Beschäftigten am Niedriglohnstandort. Es ist immer wieder erforderlich, dort neue Mitarbeiter einzuweisen und eine funktionierende Abstimmung zu etablieren (vgl. Abschnitt 4.1.2). Zusammenfassend lässt sich sagen, dass dem Modell der „verlängerten Werkbank" Blockaden inhärent sind, die eine erfolgreiche Zusammenarbeit behindern. Sie lassen sich genauer untersuchen, wenn man den Blick darauf richtet, wie die Beschäftigten Internationalisierung erleben.

4.1.2 Fallbeispiel „verlängerte Werkbank" – kulturelle Differenzen im Spannungsfeld von Kooperation und Konkurrenz

Am Fallbeispiel[4] eines großen europäischen, global agierenden Softwareherstellers sollen aus der Perspektive der Beschäftigten globale Kooperationsbeziehungen in den Blick genommen werden. Das Fallunternehmen eignet sich zu diesem Zweck in besonderer Weise, da sich dessen Internationalisierungsstrategie zunächst am Modell der „verlängerten Werkbank" orientierte und im Anschluss auf das „kollaborative Entwicklungsnetzwerk" umgestellt wurde.

---

[4] Das Fallunternehmen wurde im Rahmen verschiedener Forschungsprojekte begleitet (s.o. Fußnote 2). Für die vorliegende Veröffentlichung wurden Interviews aus verschiedenen Entwicklungsphasen des Unternehmens sekundär ausgewertet.

Mit dem massiven Aufbau von Offshore-Standorten und der Etablierung einer „verlängerten Werkbank" zur globalen Entwicklung von Software wurde eine neue Phase in der Entwicklung des Unternehmens eingeläutet, die von den Beschäftigten in den Zentralen als eine vollkommen neue Erfahrung erlebt wurde. In der grenzübergreifenden Zusammenarbeit in gemeinsamen Teams sowie im Zusammenhang des öffentlichen Diskurses um Offshoring realisierten die Softwareentwickler hier erstmals das Risiko der Verlagerung ihrer Arbeit. Zu diesem Zeitpunkt bestanden keinerlei Erfahrungswerte, wohin diese Entwicklung führen könnte. Somit begegneten die Beschäftigten in den „Hochlohnstandorten" der Internationalisierung von Arbeit mit Skepsis bis hin zu Ängsten im Hinblick auf die eigenen Arbeitsbedingungen und Arbeitsplatzsicherheit. Darüber hinaus beurteilte man auch die standortübergreifende Zusammenarbeit selbst als äußerst problembehaftet. Neben sprachlichen Schwierigkeiten war wohl die häufigste Begründung eine kulturell unterschiedliche Arbeitsmentalität, die sich in der Herangehensweise der vorwiegend indischen Kollegen an den Offshore-Standorten gezeigt habe.

Zu den typischen Vorwürfen, die den indischen Kollegen von deutscher Seite gemacht wurden, gehörte der Mangel an Loyalität gegenüber dem Unternehmen. Während deutsche Entwickler häufig ihre gesamte Karriere innerhalb des Fallunternehmens verbrachten, lag die Fluktuation am indischen Standort sehr hoch. Die häufigen Wechsel ihrer Kollegen erklärten sich Teile der deutschen Belegschaft aus einer unterschiedlichen kulturellen Prägung. Demnach sei die Identifikation mit dem Unternehmen bei deutschen Entwicklern wesentlich stärker ausgeprägt als bei ihren indischen Kollegen. Die hohe Fluktuation war eine ernsthafte Herausforderung für die Zusammenarbeit. Einerseits fanden die Wechsel zum Teil abrupt und ohne Ankündigung statt. Andererseits mussten Teammitglieder immer wieder neu angelernt werden und die Zusammenarbeit verlor somit an Kontinuität. Ein zweiter typischer Kritikpunkt an indischen Kollegen war eine nicht ausreichend exakte Arbeitsweise bei der Entwicklung von Software. Auch wenn diese oft durchaus kreativ im Lösen von Problemen seien, sei die Qualität ihrer Arbeit zum Teil sehr schlecht. Fehler würden demnach daraus resultieren, dass ihnen der Gesamtüberblick über das zu erarbeitende Programm fehle. Auch dieser Aspekt wurde immer wieder in den Kontext einer von der deutschen Genauigkeit abweichenden Mentalität gestellt.

Die Beschäftigten am indischen Standort hingegen vertraten eine dem entgegengesetzte Position. Dennoch beurteilten sie die Zusammenarbeit ebenfalls kritisch. Aus ihrer Perspektive erschwerten die Einstellungen der deutschen Kollegen die Zusammenarbeit. Indische Entwickler fühlten sich bevormundet, da ihnen häufig nur einfachere und unattraktive Hilfstätigkeiten zugewiesen würden. Es fehlte demnach an „Empowerment", hier verstanden als die Chance der Kooperationspartner, eigenverantwortlich Aufgaben oder Projekte im Kontext des grenzübergreifenden Teams zu erbringen. Außerdem empfanden sie die zahlreichen Kontrollschleifen von Seiten der deutschen Kollegen als unangebracht. Eine eindeutige Verteilung von Kompetenzen, in deren Folge sie eine größere Verantwortung übernehmen könnten, erschien ihnen effektiver. Stellte das Unternehmen keine entsprechenden Entwicklungsmöglichkeiten zur Verfügung, suchten sie häufig einen neuen Arbeitgeber. Die grundlegende Voraussetzung für die Häufigkeit der Fluktuation bildete dabei der indische IT-Arbeitsmarkt, der aufgrund der hohen Wachstumsdynamik der indischen IT-Industrie extrem „arbeitnehmerfreundlich" war. So ermöglichte ein Wechsel des Unternehmens den IT-Fachkräften deutlich bessere Chancen auf eine günstige Gehaltsentwicklung als ein interner Aufstieg im Unternehmen.

Resümierend lässt sich festhalten, dass die konkrete Zusammenarbeit in diesem Modell an inneren Widersprüchen litt. Bei einem Vergleich der zunächst unvereinbar erscheinenden Positionen wird jedoch deutlich, dass diese nicht ausschließlich Ausdruck kultureller Unterschiede oder Mentalitäten waren. Vielmehr erlebten die Beschäftigten die konkrete Kooperation als gegen die eigenen Interessen gerichtet.

Aus dem Blickwinkel der deutschen Entwickler war die Zusammenarbeit mit einem Risiko verbunden. Eine erfolgreiche Zusammenarbeit erforderte die aktive Förderung der Kooperationspartner, zum Beispiel durch die permanente Vermittlung tieferen Wissens. Dieser Transfer geschah in den meisten Teams nicht hinreichend bzw. wurde zum Teil sogar unterlassen. Diese Leistung wäre mit einem zusätzlichen Aufwand verbunden gewesen, da die Kollegen an weit entfernten Standorten arbeiteten. Gerade dieses Engagement wurde unter den gegebenen Unsicherheiten vermieden. Schließlich wurde der indische Standort durch seine niedrigen Löhne zumindest potenziell als Konkurrenz erfahren. Auch um diesen nicht aufzuwerten, vergab man deshalb lediglich einfachere Tätigkeiten an den neuen Standort.

Auf der anderen – indischen – Seite war die Verrichtung dieser einfachen Tätigkeiten unbefriedigend. Darüber hinaus fehlten wegen des blockierten Wissenstransfers tatsächlich häufig das Wissen und die Fähigkeiten, komplexere Tätigkeiten zu erbringen. Das Scheitern von Projekten mit standortübergreifender Arbeitsteilung führte im Anschluss auf beiden Seiten zu Frustration. Es liegt nahe, dass die hohe Fluktuation der Mitarbeiter am indischen Standort auch durch diese unbefriedigende Arbeitssituation zu erklären war.

Als Fazit lässt sich hier abstrahierend eine selbstverstärkende Verschärfung der Widersprüche des Modells konstatieren. Das Vermeiden einer Aufwertung des indischen Standortes (unzureichender Wissenstransfer, Vergabe einfacher Tätigkeiten) wirkte sich negativ auf die Arbeit der indischen Kollegen aus (unbefriedigende Aufgaben, mangelndes Wissen, hohe Fluktuation). Diese negativen Folgen für den indischen Standort verschlechterten dessen geringe Entwicklungschancen wiederum noch weiter. In Reaktion auf das Scheitern bei der Vergabe von Tätigkeiten teilten viele deutsche Entwickler die zu vergebenden Tätigkeiten in zunehmend kleinere Teile oder ließen engere Kontrollschleifen folgen. Darüber hinaus sank durch die häufigen Wechsel die Motivation der deutschen Beschäftigten, neue Kollegen aus Indien anzulernen.

Aufgrund dieser Dynamik sich wechselseitig verstärkender Widersprüche, wie sie hier beispielhaft veranschaulicht wurden, erwies sich das Modell der „verlängerten Werkbank" als fragil und wenig nachhaltig. Es hatte im hier beschriebenen Fallunternehmen keinen Bestand und wurde abgelöst durch das Modell des „kollaborativen Entwicklungsnetzwerkes".

4.2 Global verteilte Arbeit im Modell des „kollaborativen Entwicklungsnetzwerkes"

Gegenüber der „verlängerten Werkbank" zeichnet sich heute in den fortgeschrittenen Unternehmen ein deutlicher Reifungsprozess hin zum Modell des „kollaborativen Entwicklungsnetzwerkes" ab. In diesem Zusammenhang ist der Aufbau von ausländischen Standorten oft nicht mehr eine singuläre Maßnahme zur unmittelbaren Kostensenkung, sondern Teil einer umfassenden Neuorganisation globaler Wertschöpfungsketten (Boes/Kämpf 2010; vgl. dazu auch Sahay et al. 2003; Flecker/Huws 2004). Aktuell hat sich dieses Modell des „kollaborativen

Entwicklungsnetzwerkes" als Alternative zum Modell der „verlängerten Werkbank" etabliert. Allerdings hat es dieses keineswegs vollständig abgelöst. In der Praxis koexistieren beide Modelle als alternative Leitkonzepte für die Unternehmen.

4.2.1 Das „kollaborative Entwicklungsnetzwerk"

Immer seltener sind allein die Lohnkosten der Entscheidungsparameter für die Konstitution globaler Produktionsmodelle. Vielmehr werden die Nähe zu Kunden, die Verfügbarkeit spezifischer Qualifikationen sowie die Erschließung von Innovationspotenzialen wesentlich. Ziel ist es, nicht nur billige, sondern auch qualitativ hochwertige Leistungen off- oder nearshore zu erbringen. In der Folge werden auch komplexere Tätigkeiten wie das Design von Software von den ausländischen Niederlassungen übernommen. Die vormaligen verlängerten Werkbänke gewinnen so an strategischem Gewicht. In den globalen Entwicklungsnetzwerken vieler IT-Unternehmen streben sie nun auch gegenüber den traditionellen Standorten eine zunehmend eigenständige Rolle an.

Ausgehend von US-amerikanischen und indischen Unternehmen beginnen sich im Zuge dieses Reifungsprozesses neue, global integrierte Produktionsstrukturen durchzusetzen (Boes et al. 2008; aus Unternehmensperspektive Palmisano 2006). Diese gehen zunehmend über ein einfaches Modell des Offshorings hinaus. Auf Basis der Standardisierung von Produkten und Prozessen und eines „neuen Typs der Industrialisierung" (Boes 2005) werden die vorher ausdifferenzierten Standorte im Sinne eines integrierten Netzwerks weltweit systemisch organisiert. Die unterschiedlichen Standorte erfüllen als Knotenpunkte eines Netzwerks unterschiedliche Teilaufgaben im Kontext komplexer, hochgradig ausdifferenzierter Geschäftsprozesse im systemischen Zusammenwirken. Nachdem lange die Bündelung der innovativen Kapazitäten an einem zentralen Standort für viele IT-Unternehmen als strategisches Erfolgsmodell galt, erweist sich heute vor allem die Fähigkeit, Entwicklungsprozesse und die Erbringung von Dienstleistungen weltweit integriert zu organisieren, als zentraler Erfolgsfaktor in einem globalen Markt (Boes et al. 2008).[5]

Entsprechend wird in fortgeschrittenen Unternehmen statt auf die „verlängerte Werkbank" auf den Modus des „kollaborativen Entwicklungsnetzwerkes" (Boes et al.

---

[5] Am deutlichsten kommt dieser Reifungsprozess im Aufstieg Indiens zum globalen Zentrum der IT-Dienstleistungsindustrie zum Ausdruck (vgl. dazu z. B. Boes et al. 2007; Mayer-Ahuja 2011; Hamm 2007; Vickery et al. 2006).

2007) gesetzt. Beschäftigte verschiedener Standorte sollen „auf Augenhöhe" interagieren und Wissen austauschen. Die Binnenstrukturen im Unternehmen werden dabei
so gestaltet, dass auf der einen Seite das Machtgefälle zwischen den verschiedenen
Standorten reduziert wird, um gleichrangige Kooperationsbeziehungen zu ermöglichen, und auf der anderen Seite die neuen Produktions- bzw. Entwicklungsstandorte
ein eigenständiges inhaltliches Profil entwickeln können. Mit Blick auf die spezifischen Skills vor Ort übernehmen die einzelnen Standorte spezifische Rollen im
Entwicklungsnetzwerk, die sich nicht mehr vorwiegend an den Kosten orientieren.
Systematisch wird vielmehr versucht, spezifische Kompetenzen an den jeweiligen
Standorten aufzubauen und zu bündeln. In der Praxis kooperieren dann zum Beispiel
in Entwicklungsprojekten oftmals bis zu drei verschiedene Standorte. Das Ausmaß
und die Bedeutung internationaler Zusammenarbeit steigen damit enorm. Es werden
nun auch direkte Kooperationsbeziehungen zwischen den ausländischen Standorten
aufgebaut. Das vormals sternförmig um die Unternehmenszentrale ausgerichtete
Entwicklungsnetzwerk bekommt so erst die Gestalt eines echten Netzwerkes.
Die Folgen dieses Wandels schlagen sich auf verschiedenen Unternehmensebenen
nieder. So wird z. B. in vielen Fällen nun auch das Management internationalisiert
oder als offizielle Unternehmenssprache Englisch durchgesetzt. Auch Themen wie
„cultural diversity" prägen nicht selten die unternehmenskulturelle Integration nach
innen. Vor allem aber verändert sich die Arbeit der Beschäftigten selbst. Die Zusammenarbeit in global verteilten Teams ist in den fortgeschrittenen Unternehmen zu
einer Selbstverständlichkeit geworden. Um die Erschließung spezifischer Skills und
Innovationspotenziale auch off- und nearshore integrieren zu können, müssen Beschäftigte in global verteilten Teams verstärkt direkt zusammenarbeiten. Zwar
werden so der direkten bzw. informellen Kommunikation mit dem Kollegen „vom
Büro nebenan" Grenzen gesetzt, stattdessen werden aber E-Mail, Skype und (seltener) Videokonferenzen zu Medien der globalen Kommunikation und Zusammenarbeit. Der „Informationsraum" – auch auf Basis weiterer innovativer Web-2.0-
Anwendungen – wird somit zur Grundlage globaler Kooperation, weil er einen globalen „sozialen Handlungsraum" eröffnet, in dem auch informelle Kommunikations-
beziehungen entstehen können.
Damit stehen die Beschäftigten zunehmend weltweit in direkten Kooperations- und
Interaktionsbeziehungen, in denen die standortübergreifende Zusammenarbeit nicht

auf Anweisung von Arbeitstätigkeiten mit anschließender Kontrolle beruht, sondern auf Vertrauen baut. Die Mitarbeiter müssen darauf vertrauen, dass ihre Kollegen auch eigenständig Arbeiten erledigen und Lösungen finden ("personales Vertrauen"). Gleichzeitig müssen in der Organisation die Grundlagen für Vertrauen geschaffen werden: Sämtliche Beteiligten müssen darauf vertrauen können, dass sich ihr Engagement und Wissenstransfer nicht gegen ihre eigenen Interessen richtet und z. B. ihr Status innerhalb der Organisation oder ihre Aufstiegschancen gewahrt bleiben ("Systemvertrauen" – Luhmann 2000)[6]. Die Herausforderung ist also eine doppelte: Auf der einen Seite gilt es, personale Vertrauensbeziehungen über große Entfernungen hinweg auf Basis des "Informationsraums" zu etablieren, auf der anderen Seite wird es nötig, vor dem Hintergrund eines latenten Bedrohungsszenarios Globalisierung ein Systemvertrauen als Basis personalen Vertrauens zu gewährleisten.

Als Modus der Binnenintegration bietet Vertrauen im Modell des "kollaborativen Entwicklungsnetzwerkes" zentrale Vorteile gegenüber der Hierarchie im Modell der "verlängerten Werkbank". Aus analytischer Perspektive betrachtet, bedarf dieses Modell eines geringeren Formalisierungsgrads organisatorischer Regelungen der Zusammenarbeit und einer geringeren Kontrolle der Kooperationspartner (vgl. Loose/Sydow 1994) – damit kann der Aufwand zur Koordination der Zusammenarbeit gesenkt werden. Vor allem aber kann ein auf Vertrauen basierender Integrationsmodus auch über Standorte hinweg kollektive Lernschleifen und einen erheblich effektiveren Austausch von Wissen ermöglichen. Selbst die Herausbildung von "Communities of Practice" (Lave/Wenger 1991) erscheint durch einen Binnenintegrationsmodus möglich, der nicht auf Macht und direkter Kontrolle basiert.

In der Unternehmenspraxis zeigt sich allerdings, dass im Kontext global verteilter Kopfarbeit die Ausbildung von Vertrauen immer wieder an Grenzen stößt. Die Etablierung von Vertrauen in diesen Beziehungen erweist sich als etwas hoch Komplexes und lässt sich nicht verordnen. Die Versuche, innerhalb eines Unternehmens Bedingungen zu schaffen, die vertrauensvolle Beziehungen zulassen, sind Gegenstand des nächsten Fallbeispiels.

---

[6] Siehe Boes et al. (2012) zur Unterscheidung von personalem und Systemvertrauen in Bezug auf Luhmann.

4.2.2 Fallbeispiel „kollaboratives Entwicklungsnetzwerk": Das Ringen um Vertrauen in globalen Kooperationsbeziehungen

Der Reifungsprozess vom Modell der „verlängerten Werkbank" zum „kollaborativen Entwicklungsnetzwerk" vollzog sich ebenfalls in dem bereits in Abschnitt 4.1.2 geschilderten Fallunternehmen. Mit dem Wandel des Produktionsmodells ging eine Veränderung der Art und Weise einher, wie die Beschäftigten die globalen Kooperationsbeziehungen erlebten. Deutlich wurde dabei das Ringen um ein vertrauensvolles Verhältnis in der Zusammenarbeit der deutsch-indischen Teams. Im Vergleich zur ersten Phase der Internationalisierung im Unternehmen konnte der überwiegende Teil der Belegschaften nun bereits auf Erfahrungen in der grenzübergreifenden Kooperation zurückgreifen. Die vormals starke Verunsicherung der deutschen Beschäftigten wich aufgrund der Tatsache, dass keiner der Mitarbeiter in den letzten Jahren betriebsbedingt gekündigt wurde. Die Arbeit an Niedriglohnstandorten wurde überwiegend nicht mehr als akute Bedrohung für den eigenen Arbeitsplatz wahrgenommen. Die Beschäftigten erlebten die Phase der Internationalisierung allerdings als Wachstumsbremse am eigenen Standort und damit als Verschlechterung der eigenen Aufstiegschancen. Es gab nach wie vor Anzeichen für die Wahrnehmung der Standorte in Niedriglohnregionen als latente Konkurrenz. Die Beschäftigten schätzten diese jedoch unterschiedlich stark ein.

Einer der ersten Schritte, um eine vertrauensvolle Zusammenarbeit auf Augenhöhe zu etablieren, war die Einführung von Webcams für alle Teammitglieder. Lange hatte der standortübergreifende Austausch in erster Linie über das Telefon stattgefunden. Einer der Beschäftigten erinnerte sich: Die Besprechungen seien damals wie „durch einen Vorhang" abgelaufen. Der Vorteil von Webcams lag in der Möglichkeit, das Gegenüber als ganze Person leichter wahrzunehmen. Es wurde damit deutlich einfacher, ein personales Vertrauensverhältnis aufzubauen. Mit Hilfe der Bildübertragung wurden nun Informationen transportiert, die über den rein sachlichen Gehalt des inhaltlichen Gesprächs hinausgingen.

Wie intensiv derartige Kommunikationsmittel genutzt wurden, war in der Praxis der Teams und einzelner Personen unterschiedlich stark ausgeprägt. Ein Kommunikationsmuster, das in mehreren Teams aufgrund der Initiative einzelner Beschäftigter beobachtet werden konnte, war die Herausbildung einzelner Mittler oder Vertrauenspersonen. Das heißt, jeweils ein Mitglied pro Standort übernahm in einem indischdeutschen Team die Rolle, einen besonders intensiven Kontakt zu seinem Pendant am anderen Standort zu pflegen. Diese Mittler konnten dann auch die Koordination und die Absprachen für die Kollegen an ihrem eigenen Standort übernehmen. Aufgrund des engen Austausches wurde es somit möglich, den Koordinationsaufwand weitgehend auf einzelne Beziehungen zu beschränken. In diesem Vorgehen lagen verschiedene Vorteile. So konnte zum Beispiel einer der typischen Vorwürfe wie etwa „Die Kollegen gehen nicht ans Telefon" durch die Kommunikation der Teammitglieder – und nicht durch die Eskalation über Vorgesetzte – bearbeitet werden. Den Mittlern war es möglich, die Ursachen für dieses Problem zu erkennen, etwa Stress oder private Probleme. Aufgrund der gesteigerten Transparenz erhöhte sich also die Handhabbarkeit von Problemen in der Zusammenarbeit.

Eine weitere Maßnahme, um Voraussetzungen für eine vertrauensvolle Zusammenarbeit zu schaffen, war eine bewusste Umstellung von Kommunikationsstrukturen. War die Abstimmung im Team vorher durch Kontrolle geprägt, indem indische Kollegen ihre programmierte Software präsentierten und dieser dann von den deutschen Kollegen bewertet wurde, ging man nun dazu über, sämtliche Teammitglieder ihre Arbeit zeigen und diskutieren zu lassen. In der Folge konnte ein gemeinsamer Lerneffekt eintreten und Sitzungen wurden weniger als Belehrungen oder Zurechtweisungen, sondern eher als Hilfe verstanden.

Trotz dieser positiven Beispiele bleiben die Herausforderungen für das gesamte Unternehmen bestehen. Die hier vorgestellten Maßnahmen sind durchgängig auf die Initiative einzelner Personen zurückzuführen. Dem Management gelang es über längere Zeit kaum, unternehmensweite Strukturen durchzusetzen, in denen alle Teams gleichermaßen global verteilt arbeiten konnten.

5 Herausforderung nachhaltige Globalisierung

Zusammenfassend lässt sich sagen, dass die mit dem Aufstieg des „Informationsraums" zu einem neuen „Raum der Produktion" verbundenen neuen Möglichkeiten global verteilter Kopfarbeit in der Praxis nicht so sehr technisch determiniert, sondern in ihrer Entwicklung vor allem durch die Akteure, soziale Prozesse und Strukturen bestimmt sind. Sowohl von Seiten des Managements als auch von Seiten der Beschäftigten werden in diesem Zusammenhang die unterschiedlichen Kulturen der global verteilten Kollegen als eine der Hauptursachen für Misserfolge in der

Zusammenarbeit diskutiert. Nach unseren Forschungen sind diese kulturellen Differenzen allerdings in ein komplexes Setting sozialer und organisationaler Rahmenbedingungen eingebettet, die ebenfalls für den Erfolg maßgeblich sind. Mit Blick auf die Praxis der Unternehmen konnten verschiedene Einflussfaktoren identifiziert werden, deren Ausprägungen sich für die Wahrnehmungen und die Handlungen der Kooperationspartner als relevant erwiesen: Einerseits ist die Internationalisierung der Arbeit in Unternehmen mit neuen Unsicherheiten verbunden. Orientiert sich die Internationalisierungsstrategie eines Unternehmens an dem Leitbild des Offshorings – und damit in erster Linie an Kostensenkung und entsprechender Arbeitsplatzverlagerung – nach dem Modell der „verlängerten Werkbank", lassen sich Beschäftigte kaum auf grundlegende Veränderungen ihres Arbeitskontextes ein. Auch das auf diesem Bedrohungsszenario basierende Spannungsfeld von Kooperation und Konkurrenz kann wichtige Aspekte einer erfolgreichen Zusammenarbeit wie den Wissenstransfer oder die Bereitschaft, in kritischen Situationen zu helfen, stark hemmen. Eine weitere häufige Ursache für Probleme oder Misserfolge ist ein mangelndes „Empowerment" von Beschäftigten. Die Möglichkeit aller Beteiligten, unabhängig vom Standort ihr gesamtes Potenzial in die Zusammenarbeit einzubringen, bildet eine wichtige Voraussetzung für Stabilität im gemeinsamen Arbeitsprozess. Gleichzeitig liegt im Empowerment eine entscheidende Voraussetzung dafür, das Modell der „verlängerten Werkbank" zu überwinden und eine Zusammenarbeit auf Augenhöhe nach dem Modell des „kollaborativen Entwicklungsnetzwerkes" einzuführen. In diesem Modell stellt sich die Frage, wie – unter der Grundvoraussetzung eines „Systemvertrauens" – personale Vertrauensbeziehungen standortübergreifend möglich werden. Antworten darauf geben die Initiativen einiger Entwickler: So kann das intensivierte Erfahren der anderen Person über die Einführung von Webcams, das Delegieren des intensiven Austausches an bestimmte Mittler des Teams und das Einführen von bewusst herrschaftsfreien Kommunikationsstrukturen zur grenzübergreifenden Abstimmung Vertrauen befördern.

Eine erfolgreiche globale Zusammenarbeit erfordert demnach die Bearbeitung von Rahmenbedingungen, die sich aus dem organisationalen und sozialen Kontext der Unternehmen ergeben. Diese ganzheitliche Perspektive ermöglicht eine bessere Handhabbarkeit dieser Herausforderung, indem sie den Blick auf

Rahmenbedingungen eröffnet, die sich verändern lassen. Somit lassen sich Voraussetzungen schaffen, in denen Beschäftigte sich auf die Internationalisierung von Arbeit einlassen, diese aktiv unterstützen und den Umgang mit Kollegen aus anderen Kulturkreisen als wertschätzend erleben können. Es bedarf also eines Ansatzes, der den Menschen in den Mittelpunkt der Globalisierung rückt. Erst unter diesem Leitbild lässt sich diese nachhaltig gestalten (Boes et al. 2011).

Literatur

Baukrowitz, Andrea / Boes, Andreas (1996): Arbeit in der „Informationsgesellschaft". Einige grundsätzliche Überlegungen aus einer (fast schon) ungewohnten Perspektive. In: Schmiede, Rudi (Hg.): Virtuelle Arbeitswelten. Arbeit, Produktion und Subjekt in der „Informationsgesellschaft". Berlin: edition sigma, 129–158.

Boes, Andreas (1996): Formierung und Emanzipation. Zur Dialektik der Arbeit in der „Informationsgesellschaft". In: Schmiede, Rudi (Hg.): Virtuelle Arbeitswelten. Arbeit, Produktion und Subjekt in der „Informationsgesellschaft". Berlin: edition sigma, 159–178.

Boes, Andreas (2004): Offshoring in der IT-Industrie. Strategien der Internationalisierung und Auslagerung im Bereich Software und IT-Dienstleistungen. In: Boes, Andreas / Schwemmle, Michael (Hg.): Herausforderung Offshoring. Internationalisierung und Auslagerung von IT-Dienstleistungen. Düsseldorf: edition der Hans-Böckler-Stiftung, 9–140.

Boes, Andreas (2005): Auf dem Weg in die Sackgasse? Internationalisierung im Feld Software und IT-Services. In: Boes, Andreas / Schwemmle, Michael (Hg.): Bangalore statt Böblingen? Offshoring und Internationalisierung im IT-Sektor. Hamburg: VSA, 13–65.

Boes, Andreas / Baukrowitz, Andrea / Kämpf, Tobias / Marrs, Kira (2011): Eine global vernetzte Ökonomie braucht die Menschen. Strategische Herausforderungen für Arbeit und Qualifikation. GlobePro Print 2. München: ISF München.

Boes, Andreas / Kämpf, Tobias (2007): The Nexus of Informatisation and Internationalisation - Towards a New Stage of the Internationalisation of Labour. In: Work Organisation Labour & Globalisation. 2/2007, 193–208.

Boes, Andreas / Kämpf, Tobias (2010): Arbeit im Informationsraum. Eine neue Qualität der Informatisierung als Basis einer neuen Phase der Globalisierung. In: Ruiz Ben, Esther (Hg.): Soziologische Studien, Band 36: Internationale Arbeitsräume. Unsicherheiten und Herausforderungen. Freiburg: Centaurus-Verlag, 19–54.

Boes, Andreas / Kämpf, Tobias (2011): Global verteilte Kopfarbeit. Offshoring und der Wandel der Arbeitsbeziehungen. Berlin: edition sigma.

Boes, Andreas / Kämpf, Tobias / Knoblach, Birgit / Trinks (Gül), Katrin (2006): Entwicklungsszenarien der Internationalisierung im Feld Software und IT-Dienstleistungen. Erste Ergebnisse einer empirischen Bestandsaufnahme. Arbeitspapier 2 des Projekts Export IT. München: ISF München.

Boes, Andreas / Kämpf, Tobias / Marrs, Kira / Trinks (Gül), Katrin (2007): 'The World is Flat' - Nachhaltige Internationalisierung als Antwort auf die Herausforderungen einer globalen Dienstleistungswirtschaft. Arbeitspapier 3 des Projekts Export IT. München: ISF München.

Boes, Andreas / Kämpf, Tobias / Marrs, Kira / Trinks (Gül), Katrin (2008): Der IT-Standort Deutschland und die Chancen einer nachhaltigen Internationalisierung. Arbeitspapier 4 des Projekts Export IT. München: ISF München.

Boes, Andreas / Kämpf, Tobias / Steglich, Steffen (2012): Global verteilte Kopfarbeit in der IT-Industrie: Arbeit und Vertrauen im globalen „Informationsraum". In: Schilcher, Christian / Will-Zocholl, Mascha / Ziegler, Marc (Hg.): Vertrauen und Kooperation in der Arbeitswelt. Wiesbaden: VS – Verlag für Sozialwissenschaften, 167–194.

Boes, Andreas / Schwemmle, Michael (2005): Was ist Offshoring? In: Boes, Andreas / Schwemmle, Michael (Hg.): Bangalore statt Böblingen? Offshoring und Internationalisierung im IT-Sektor. Hamburg: VSA, 9–12.

Buche, Antje / Jungbauer-Gans, Monika / Niebuhr, Annekathrin / Peters, Cornelius (2013): Diversität und Erfolg von Organisationen. In: Zeitschrift für Soziologie. 6/2013, 483–501.

Castells, Manuel (1996): The Information Age: Economy, Society and Culture. Volume 1. The Rise of the Network Society. Oxford: Blackwell.

Crowston, Kevin / Howision, James (2005): The social structure of Free and Open Source software development. In: *First Monday*, Special Issue 2: Open Source.

Dolata, Ulrich / Schrape, Jan-Felix (2013): Zwischen Individuum und Organisation. Neue kollektive Akteure und Handlungskonstellationen im Internet. SOI Discussion Paper. Stuttgart: Universität Stuttgart.

Finck, Matthias / Bleek, Wolf-Gideon (2006): Mythen, Märchen, Missverständnisse - Eine nüchterne informatische Betrachtung von Open-Source-Entwicklungsprozessen. In: Lutterbeck, Bernd / Bärwolff, Matthias / Gehring, Robert A. (Hg.): Open Source. Jahrbuch 2006. Berlin: Lehmanns Media, 207–219.

Flecker, Jörg (2000): Transnationale Unternehmen und die Macht des Ortes. In: Dörrenbacher, Christoph / Plehwe, Dieter (Hg.): Grenzenlose Kontrolle?

Organisatorischer Wandel und politische Macht multinationaler Unternehmen. Berlin: edition sigma, 45–70.

Flecker, Jörg (2007): Network Economy or Just a New Breed of Multinationals? In: Work Organisation Labour & Globalisation. 2/2007, 36–52.

Flecker, Jörg / Huws, Ursula (Hg.) (2004): Asian Emergence: The World's Back Office? IES Report 409. Brighton: Insitute for Employment Studies.

Flecker, Jörg / Kirschenhofer, Sabine (2002): IT verleiht Flügel? Aktuelle Tendenzen der räumlichen Verlagerung von Arbeit. Schriftenreihe 3/2002. Wien: ITA.

Fuchs, Christian (2010): Labor in Informational Capitalism and on the Internet. In: The Information Society. 3/2010, 179–196.

Granovetter, Marc (1985): Economic Action and Social Structure. The Problem of Embeddedness. In: American Journal of Sociology. 3/1985, 481–510.

Grassmuck, Volker (2004): Freie Software zwischen Privat- und Gemeineigentum. Bonn: Bundeszentrale für politische Bildung.

Hamm, Steve (2007): Bangalore Tiger. How Indian Tech Upstart Wipro Is Rewriting the Rules of Global Competition. New York: McGraw Hill.

Holtgrewe, Ursula / Meil, Pamela (2008): Not "One Best Way" of Offshoring. In: Flecker, Jörg / Holtgrewe, Ursula / Schönauer, Annika / Dunkel, Wolfgang / Meil, Pamela (Hg.): Restructuring across Value Chains and Changes in Work and Employment. Case Study Evidence from the Clothing, Food, IT and Public Sector. Hiva: Leuven, 47–64.

Huang, Haiyan / Trauth, Eileen M. (2008): Cultural Influences on Temporal Separation and Coordination in Globally Distributed Software Development. ICIS 2008 Proceedings, Paper 134.

Kämpf, Tobias (2008): Die neue Unsicherheit. Die Folgen der Globalisierung für hochqualifizierte Arbeitnehmer. Frankfurt am Main: Campus.

Kleemann, Frank / Voß, Günter G. / Rieder, Kerstin (2008): Crowdsourcing und der Arbeitende Konsument. In: AIS Studien. 1/2008, 29–44.

Lave, Jean / Wenger, Etienne (1991): Situated Learning. Legitimate Peripheral Participation. Cambridge: Cambridge University Press.

Leimeister, Jan Marco / Zogaj, Shkodran (2013): Neue Arbeitsorganisation durch Crowdsourcing. Eine Literaturstudie. HBS-Arbeitspapier Nr. 287. Düsseldorf: HBS.

Loose, Achim / Sydow, Jörg (1994): Vertrauen und Ökonomie in Netzwerkbeziehungen. Strukturationstheoretische Betrachtungen. In: Sydow, Jörg / Windeler,

Arnold (Hg.): Management interorganisationaler Beziehungen. Opladen: Westdeutscher Verlag, 160–193.

Luhmann, Niklas (2000): Vertrauen. Ein Mechanismus der Reduktion sozialer Komplexität. Stuttgart: Lucius & Lucius.

Maletzky, Martina (2008): Intercultural Collaboration in the ICT sector. In: Raisinghani, Mahesh (Hg.): Handbook of research on global information technology management in the digital economy. Hershey: Information Science, 167–195.

Mayer-Ahuja, Nicole (2011): Grenzen der Homogenisierung. IT-Arbeit zwischen ortsgebundener Regulierung und transnationaler Unternehmensstrategie. Frankfurt am Main: Campus.

Orlikowski, Wanda J. (2000): Using Technology and Constituting Structures: A Practice Lens for Studying Technology in Organizations. In: Organization Science. 11/2000, 404–428.

Palmisano, Samuel (2006): The Globally Iintegrated Enterprise. In: Foreign Affairs. 3/2006, 127–136.

Reimer, Julius / Ruppert, Max (2013): GuttenPlag-Wiki und Journalismus. Das Verhältnis eines neuen Medienakteurs im Social Web zu den traditionellen Massenmedien. In: Dolata, Ulrich; Schrape, Jan-Felix (Hg.): Internet, Mobile Devices und die Transformation der Medien. Radikaler Wandel als schrittweise Rekonfiguration. Berlin: edition sigma, 303–329.

Ruiz-Ben, Esther / Wieandt, Michaela (2006): Growing East – Nearshoring und die neuen ICT Arbeitsmärkte in Europa. In: FifF Kommunikation. 3/2006, 36–42.

Sahay, Sundeep / Nicholson, Brian / Krishna, S. (2003): Global IT Outsourcing. Software Development across Borders. Cambridge: Cambridge University Press.

Sebald, Gerd (2008): Person und Vertrauen. Mediale Konstruktion in den Online-Kooperationen der Free/Open-Source-Softwareentwicklung. In: Stegbauer, Christian / Jäckel Michael (Hg.): Social Software. Formen der Kooperation in computerbasierten Netzwerken. Wiesbaden: VS – Verlag für Sozialwissenschaften, 11–27.

Storie, Donald (2006): Restructuring and employment in the EU. Concepts, Measurement and Evidence. Dublin: European Foundation for the Improvement of Living and Working Conditions.

Tapscott, Don (2006): Wikinomics. How Mass Collaboration Changes Everything. London: Atlantic Books.

Tapscott, Don / Williams, Anthony D. (2010): Makrowikinomics. Rebooting Business and the World. London: Atlantic Books.

Tepe, Daniel / Hepp, Andreas (2008): Digitale Produktionsgemeinschaften. Die O-pen-Source-Bewegung zwischen kooperativer Softwareherstellung und deterritorialer Vergemeinschaftung. In: Stegbauer, Christian / Jäckel, Michael (Hg.): Social Software. Formen der Kooperation in computerbasierten Netzwerken. Wiesbaden: VS – Verlag für Sozialwissenschaften, 27–49.

Vickery, Graham / van Welsum, Desirée / Wunsch-Vincent, Sacha / Reif, Xavier / Houghten, John / Muller, Elizabeth / Weber, Verena (2006): OECD Information Technology Outlook. Paris: OECD.

Alois Moosmüller

Interkulturalität in multinationalen Unternehmen. Organisationsethnographische Beispiele aus Japan und Deutschland

1 Einleitung

Multinationale Unternehmen müssen mit der Spannung, die zwischen Globalisierung und Lokalisierung, Standardisierung und Partikularisierung besteht, produktiv umgehen. Auf der einen Seite gibt es wirtschaftliche und technische Anforderungen und Notwendigkeiten, die auf der Grundlage exakten Wissens steuerbar und verbesserbar sind. Auf der anderen Seite gibt es besondere Tatbestände und sozial konstruierte Kontexte, lokale Gewohnheiten und Traditionen, die nicht den Regeln der Zweckrationalität folgen. Die Dynamik des Zusammenwirkens der beiden Seiten lässt sich kaum situations- und kontextunabhängig beschreiben und analysieren, geschweige denn steuern und verbessern. Notwendig ist vielmehr eine lokal informierte, kontextbezogene, pluriperspektivische Interpretation der interkulturellen Prozesse in multinationalen Unternehmen. Anhand von drei Beispielen soll gezeigt werden, wie dies im Sinne einer praxisnahen, ethnographischen Organisationsforschung umgesetzt werden kann. Dazu ist es notwendig, zuerst den Handlungskontext und die damit einhergehenden Herausforderungen zu skizzieren.

2 Ethnologische Organisationsforschung

Die ethnologische Organisationsforschung hat sich aus zwei Quellen entwickelt. Zum einen aus dem „Hawthorne Projekt", einem unter Federführung der Harvard Universität in den 1920er und -30er Jahren in der damals weltgrößten Fabrik, der Western Electric Fabrik in Hawthorne bei Chicago, durchgeführten Forschungsprojekt, und zum anderen aus den in den 1950er Jahren von britischen Sozialanthropologen durchgeführten „Manchester Shop Floor Studies". Ein wesentliches Ergebnis des „Hawthorne-Projekts", an dem maßgeblich Kulturanthropologen beteiligt waren (Walter-Busch 1989), bestand in der Entdeckung „informeller Gruppenbildungen", die sich gegen die formelle Betriebsorganisation durchsetzen. Für die auf der Basis der neuen Erkenntnisse entstehende „Human Relations"-Bewegung bestand die vordringlichste Aufgabe des Managements darin, mit diesem Phänomen des „autonomen Sozialdrangs" adäquat umzugehen.[1] In den Augen der Kritiker basierte die Human Relations-Bewegung auf „romantischen" und tendenziell „fortschrittsfeindlichen" Ideen. Der maßgeblich am Hawthorne-Projekt beteiligte zivilisationskritische australische Anthropologe W. Lloyd Warner stellte die liberalistische Auffassung, wonach es zwischen Individuum und Gruppe (oder Gesellschaft) notwendig einen grundlegenden Interessenkonflikt gebe, in Frage. Er sah dies vielmehr als Ausdruck einer zivilisatorischen Fehlentwicklung westlicher Gesellschaften (Warner/Low 1947). Die Grundidee der Human Relations Bewegung bestand dementsprechend in der von den vorherrschenden Meinungen abweichenden Auffassung, dass es zwischen Lohnarbeit und Kapital sehr wohl ein konfliktfreies, harmonisches Verhältnis geben kann. Im Gegensatz dazu gingen die Projekte der Manchester School of Social Anthropology von der These aus, dass zwischen Lohnarbeit und Kapital ein nicht auflösbarer Widerspruch besteht. Die Herstellung ethnographischer Realitätsnähe in den Fallstudien, die in der Manchester School von zentraler Bedeutung war, sollte letztlich dazu dienen, die facettenreichen Erscheinungsformen dieses Grundwiderspruchs zu dokumentieren (Wright 1994: 10). Die heutigen organisationsethnographischen Ansätze sind durch beide Traditionen beeinflusst, allerdings ohne die ideologische Härte der Manchester Schule oder die Sozialromantik der Human Relations-Bewegung zu übernehmen (vgl. Baba 2012; Jordan 2003).

3 Kulturelle Heterogenität in multinationalen Unternehmen

Kulturelle Heterogenität, so die Ausgangsthese, hat im Handlungskontext multinationaler Unternehmen eine positive und eine negative Seite. Die eine Seite, kulturelle Diversität, wird als Bereicherung und wesentliche Ressource gesehen, ohne die es keine Chance gibt, im globalen Konkurrenzkampf mitzuhalten. Die andere Seite, Interkulturalität, stellt dagegen eine Belastung dar, die die Kommunikation erschwert,

---

[1]   Der Name der „Bewegung" geht auf das an der Universität Yale gegründete „Institute of Human Relations" zurück. Das programmatische Werk dazu war „Management and the Worker", das 1939 von F.J. Roethlisberger und W.J. Dickson 1939 publiziert worden war.

Prozesse verlangsamt und unkalkulierbare Risiken schafft. In den Unternehmen wird viel Wert darauf gelegt, die Bedeutung kultureller Diversität nach innen und vor allem nach außen zu propagieren. Interkulturalität ist dagegen kein Thema, das im Unternehmen besondere Beachtung findet, vielmehr wird es auf der allgemeinen organisationalen Ebene eher ignoriert und in den Verantwortungsbereich der individuellen Akteure verwiesen. Dieser einseitige Umgang mit kultureller Heterogenität verschärft das Spannungsverhältnis zwischen globaler Standardisierungs- und lokaler Partikularisierungsdynamik, zwischen technisch-betriebswirtschaftlich Nötigem und menschlich Möglichem.

Die vorwiegend rhetorische Betonung kultureller Diversität bei gleichzeitiger Vernachlässigung der Auseinandersetzung mit Interkulturalität erzeugt einen doppelt negativen Effekt. Zum einen mangelt es auch weiterhin an der angemessenen Wertschätzung kultureller Andersheit, was sich z.B. darin zeigt, dass die Karrierewege vorwiegend den im Stammland des Unternehmens sozialisierten Individuen offen stehen. Zum anderen werden die Mitarbeiter dazu verleitet, sich als interkulturell kompetent darzustellen, auch wenn dies in keiner Weise zutrifft. Das So-tun-als-ob-Klima erzeugt zusätzlichen Stress für den einzelnen Mitarbeiter, der keine Möglichkeit mehr hat, die tatsächlichen interkulturellen Erfahrungen zu kommunizieren und es erschwert interkulturelles Lernen und die Entwicklung tatsächlicher interkultureller Kompetenzen.

Da die Begriffe „Interkulturalität" und „Kultur" sehr unterschiedlich verstanden werden, ist es notwendig, eine begriffliche Klärung vorzunehmen. „Kultur" wird hier zugleich als Produkt von Kommunikation verstanden wie auch als deren Voraussetzung. Die dauerhafte und intensive Partizipation in denselben „Kommunikationsräumen" (Castells 2009) führt zur Herausbildung impliziter Regeln (also von „Kultur"), die von den partizipierenden Akteuren internalisiert werden und die auch dann noch wirksam bleiben, wenn sich die Akteure in Kommunikationsräumen bewegen, in denen andere Kommunikationsregeln gelten. „Interkulturalität" bezeichnet in diesem Sinne eine Situation, in der sich die Akteure desselben Kommunikationsraums an unterschiedlichen impliziten Kommunikationsregeln orientieren, aber annehmen, sich auf dieselben Regeln zu beziehen (bzw. nicht wahrnehmen, dass es verschiedene Regeln gibt). In solchen „interkulturellen Kommunikationsräumen" muss nicht nur das „Was", (Auffassungen von Sachinhalten, Meinungen, etc.) ausgehandelt werden, sondern auch das „Wie". Die Frage ist also, mit welchen Mitteln Auffassungen von Sachinhalten, Meinungen, etc. sie ausgehandelt werden, also etwa wann, wie oft, wem gegenüber und wie intensiv kritische oder wertschätzende Kommentierungen gemacht werden und wie die geäußerten kritischen bzw. wertschätzenden Kommentare empfunden wurden, etc..

Interkulturalität erzeugt bei den individuellen Akteuren Irritationen, d.h. kognitive und emotionale Dissonanzen, die die Akteure möglichst schnell auflösen wollen, was sich am besten mit der Äquilibrationstheorie von Jean Piaget, dem Wechsel zwischen Assimilation und Akkommodation (Kesselring 1988), beschreiben lässt. Im Prozess der Auflösung von Irritationen wird einerseits auf vorgefasste Bilder, Kategorien und kognitive Muster zurückgegriffen, um die Ursachen des Handelns der Anderen zu erklären, andererseits werden auch neue Bilder und Kategorien erzeugt und bestehende kognitive Muster verändert (Moosmüller 2009). Interkulturalität besteht somit nicht einfach aus dem Aufeinandertreffen verschiedener Kommunikationsregeln (die von den Akteuren in verschiedenen Kommunikationsräumen gelernt und internalisiert wurden), sondern ist auch als ein ko-konstruktiver Prozess der Erzeugung neuer Regelsets zu sehen (Bruner 1997). Nicht nur das Handeln des „signifikant Anderen" ist in diesem Prozess (etwa mittels stereotyper Zuschreibungen) erklärungsbedürftig, sondern auch das eigene Handeln: im interkulturellen Kommunikationsraum wird die Begründungslogik des eigenen Handelns erst hergestellt (oder bewusst gemacht, insofern sie latent bereits existiert). Die dynamischen Prozesse, die in interkulturellen Kommunikationsräumen stattfinden, sind kaum berechenbar oder vorhersagbar. Um sie zu erfassen ist es notwendig, ihre Bedeutung aus den unterschiedlichen Perspektiven der beteiligten Akteure zu erschließen, was am besten mit einer ethnographischen Herangehensweise gelingen kann.

4 Global integrierte Unternehmen und das Kontrollproblem

Der frühere Vorstandsvorsitzende von IBM, Palmisano (2006), kritisiert die traditionellen multinationalen Unternehmen als „kolonialistisch" und zu wenig an die Erfordernisse sich wandelnder Marktbedingungen angepasst. Wenn Unternehmen in der wissensdominierten Ökonomie der Zukunft weiter erfolgreich bleiben wollten, dann müssten sie weltweite Chancengleichheit herstellen, konsequent alle Wissens-ressourcen, auch die peripheren, ausschöpfen sowie das kreative und innovative Potenzial der Mitarbeiter vorbehaltlos nutzen. Dies könne aber nur gelingen, wenn die stets vorhandene Gefahr unterschwellig xenophober, antimoderner Strömungen im Unternehmen gebannt werde, wozu ein radikaler Umbau der multinationalen Un-ternehmen in „global integrierte Unternehmen" notwendig sei, in dessen Zuge sich zentralistische und hierarchische Strukturen auflösen und zentrumsferne, anderskultu-relle und subalterne Individuen und Organisationseinheiten mehr Stimme und Macht bekommen müssten. Die Tendenz zu flachen Hierarchien und zum Abbau zentralisti-scher Strukturen verstärkt jedoch das Kontrollproblem. Die von Beniger (1986) in seiner klassischen Studie diagnostizierten Prozesse einer „Kontrollrevolution" dürften mit der Entwicklung zu einer globalen informations- und wissensbasierten Ökonomie beschleunigt und verschärft werden. Die Kontrolle eines global integrierten Unter-nehmens, also eines komplexen, global operierenden, wissens- und informations-getriebenen, dezentral organisierten, egalitär und partizipativ geführten Unternehmens, gestaltet sich wesentlich schwieriger als in einem herkömmlichen multinationalen Unternehmen. Denn die Wahrscheinlichkeit, dass opportunistisch gehandelt wird, dürfte zunehmen. Gleichzeitig nehmen aber die Möglichkeiten ab, dem per Kontrolle entgegenzuwirken.

Im Grunde gibt es nur zwei Möglichkeiten, den potenziellen Kontrollverlust zu be-grenzen, nämlich durch panoptische Kontrolle mittels moderner Technologie (Intranet, social networking im Unternehmen, etc.) und durch die Verstärkung der Selbstkontrolle. Die erste Möglichkeit ist langfristig kontraproduktiv, da der implizite Totalitarismus nicht mit der demokratisch-partizipativen Ethik der global integrierten Unternehmen vereinbar ist, weshalb im Grunde nur die zweite Möglichkeit bleibt. Sie erfordert von den Individuen neben entsprechenden psychologischen Voraussetzun-gen (emotionale Reife, Autonomie, persönliche Stabilität, etc.) auch ein hohes Maß an ethischer Verantwortung und vor allem die Bereitschaft, sich mit dem Unterneh-men zu identifizieren. Letzteres gestaltet sich auf Grund zunehmender Komplexität, globaler Zerstreuung und kultureller Heterogenität recht schwierig.

Die Selbstkontrolle von Unternehmensmitarbeitern ist ein altes Thema im Diskurs um Humanressourcen. Arlie Hochschild (1983) hat als erste die Bedeutung von „emotional labor" herausgestellt. Mit „Gefühlsarbeit" ist die Anpassung der Emotionen von Angestellten an die in Unternehmen herrschenden Normen und Regeln bzw. an die Erfordernisse spezifischer Situationen gemeint, die sog. „emotionale Sozialisation". In interkulturellen Situationen muss besonders viel Energie in die Gefühlsarbeit gesteckt werden, da eine emotionale Sozialisation unter fremdkulturellen Bedingungen entsprechend schwieriger verläuft und zu ihrem Gelingen interkulturelle Kompetenz voraussetzt. Interkulturell kompetente Gefühlsarbeit wird insbesondere von international transferierten Mitarbeitern verlangt. Dynamische, nichtkonventionelle Firmen wie z.b. Google, die sich der Ethik größtmöglicher Offenheit, Kontrollierbarkeit und Transparenz verpflichtet fühlen,[2] sind längst dazu übergegangen, sich in der Rolle des allseitigen Unterstützers und aktiven Kümmerers um das psychische Wohl der Mitarbeiter zu üben, ein Trend der bereits in James Tuckers „The Therapeutic Corporation" (1999) vorgezeichnet wurde: je höher die Anforderungen an die Selbstkontrollfähigkeiten der Mitarbeiter sind, desto notwendiger ist es auch, die damit einhergehenden psychologischen Risiken zu kontrollieren. Schon in den 1940er Jahren begannen Unternehmen, Maßnahmen der „Personalentwicklung nach wissenschaftlichen Maßstäben" einzuführen. Whyte (1956) hat dies in seiner wegweisenden Arbeit als existenzielles Bedürfnis der Unternehmen, mehr Kontrolle auszuüben, interpretiert. Im global integrierten Unternehmen existiert dieses Bedürfnis verstärkt, denn es gilt Maßnahmen einzuführen, die durch Interkulturalität gesteigerten psychologischen Risiken effektiv zu kontrollieren. Interkulturelle Bildungs- und Trainingsmaßnahmen spielen hierbei eine wesentliche Rolle, sie sollen helfen, das Personal global tätiger Unternehmen zur Ausübung interkulturell sensibler Selbstkontrolle zu befähigen. Der wissenschaftlichen Disziplin Interkulturelle Kommunikation kommt dabei die Rolle zu, das dafür nötige Wissen bereitzustellen. In anderen Worten: Interkulturalität verschärft das Problem des Kontrollverlustes eines Unternehmens – interkulturelle Maßnahmen, die auf die Stärkung der

---

[2] Dazu gehört insbesondere die Forderung nach größtmöglicher Transparenz, die in dem 2013 erschienen Roman „The Circle" von Dave Eggers in einem leicht futuristischen Setting auf eindrucksvolle Weise inszeniert wurde.

Selbstkontrollmöglichkeit auch unter den Bedingungen von Interkulturalität abzielen, sollen das Kontrollproblem lösen helfen.

In den multinationalen Unternehmen, die im Begriff sind, sich in global integrierte Unternehmen zu transformieren und in denen die Spannungen zwischen globaler Standardisierung und lokaler Partikularisierung, Wertschätzung kultureller Diversität und unterschwelliger Verstärkung ethnozentrischer Tendenzen, allseitiger Transparenz und panoptischer sowie subtiler psychologischer Kontrolle immer stärker werden, sind die Anforderungen, die an die Mitarbeiterschaft gestellt werden, besonders hoch. Dementsprechend groß ist auch die Kluft zwischen den (idealistisch überzogenen) Anforderungen der Unternehmen an ihre Mitarbeiter und deren tatsächlichen Möglichkeiten, die erwarteten Leistungen zu erbringen. Da den individuellen Akteuren zudem zugemutet wird, die Herausforderungen von Interkulturalität eigenverantwortlich zu bewältigen, ist anzunehmen, dass der individuelle Stresslevel dementsprechend hoch ist.

5 Alltägliche Interkulturalität in multinationalen Unternehmen

Die im Folgenden dargestellten Beispiele stammen aus drei organisationsethnographischen Forschungen. Sie sollen zeigen, wie individuelle Akteure im Kontext multinationaler Unternehmen mit Interkulturalität umgehen. Die Daten wurden mittels ethnographischer Interviews (Spradley 1979) und teilnehmender Beobachtung erhoben, einem methodischen Vorgehen, das darauf abzielt, den interkulturellen Alltag im Unternehmen mit seinen Gewohnheiten und Routinen „from the native's point of view", aus verschiedenen kulturellen Perspektiven, möglichst realitätsnah zu beschreiben und zu interpretieren.

Fallbeispiel eins[3]

Ein japanisches multinationales Unternehmen baut an einem deutschen Standort einen neuen Geschäftsbereich auf, der für Entwicklung, Produktion und Marketing

---

[3] Das Beispiel basiert auf den Daten einer Auftragsforschung, die der Autor Anfang des neuen Jahrtausends in einem japanischen Unternehmen mit dem Ziel, Lösungen für aktuelle Probleme zu finden, durchgeführt hat. Dabei wurden vier japanische und zwei nicht-japanische Führungskräfte interviewt.

bestimmter Produkte weltweit zuständig ist. Die ca. 500 Mitarbeiter kommen aus mehr als 20 verschiedenen Ländern, vor allem aus Europa, sowie aus Brasilien und Indien. Die meisten der oberen Führungspositionen sind mit etwa 30 aus dem japanischen Stammhaus nach Deutschland entsandten japanischen Mitarbeitern besetzt. Da die Marktchancen als sehr günstig eingeschätzt werden, sind die Erwartungen des japanischen Stammhauses sehr hoch, was das junge Tochterunternehmen unter einen enormen Erfolgsdruck setzt. Zum Zeitpunkt der Forschung herrscht ein angespanntes Klima, insbesondere zwischen dem japanischen Management und der europäischen (westlichen) Belegschaft. Vor kurzem wurde auf Veranlassung des japanischen Stammhauses der bisherige japanische Geschäftsführer durch einen europäischen Geschäftsführer ersetzt, was die Spannungen jedoch kaum reduziert, die allgemeine Verunsicherung aber gesteigert hat. Vor allem die folgenden Probleme werden als sehr gravierend gesehen: die Rekrutierung guter Fachkräfte gestaltet sich schwierig; die nicht-japanischen Mitarbeiter sind mit dem japanischen Führungsstil unzufrieden; die Abläufe im Unternehmen und der Informationsfluss erscheinen vielen nicht transparent genug; die Mitarbeiterfluktuation ist sehr hoch; es gibt zahlreiche Kommunikationsprobleme, insbesondere wird über ineffektive Meetings und allgemeine Sprach- und Verständigungsprobleme zwischen Japanern und Nicht-Japanern geklagt. Trotz aller Bemühungen, die Kräfte im Unternehmen zu bündeln und ein positives Betriebsklima zu schaffen, haben viele den Eindruck, dass sich im Unternehmen Japaner und Nicht-Japaner „wie zwei feindliche Lager" gegenüberstehen.

Nicht-Japaner klagen darüber, dass japanische Manager kein Management-Verständnis hätten, dass sie kein Team kreieren könnten, dass sie Mitarbeiter nur auf die negativen Dinge hinweisen würden und unfähig seien, zu motivieren. Japaner seien „super Ingenieure" und hoch kompetent bei allen technischen Themen, aber sie könnten eben nicht führen. Zwar funktioniere die Kommunikation unter den Japanern offensichtlich sehr gut, aber nicht mit der gesamten Belegschaft. Die Vorgaben des Stammhauses würden nicht ausreichend kommuniziert und so komme es ständig zu unvermittelten Richtungswechseln. Die japanischen Expatriates würden sich nicht integrieren wollen und seien überhaupt „viel zu japanisch". Zudem würden sie die lokal rekrutierten, vorwiegend im Westen sozialisierten japanischen Mitarbeiterinnen besonders schlecht behandeln.

Die japanischen Expatriates berichten vor allem von ihren Problemen mit dem Arbeitsstil der „Europäer" (in diese Kategorie fallen auch Inder und Brasilianer), denen es an der richtigen Arbeitsmoral mangele: „Die Firma braucht Mitarbeiter, die sich mehr einsetzen – aber der europäische Arbeitsstil verhindert das! Wenn es Probleme gibt, gehen die Mitarbeiter einfach nach Hause!" Ärgerlich finden sie insbesondere den Egoismus der Mitarbeiter und das fehlende Verständnis für das Unternehmensganze. „Es gibt keine spontane Hilfsbereitschaft, kein Gefühl für Gemeinsamkeit! Hier denkt jeder nur an den eigenen Zuständigkeitsbereich!" Europäern mangle es an Professionalität und der Motivation, das Beste zu geben. „Die Firma hat eine anspruchsvolle Produktphilosophie – aber Europäer geben sich mit dem Erreichten zufrieden! Hier gibt es fast nur schlechte, minder ausgebildete Mitarbeiter, sie müssen erst mal richtig arbeiten lernen, sie haben kein Verständnis vom Geschäft, sie arbeiten nicht ergebnisorientiert! In dieser Kultur sind Ausflüchte wichtiger als Leistung!" Europäer seien bequem und zu wenig motiviert, sich Wissen anzueignen. „Die holen sich die Information nicht, die wollen nicht den Background einer Information verstehen!"

Bemerkenswert ist, dass keiner der japanischen und europäischen Informanten (von denen sich übrigens die meisten als „interkulturell kompetent" bezeichneten) den Versuch machte, die Ursache der Probleme mit der Interkulturalität zu erklären, geschweige denn die Perspektiven zu wechseln, andere Herangehensweisen zu respektieren und pragmatische Lösungen zu finden. Vielmehr wurde als Problemursache die im jeweils anderen „Lager" verbreitete unakzeptable Arbeitseinstellung, mangelnde Professionalität und unzureichende Ausbildung gesehen. Diese abwertenden und pauschalisierenden Sichtweisen wurden kaum hinterfragt oder differenziert. So sahen sich die japanischen Expatriates, die von den Europäern als homogener Block wahrgenommen wurden, selbst in keiner Weise als homogen und schon gar nicht als harmonische Gruppe, sondern als Einzelkämpfer mit sehr unterschiedlichen Interessen und Orientierungen. Festzustellen war auch, dass die japanische Seite aus mindestens zwei miteinander konkurrierenden Gruppen bestand, was sich aus den unterschiedlichen technischen Orientierungen der Akteure und ihren unterschiedlichen Vorerfahrungen in der Firma ergab.

In dem Unternehmen wurde Interkulturalität (das Aufeinandertreffen unterschiedlicher Arbeitsroutinen und -haltungen, unterschiedlicher Konzepte von Effizienz und Erfolg, unterschiedlicher Führungsstile, etc.) nicht als Herausforderung gesehen, der auf organisationalen Ebene begegnet werden muss. Das hatte notwendigerweise zur Folge, dass die individuellen Akteure selbständig damit fertig werden mussten, womit diese (wie nicht anders zu erwarten) jedoch überfordert waren und dementsprechend undifferenziert und übergeneralisierend agierten.

Wenn Unternehmen auf organisationaler Ebene den Herausforderungen von Interkulturalität begegnen wollen und wenn sie der Tendenz entgegenwirken wollen, Wir-Ihr-Dichotomisierungen und stereotypisierende Kategorisierungen vorzunehmen und wenn sie stattdessen einen produktiven, Synergien erzeugenden Umgang mit Interkulturalität ermöglichen wollen, dann müssten die folgenden Punkte grundlegende Beachtung finden:
Erstens müsste stets davon ausgegangen werden, dass es auf der Ebene alltäglicher Zusammenarbeit – also etwa bei Informationsaustausch und Entscheidungsfindung, Anweisen und Kontrollieren, Planen und Implementieren technischer Prozesse, etc. – jederzeit zu Störungen der gewohnten, erwarteten, für „normal und richtig" befundenen Abläufe und Vorgehensweisen kommen kann. Zweitens dürfte die Ursache dieser Störungen nicht in der „Schuld" individueller Akteure gesucht werden, sondern müsste als systemisches Problem konzeptualisiert werden, das durch das Zusammenwirken der Handlungen aller Akteure generiert wird. Drittens müsste die Tatsache, dass die durch Interkulturalität ausgelösten Störungen von den individuellen Akteure als kognitive und affektive Dissonanz erlebt werden, wie auch die Tatsache, dass die Akteure dann intuitiv dazu neigen, die Störungsursachen unangemessen zu attribuieren, als zu erwartende Normalität gesehen und respektiert werden.

<u>Fallbeispiel zwei</u>
Im Folgenden werden Auszüge aus Interviews mit japanischen Mitarbeitern präsentiert, die von den japanischen Tochterfirmen deutscher multinationaler Unternehmen für ein oder mehrere Jahre in die deutsche Firmenzentrale entsandt wurden. Die Interviews wurden im Rahmen eines Forschungsprojekts geführt, in dem vergleichend amerikanische und japanische „Inpatriates" in deutschen Unternehmen untersucht

wurden.[4] Im Begriff „Inpatriate", der in einigen Firmen benutzt wird, um die Expatriates zu bezeichnen, die von den Auslandsniederlassungen nach Deutschland entsandt werden, kommt die zentralistische Haltung der multinationalen Unternehmen zum Ausdruck.

Ein „Inpatriate", der vor einem guten Jahr nach Deutschland entsandt wurde, erzählt von seinen Erfahrungen in Deutschland:

> "While I worked in Japan, being Assistant General Manager, I was always in the group of the final decision making committee. But in Germany I was kind of out of it. Out of the decision making process in a sense. Sometimes they asked me to join. And sometimes they didn't even send me a notice about it. I do understand this, because when the things get complicated, they like to communicate in their mother language, so that they could express in detail, freely and faster. (...) This, I kind of understand. And also this is the case for Japanese companies as well. In this respect, the German and the Japanese corporate governors are pretty similar. The head is always German or Japanese..."

> "But then I decided myself that maybe I should go with my colleagues, by showing my abilities and capabilities and maybe some result, some success. Otherwise people do not believe me. I felt, like I was sort of in the field surrounded by, not enemies, but not friends. Just in some society, I had no clue how to work with them. So, my boss [in Japan] had just put me in the cold water. But it is getting warmer and warmer. So it is ok now, but at the beginning I was a little bit surprised. But from the eyes of German people, maybe what they expect me to..., actually I actively figured out what I could contribute to the company. But in most of the cases, Japanese are passive; they look and wait for the orders or concrete tasks. But people described me as you are not Japanese. Half Japanese, half Western. But still, in my heart I am still Japanese, pure Japanese. But anyway, I actually learned how to swim."

Die Passage kann als Illustration eines Kulturschockerlebnisses gelesen werden, wobei es zunächst vor allem um das unangenehme Gefühl geht, in der neuen Situation bedeutungslos zu sein und übergangen zu werden. Die Anpassungsleistung zeigt sich im retrospektiven „Verstehen" des als Ausgrenzung erlebten Handelns der deutschen Kollegen: es sei eben nur allzu menschlich – schließlich würden doch Japaner in diesem Punkt genauso handeln wie die deutschen Kollegen –, dass präzises, produktives

---

[4]   Das Forschungsprojekt zu den „Inpatriates" war Teilprojekt eines Forschungsverbundes, in dem Internationalisierungsrisiken in multinationalen Unternehmen untersucht wurden (Scheuring/Moosmüller 2009).

und schnelles Arbeiten nur möglich sei, wenn man „dieselbe Sprache" spricht. Mit Kollegen, die nicht „dieselbe Sprache" sprechen, ist eben alles mühsamer, weshalb es doch völlig verständlich ist, sie zu übergehen. Die Natur des Menschen ist nun mal so, weshalb dem Fremden nichts anderes übrig bleibt, als sich so gut wie möglich anzupassen. Für dieses Bemühen um Anpassung wird er denn auch von den deutschen Kollegen „belohnt", indem sie ihn als Person bezeichnen, die „nicht typisch japanisch" ist, wodurch weitere Unsicherheiten ausgelöst werden.

In dem Interviewauszug wird nachvollziehbar, welche Ambivalenzen und selbstkritischen Infragestellungen die Akkulturationsleistung im Sinn einer Hochschildschen „Gefühlsarbeit" beinhaltet (Hochschild 1983) und welche inneren Spannungen und Auseinandersetzungen dabei zu bewältigen sind. Ob ein „Inpatriate", wie in diesem Fall, letztlich damit zurechtkommt, liegt in seiner alleinigen Verantwortung. Jedenfalls sieht es die Organisation nicht als ihre Aufgabe an, die individuellen Akteure dabei zu unterstützen, ganz zu schweigen davon, dass sie für den Umgang mit Interkulturalität die volle Verantwortung übernimmt.

Ein anderer japanischer „Inpatriate", der zusammen mit seiner Frau seit knapp zwei Jahren in Deutschland ist, erzählt:

> "The whole organization has three to four Japanese people. Once a week I met them in the cantina, kind of Japanese Mafia we called. Shared some videos and ideas. And in the end, sometimes on the weekend, we have some barbecuing with the families (…). Because they are living in Germany already for longer, they could tell me how to live in Germany as a Japanese. And which doctor is good or something, real tips. Most of the cases, the people they talk to all day are Japanese. They don't talk to German people. For them they are foreigners. Although they are foreigners in Germany they think that Germans are foreigners. So, they don't have to speak to foreigners. My wife had a network with Japanese people living in Germany. I introduced some Japanese colleagues to my wife, and I also knew one Japanese woman who married a German. I contacted her and asked her to give us any support. (…) We couldn't build relations with the local German people. If we had had a child, of a certain age, then it would have been easier, but we were without child. So, not so easy. (…) We knew some German people with Japanese wives, so we have contact with such people."

In der Forschungsliteratur, die sich mit der Akkulturation von Firmenentsandten bzw. von hochqualifizierten Migranten beschäftigt, wird die Notwendigkeit betont, im

Residenzland neue soziale Kontakte herzustellen. Eine möglichst intensive Anpassung an die lokale Kultur wird dabei von vielen als wünschenswert erachtet. Zugleich wird allerdings festgestellt, dass Migranten auch die Neigung haben, sich in ethnischen bzw. diasporischen Netzwerken zu bewegen, um auch in der Fremde auf kulturell Vertrautes zurückgreifen zu können. Diese Netzwerke bieten einerseits Hilfestellung und Unterstützung und erleichtern die Gestaltung des Alltags in der Fremde und das Herstellen selbstverständlicher Sozialkontakte, insbesondere in der Anfangsphase des Auslandsaufenthalts. Andererseits erschweren sie die Herstellung von Vertrautheit mit der lokalen Mehrheitskultur und den Aufbau sozialer Kontakte mit Angehörigen der Mehrheitsbevölkerung, da der Drang, neue soziale Kontakte herzustellen durch die Verfügbarkeit ko-ethnischer Kontakte reduziert wird (Moosmüller 2002). In der Erzählung des „Inpatriate" wird deutlich, dass er hinsichtlich dieses Punkts eine ambivalente Haltung einnimmt, insofern er die Aufrechterhaltung bzw. Herstellung sozialer Kontakte und Routinen mit anderen Japanern auch abwertend beschreibt. Ein gewisser Selbstvorwurf, nicht besser in deutsche Netzwerke eingebunden zu sein, kann herausgehört werden. In dieser Haltung wird deutlich, wie sehr der japanische Mitarbeiter eines deutschen multinationalen Unternehmens mit der Erfahrung von Interkulturalität allein gelassen wird. Die Forschungsliteratur belegt recht deutlich, dass eine solche ambivalente Haltung (das Bedürfnis, sich auch im Ausland eine kulturell vertraute Umwelt zu schaffen und zugleich das Bedürfnis, am lokalen Leben teil zu haben, soziale Kontakte zu haben und sich in die neue Kultur einzufügen) zur Normalität von Migranten gehört und für eine förderliche Akkulturationssituation spricht (Berry 2003). Wenn im Unternehmen die tatsächliche Situation des „Inpatriate" und seiner Partnerin gesehen und wertgeschätzt würde, könnte selbstverständlicher mit der Ambivalenz umgegangen und womöglich sogar das kreative Potenzial, das in der Situation steckt, genutzt werden.

Fallbeispiel drei

Das dritte Beispiel basiert auf einem Interview mit einem deutschen Expatriate. Es wurde im Rahmen eines Forschungsprojekts durchgeführt, in dem die interkulturelle Zusammenarbeit in deutschen und amerikanischen multinationalen Unternehmen in Japan untersucht wurde (Moosmüller 1997). Der Expatriate war ursprünglich für ein knappes Jahr nach Japan versetzt worden, um ein Projektteam zu leiten. Zum Zeitpunkt des Interviews war er bereits mehr als drei Jahre in Japan.

In der japanischen Tochtergesellschaft wird das Projekt als sehr wichtig angesehen und man hat sich aktiv für seine Realisierung eingesetzt. Als der deutsche Projektleiter in Japan ankommt ist das abteilungsübergreifend zusammengestellte Team bereits einsatzfähig. Nach ein paar Wochen ist sein Eindruck von den Projektmitarbeitern, zumeist jungen Ingenieuren, sehr positiv, er hält sie für „sehr motiviert und lernbegierig", für „westlich orientiert" und nennt sie „meine Jungs". Das Bild von den Kollegen auf der Managementebene ist weniger positiv, er findet sie „stur, unkooperativ, typisch japanisch"; sie hätten weder Interesse für das Projekt noch seien sie fachlich kompetent.

„Der Japaner an sich ist ja in Ordnung, aber als Manager ist er eine Landplage!"

Er gibt sich daher nicht länger mit den Managerkollegen ab und konzentriert sich voll und ganz auf das Projektteam. Die ersten Monate läuft alles sehr gut und er hat den Eindruck, dass das Projekt viel schneller als geplant beendet sein wird. Dann ändert sich die Lage jedoch, Arbeiten verzögern sich, Projektmitarbeiter werden plötzlich für „wichtige Aufgaben" abgezogen, Termine platzen, etc. Ständig wird das Projekt durch irgendwelche Widrigkeiten behindert. Er sieht in den japanischen Managern die eigentliche Ursache: „Sie blockieren alles, was ich mache, ich muss dann schon öfter mal von oben her [beim deutschen Chef der japanischen Manager] Druck ausüben", was jeweils aber nur kurzfristige Verbesserungen einbringt. Auf die Frage, ob es denn keine Möglichkeit gebe, mit den japanischen Managerkollegen besser zusammen zu arbeiten, antwortet er:

„Anfangs habe ich das noch versucht, aber das ist vollkommen vorbei, das mach ich nicht mehr mit. Heute sag ich zu denen ‚Hör zu, ob du das verstehst oder nicht, so machen wir das!'"

Die Situation ist für den Projektleiter zwar sehr schwierig und nervenaufreibend, aber er will seinen Auftrag unbedingt erfüllen.

„Wer so arbeitet, muss früher oder später abgelöst werden, der wird fix und fertig. Aber da muss man hart bleiben, sonst heißt es hinterher [im Stammhaus] nur ‚haben Sie da drüben Urlaub gemacht?'"

Trotz aller Widrigkeiten gelingt es ihm schließlich, nach fast vier Jahren das Projekt erfolgreich abzuschließen. Das sei letztlich, wie er findet, gar nicht so verwunderlich, schließlich wisse doch jeder, dass in Japan alles länger dauere.

Der Fall mag extrem klingen, doch in der „deutschen Community"[5] kursierten einige Geschichten, die ein ähnliches Muster aufwiesen: Ein Expatriate gerät in eine verdeckt ablaufende Konfrontation mit lokalen Managern, die ihre Macht einsetzen, um seine Arbeit zu behindern, womit sie sich letztlich vor allem selber Schaden zufügen. Dieses als „irrational und unverständlich" bezeichnete Handeln der japanischen Manager wurde meist mit der in Japan vorherrschenden „extremen Hierarchiegläubigkeit" erklärt. Jedoch wurden kaum Versuche unternommen, genauer zu verstehen, wie sich „Hierarchiegläubigkeit" in den konkreten Fällen auswirkt und wie die Konflikte aus der Perspektive japanischer Manager gedeutet werden. Da hierarchische Bindungen im japanischen Unternehmenskontext einen wesentlich stärkeren Verpflichtungscharakter als in deutschen Unternehmen haben, gestaltet sich die Einführung von Matrixstrukturen von vornherein schwieriger als in einem deutschen Kontext. Wenn die Linienvorgesetzten Mitarbeiter an ein Projektteam abgeben müssen, dann erwarten sie, dass dies in irgendeiner Form honoriert wird, zumindest in Form besonderer Aufmerksamkeiten. Wenn diese Erwartungen, wie im geschilderten Fall, dauerhaft ignoriert werden, entsteht das Gefühl ungerecht behandelt und übergangen zu werden und dieses Gefühl kann sich so verstärken, dass es zu kontraproduktiven Handlungen kommt. Aus japanischer Perspektive betrachtet sind die blockierenden Handlungen der japanischen Managerkollegen weder irrational noch unverständlich, sondern eine logische Konsequenz zwischenmenschlicher Versäumnisse. Das deutsche Management hatte lediglich die sachlichen, nicht jedoch die persönlichen bzw. zwischenmenschlichen Dimensionen des Projekts im Blick.

Der geschilderte Fall mangelnden interkulturellen Verstehens seitens der deutschen Expatriates sollte jedoch auf keinen Fall als Hinweis auf einen generellen Mangel an interkultureller Sensibilität verstanden werden. Z.B. dürfte die Bemerkung des deutschen Projektleiters „Hör zu, ob du das verstehst oder nicht, so machen wir das!" wohl kaum in einer tatsächlichen Kommunikationssituation mit den japanischen

---

[5] Unter den deutschen Migranten in Japan war dieselbe Tendenz festzustellen, wie unter Japanern in Deutschland – siehe Fallbeispiel zwei.

Kollegen gefallen sein, sondern fungiert als Redefigur in der Erzählung über einen realen Vorfall. Der deutsche Expatriate wird wahrscheinlich ganz andere Worte benutzt haben und in zurückhaltender, sachlicher Weise sein Anliegen dargestellt haben. Die Redefigur ist vielmehr als Element der Reinszenierung einer Handlung bzw. des Neuentwurfs eines möglichen Handlungsverlaufs zu interpretieren. Sie soll helfen, irritierende Erfahrungen und die dadurch ausgelösten Gefühle und Gedanken zu verarbeiten – eben im Kontext der eigenen lebenspraktischen Erfahrungen in bekannten sozialen Räumen. Beispielsweise ist anzunehmen, dass die Redefigur „Hör zu…!" gegenüber einem gleichrangigen deutschen Gesprächspartner in einer Situation, in der es in ähnlicher Weise zu einem Interessenkonflikt kommt, recht wirksam wäre und den Gesprächspartner wahrscheinlich veranlassen würde, „die Karten auf den Tisch zu legen". Das darauf folgende Streitgespräch würde die unterschiedlichen Positionen klar machen und die Möglichkeit schaffen, eine Lösung zu finden. Die Einfügung der Redefigur „Hör zu…!" in die Erzählung drückt so gesehen die eigentliche Erwartung des deutschen Expatriate an seine japanische Kollegen aus, nämlich Unklarheiten im konstruktiven Streitgespräch zu beseitigen. Natürlich wissen japanerfahrene Expatriates, dass dieser Erwartung im japanischen Kontext nicht entsprochen wird, aber dieses Wissen allein hilft wenig. Zwar kennen sie den linguistischen Habitus des japanischen Partners, nicht aber das generative Prinzip dieses Habitus, d.h. sie können japanisches Verhalten zwar erkennen und kognitiv einordnen, aber nicht verstehen und respektieren. Der gemeinsam konstruierte und erlebte interkulturelle soziale Raum ist ambivalent: auf der Verhaltensebene ist er japanisch strukturiert, aber auf der Interpretationsebene, bleibt er deutsch strukturiert. Die in dieser Situation hervorgerufenen kognitiven und affektiven Dissonanzen sind gewissermaßen unvermeidlicher Bestandteil der erfahrenen und situativ erzeugten Interkulturalität.

6 Schlussbemerkung

Multinationale Unternehmen haben einen bedenklichen Umgang mit den beiden komplementären Aspekten kultureller Heterogenität. Während sie kulturelle Diversität geradezu verklären, ignorieren sie weitgehend den anderen Aspekt kultureller Heterogenität: die Interkulturalität. Während sich die Organisation voll und ganz zur Tatsache kultureller Diversität bekennt und sie als wesentliche Ressource im globalen

Wettkampf propagiert, versäumt sie es, die zentrale Bedeutung von Interkulturalität auf allen Ebenen organisationalen Handelns zu betonen. Stattdessen bürdet sie die Verantwortung für den Umgang mit Interkulturalität den individuellen Akteuren auf. Diese sind jedoch nur zum Teil und nur in begrenztem Maße fähig, den interkulturellen Herausforderungen effektiv zu begegnen, wodurch eine systemische Paradoxie geschaffen wird: Da der Umgang mit Interkulturalität auf der individuellen Handlungsebene zu verantworten ist, muss die Organisation notwendigerweise annehmen, dass die individuellen Akteure fähig sind, interkulturell kompetent zu handeln. Dieser Annahme versuchen die Mitarbeiter zu entsprechen, indem sie vorgeben, interkulturell kompetent zu sein. Dies setzt eine Negativspirale in Gang: die falsche Annahme wird durch die Selbstdarstellung der Mitarbeiter scheinbar bestätigt, was dazu führt, dass die Erwartungen an die Fähigkeiten der Mitarbeiter steigen, etc. Mit der Vergrößerung der Spannung zwischen tatsächlicher und vorgegebener Kompetenz werden aber auch die unterschwellig vorhandenen Ressentiments und Vorurteile verstärkt und die Möglichkeiten, sich tatsächlich interkulturelle Kompetenz anzueignen, immer mehr beschnitten. Da sich diese Dynamik hinter dem Rücken der Beteiligten vollzieht, ist sie auch für die Organisationsforschung schwer zu fassen.

Die ethnographische Feldforschung beschäftigt sich seit jeher mit der Aufdeckung und Interpretation impliziter Strukturen und latenter Handlungsmotive. Seit Malinowskis klassischen Forschungen folgt sie dem Impetus, die sozial konstruierte Welt „from the native's point of view" zu interpretieren. Diese Herangehensweise, insbesondere wenn es um sehr unterschiedliche „native" Perspektiven geht, ist für die Erforschung des Umgangs mit den Herausforderungen von Interkulturalität in Unternehmen gut geeignet. Mit den Fallgeschichten sollte beispielhaft demonstriert werden, wie ein in diesem Sinne situations- und kontextbezogener Forschungszugang zu Fragen des Umgangs mit Interkulturalität in global agierenden Unternehmen aussehen kann. Dass die damit erzielten Einblicke und Erkenntnisse auch nur situations- und kontextbezogene Gültigkeit haben, versteht sich von selbst, was jedoch die Möglichkeit der Übertragung oder Verallgemeinerung nicht von vornherein ausschließen soll.
Mit der Transformation von multinationalen Unternehmen in global integrierte Unternehmen dürfte sich die paradoxe Situation weiter verschärfen, denn wenn den

individuellen Akteuren im Zuge von Dezentralisierung und Enthierarchisierung mehr Raum für eigenverantwortliches Handeln zugestanden wird, dann steigen auch die Anforderungen, die an ihre Fähigkeit gestellt werden, Selbstkontrolle zu üben, was den erfolgreichen Umgang mit Interkulturalität einschließt. Die Fallbeispiele zeigten, wie begrenzt die tatsächlichen Möglichkeiten und Fähigkeiten sind, mit Interkulturalität zurechtzukommen. Damit dies als organisationale Realität gesehen werden kann, wären mehr organisationsethnographische Forschungen nötig. Nicht zuletzt wäre im Sinne ethischer Überlegungen darauf hinzuweisen, dass die Forschungsergebnisse Unternehmen nicht zu dem Schluss verleiten dürften, noch intensiver eine Verbesserung der Selbstkontrollfähigkeiten der individuellen Akteure einzufordern. Vielmehr müsste eine systemische Umorientierung gefordert werden, die damit beginnen könnte, dass – wie im Fallbeispiel eins beispielhaft ausgeführt – Grundannahmen expliziert würden, wie auf organisationaler Ebene mit Interkulturalität umzugehen wäre.

Literatur

Baba, Marietta (2012): Anthropology and Business: Influence and Interests. Journal of Business Anthropology. 1(1), 20–71.

Beniger, James R. (1986): The Control Revolution. Technological and Economic Origins of the Information Society. Cambridge: Harvard University Press.

Berry, John W. (2003): Conceptual Approaches to Acculturation. In: Chun, K.NM./ Organista, P. B. / Marin, G. (Hg.): Acculturation. Advances in Theory, Measurement, and Applied Research. Washington: Oxford University Press, 17–37.

Bruner, Jerome (1997): Sinn, Kultur und Ich-Identität (1990

Acts of Meaning). Heidelberg: Carl Auer.

Castells, Manuel (2009): Communication Power. Oxford: Oxford University Press.

Eggers, Dave (2013): The Circle. London: Alfred A. Knopf.

Hochschild, Arlie (1983): The Managed Heart. Commercialization of Human Feeling. Berkeley: University of Carlifornia Press.

Jordan, Ann T. (2003): Business Anthropology. Long Grove: Waveland Press.

Kesselring, Thomas (1988): Jean Piaget. München: Beck.

Moosmüller, Alois (1997): Kulturen in Interaktion. Deutsche und US-amerikanische Firmenentsandte in Japan. Münster u.a: Waxmann.

Moosmüller, Alois (2002): Diaspora – zwischen Reproduktion von "Heimat", Assimilation und transnationaler Identität. In: Ders. (Hg): Interkulturelle Kommunikation in der Diaspora. Die kulturelle Gestaltung von Lebens- und Arbeitswelten in der Fremde. Münster u.a.: Waxmann, 11–28.

Moosmüller, Alois (2009): Kulturelle Differenz: Diskurse und Kontexte. In: Drs. (Hg.) Konzepte Kultureller Differenz. Münster u.a.: Waxmann, 13–45.

Palmisano, Samuel J. (2006): The Globally Integrated Enterprise. In: Foreign Affairs. 85/ 3, 127–136.

Scheuring, Gabriele / Moosmüller, Alois (2009): Stammhausaufenthalte japanischer Fach- und Führungskräfte in Deutschland: Der Aufbau von interpersonalen Netzwerken. In: Kühlmann, Torsten / Haas, Hans-Dieter (Hg.): Internationales Risikomanagement: Auslandserfolg durch Netzwerke. München: Oldenbourg, 185–211.

Spradley, James (1979): The Ethnographic Interview. New York: Wadsworth Inc. Fulfilment.

Tucker, James (1999): The Therapeutic Corporation. New York: Oxford University Press.

Walter-Busch, Emil (1989): Das Auge der Firma. Mayos Hawthorne-Experimente und die Harvard Business School, 1900-1960. Stuttgart.

Warner, W. Lloyd / Low, Josiah Orne (1947): The Social System of the Modern Factory. The Strike: A Social Analysis. New Haven.

Whyte, William H. (1956): The Organization Man. New York: Simon & Schuster Inc.

Wright, Susan (1994): "Culture" in Anthropology and Organizational Studies. In: Dieselbe (Hg.): The Anthropology of Organizations. London: Routledge, 1–31.

Mareike Martini

Strategien sprachmittlerischen Handelns in deutsch-kubanischer Hochschulkooperation

1 Einleitung

Internationale Hochschulkooperationen sind wichtig für den Ruf Deutschlands als Ort des Lernens, Lehrens und Forschens in der Welt. Sie sind aber auch ein zentrales Instrument, mit dem Deutschland seine Verantwortung für die Förderung der Universitäten in Schwellen- und Entwicklungsländern wahrnimmt. Internationale Hochschulkooperationen sind ein Fall von interkultureller und interinstitutioneller Kooperation. Beide Faktoren bringen spezifische Aufgaben und Probleme mit sich, die das Tagesgeschäft der Kooperation für die Beteiligten oft überraschend, mühsam oder irritierend machen. Besonders ausgeprägt sind interkulturelle und institutionelle Differenzen, wenn die Kooperation zwischen zwei Hochschulen aus ganz unterschiedlichen kulturellen Regionen und aus verschiedenen politischen Systemen stattfindet. Um einen solchen Fall geht es in diesem Artikel, der die empirische Untersuchung einer deutsch-kubanischen Hochschulkooperation vorstellt (siehe Martini 2008).

Da an internationalen Hochschulkooperationen Institutionenvertreter mit unterschiedlichen Muttersprachen beteiligt sind, müssen ihre Besprechungen häufig gedolmetscht werden. Das in den untersuchten Dolmetschsituationen eingesetzte Sprachmitteln beinhaltet eine ganz eigene Aufgaben- und Problemstruktur, die diesen Gesprächen eine besondere Charakteristik verleiht. Es dient dazu, die interkulturelle Kommunikation zu erleichtern. Doch Sprachmitteln besteht in mehr als einer rein sprachlichen Übertragungsaufgabe. Dolmetschende Personen sind in ihrer Tätigkeit selbst von den unterschiedlichen kulturellen und institutionellen Bedingungen geprägt und betroffen und kommen unweigerlich in die Position, selbst interkulturell mitteln zu müssen.

Kooperationen zielen zwar auf Forschung oder, wie im untersuchten Fall, auf die Errichtung technischer Infrastrukturen ab. Die Kooperation als solche wird aber als Kommunikationsprozess gelebt: Planungen, Vereinbarungen, die Feststellung und Bearbeitung von Problemen geschehen ebenso in Form von Gesprächen wie das Kennenlernen der Partner und die Pflege ihrer Beziehung. Die Kommunikation miteinander ist daher mitentscheidend für den Erfolg der Kooperation und die Zufriedenheit der Beteiligten. Um die Realität der Kooperation in ihrem konkreten, von den Partnern getragenen Handlungsvollzug einzufangen, ist deshalb die direkte Beobachtung der Mikroprozesse der Kommunikation, insbesondere der Besprechungen der Partner, notwendig. Nur so können die Aufgaben und Probleme als Kommunikationsphänomene in ihrer konkreten Entstehung und Bearbeitung erkannt und auf einem Auflösungs- und Genauigkeitsniveau erfasst werden, das über Erinnerungen und Eindrücke der Beteiligten hinausgeht.

Im Folgenden werden die zentralen Ergebnisse der empirischen Untersuchung vorgestellt. Die Untersuchung fußt auf der Methode der ethnographischen Gesprächsanalyse (Deppermann 2000). Vor dem Hintergrund einer ausgiebigen teilnehmenden Beobachtung des untersuchten deutsch-kubanischen Projekts wurden mehrere Serien authentischer Kooperationsbesprechungen aufgenommen und mikroanalytisch anhand der folgenden Forschungsfragen untersucht: In welchen kommunikativen Formen werden die Kooperationsaufgaben bearbeitet? Welche Probleme stellen sich dabei den Beteiligten und mit welchen sprachlich-kommunikativen Mitteln versuchen sie diese zu lösen? In welcher Weise machen sich divergierende kulturelle und institutionelle Hintergründe der Kooperationspartner im Gespräch bemerkbar und wie gehen sie mit diesen Differenzen um? Welchen Anteil haben sprachmittelnde Personen am Verlauf der Besprechungen? Welche Aufgaben haben sie zu bewältigen, um zum Gesprächserfolg beizutragen, und welche Strategien benutzen sie dazu? Abschließend werden die Problemfelder der interkulturellen interinstitutionellen Kommunikation diskutiert.

2 Forschungsfeld

Kuba ist im Vergleich zu anderen Staaten Lateinamerikas ein sehr wichtiger Partner deutscher Hochschulen. Das Land befand sich zu Beginn der Untersuchung, im Jahr 2005, mit 30 Kooperationsprojekten auf Rang fünf von 16 der laut

Hochschulrektorenkonferenz ausgewiesenen lateinamerikanischen Kooperationspartner deutscher Hochschulen. 2007 waren es schon 38 solcher Projekte (vgl.
Hochschulrektorenkonferenz 2005 und 2007).

Über 300 kubanische Wissenschaftler erwarben ihren Doktortitel in der ehemaligen
DDR. Besonders dieser Personenkreis engagierte sich sehr stark für die Wiederauf-
nahme der nach 1990 abgebrochenen Kontakte mit Deutschland. Im Vordergrund
steht für Kuba weniger der studentische Austausch, sondern vielmehr die Zusammenarbeit im Forschungs- und Entwicklungsbereich und der postgradualen Ausbildung.
Die kubanischen Institutionen sind hierbei vor allem an einer zeitlich begrenzten Entsendung ihrer Wissenschaftler nach Deutschland zum Erwerb des nötigen Know-
hows und der relativ schnellen Nutzbarmachung dieser neuen Erkenntnisse für ihre
Institutionen interessiert.

Auch in Deutschland verstärkte sich in den letzten Jahren das Interesse an Partner-
schaften mit kubanischen Universitäten wieder. Motive für Kooperationen sind aus
deutscher Perspektive neben einem Gewinn für Forschung und Lehre und dem Interesse an Impulsen für eine demokratische Entwicklung in Kuba auch (n)ostalgische
Erinnerungen und das kulturelle Renommee Kubas. Aufgrund der Gegebenheiten
beider Länder handelt es sich meist um einen asymmetrischen Wissenstransfer in
Richtung Kuba. Für die Projektzusammenarbeit haben beide Seiten nicht die gleichen
Arbeitsvoraussetzungen, die deutschen Partner sind sowohl materiell stärker involviert als auch bei der Vermittlung von Know-how mehr gefordert.

Der Studie liegen 41 Stunden Audioaufzeichnungen zugrunde, die aus den Besuchen
kubanischer Delegationen an einer deutschen Hochschule in den Jahren 2004 bis
2006 resultieren. Auf deutscher Seite waren nur Personen mit ostdeutscher Herkunft
beteiligt. Die Kooperation zielte darauf ab, die informationstechnologische Anbin-
dung der kubanischen Universität zu verbessern. 2005 führte ich ergänzend eine
Befragung aller 30, laut Hochschulrektorenkonferenz in jenem Jahr existierenden,
deutsch-kubanischen Hochschulkooperationsprojekte durch. Bei den 25 deutsch-
kubanischen Besprechungen, mit jeweils vier bis acht Teilnehmern, wurde fast ausschließlich von drei nicht professionellen Sprachmittlern gedolmetscht. 2005
entstanden unter Beteiligung einer professionellen Dolmetscherin zudem noch eine
Vergleichsaufnahme und ein Interview, um das erhobene Material vor allem im Hinblick auf das Spannungsfeld zwischen sprachlicher und kultureller Mittlung stärker

kontrastiv zu beleuchten. Da die Aufnahmen ausschließlich bei Besuchen der kubanischen Delegationen in Deutschland erfolgten, führte ich nach den Aufenthalten der deutschen Projektpartner am kubanischen Institut Interviews mit dem deutschen Projektleiter durch, um diese Abschnitte der Projektgeschichte nicht unbeachtet zu lassen.

3 Theoretische und methodische Ausgangspunkte

Meine Arbeit situiert sich in der Gesprächsforschung, einer Forschungsrichtung, die durch ausgesprochene Interdisziplinarität gekennzeichnet ist. Ihr zentrales Instrument ist die Gesprächsanalyse.[1] Diese Methode liegt im Schnittpunkt zwischen qualitativer Sozialforschung und angewandter Linguistik. Sie untersucht anhand von Transkriptionen authentischer Gesprächsdaten Strukturen und Organisationsprinzipien mündlicher Kommunikation.[2]

In den letzten Jahrzehnten sind neben Alltagsgesprächen zunehmend Gespräche im beruflichen Umfeld erforscht worden.[3] Speziell auch für das Gebiet der Interkulturellen Kommunikation eignet sich das methodische Instrumentarium der Gesprächsanalyse hervorragend (von Helmolt 1997). Sie zeigt die Ursachen für Kommunikationsprobleme auf und kann einen wichtigen Beitrag zur Optimierung von Kommunikation und damit zur gegenseitigen Verständigung und erfolgreichen Kooperation leisten.

Die im Gespräch manifestierten institutionellen und interkulturellen Probleme werden von mir im Rahmen der Theorie der kommunikativen Gattungen analysiert.[4] 'Kommunikative Gattungen' sind kommunikative Routineverfahren, die sich gesellschaftlich zur Lösung wiederkehrender kommunikativer Aufgaben und Probleme herausgebildet haben (Luckmann 1986; Günthner/Knoblauch 1994). Weiterhin sind es formale Verfahren, d.h., kommunikative Gattungen richten sich auf Probleme von einer bestimmten wiederkehrenden Typik, für die es sich folglich "lohnt",

---

[1] Für eine Einführung in die Schlüsselbegriffe der Methode siehe z.B. Berkenbusch (2002) und Deppermann (2008).

[2] Mein Transkriptionsverfahren ist am Gesprächsanalytischen Transkriptionssystem GAT (Selting et al. 1998) orientiert.

[3] Vgl. Meier (2002), Müller (2006), Heritage/Clayman (2010).

[4] Zur Bedeutsamkeit der Gattungsanalyse für die Erforschung interkultureller Kommunikation s. Günthner (2007).

Routinelösungen auszubilden. Kommunikative Gattungen sind Teil eines gemeinsamen Wissensbestands, demgemäß in ihrem Auftreten und in ihren Abläufen für die Interaktionsteilnehmer einigermaßen erwartbar und oftmals auch normativ einzufordern. Folglich fragt sich, wie bestimmte kommunikative Gattungen in einer speziellen Kommunikationsgemeinschaft, die eine eigene Geschichte und eigene Routinen ausgebildet hat, praktiziert werden.

Die untersuchten deutsch-kubanischen Kooperationsgespräche sind gedolmetschte Besprechungen. Das Gesprächsdolmetschen ist eine spezielle Form der 'Translation' (Snell-Hornby 2003). Es geschieht bilateral in einer dialogischen *face-to-face*-Kommunikationssituation (Apfelbaum 2004). Der Begriff 'Dolmetscher' wird in der Literatur oftmals für professionelle Übermittler mit einer spezialisierten Ausbildung reserviert, während das translatorische Handeln von Laien ohne ein solches Training als 'Sprachmitteln' bezeichnet wird (Knapp-Potthoff 1985). In den dieser Studie zugrunde liegenden Daten sind sowohl Personen mit Dolmetschausbildung als auch Sprachmittler beteiligt. In den vorliegenden Datenanalysen werden die Begriffe 'Sprachmittler', 'Dolmetscher', 'sprachmittelnde' und 'dolmetschende Person' synonym verwendet, da sich empirisch ergab, dass die Unterscheidung zwischen ausgebildeten und unausgebildeten Personen für das translatorische Handeln in den untersuchten Gesprächen nicht relevant war, während dagegen fehlendes versus vorhandenes ethnographisches Hintergrundwissen zu erheblichen Unterschieden führte. Dolmetschinteraktionen sind ein prominenter Fall interkultureller Kommunikation. Diese Sichtweise entspricht dem *cultural turn*, der sich in der Translationswissenschaft seit den 1980er Jahren vollzogen hat (Snell-Hornby 2007). Die Dolmetschung dient der Überwindung interkultureller Probleme durch die Überwindung der Sprachbarriere (Bührig 1999). Andererseits entstehen aber durch die Beteiligung der mittelnden Person neue, eigenständige Probleme.[5] Die dolmetschende Person sieht sich widersprüchlichen Anforderungen ausgesetzt. Einerseits soll sie nur ein getreues Sprachrohr der primären Interaktionspartner sein und nicht als eigenständiger Kommunikationspartner in Erscheinung treten. Andererseits richtet sich an sie die Forderung, als Kommunikations- und Kulturexperte am Gelingen der Gespräche aktiv mitzuarbeiten (Wadensjö 1998). Auf diese vermittelnde Funktion wird oft mit der Bezeichnung 'Interaktionspuffer' Bezug genommen (u. a. Vermeer 1989). Gemeint ist

---

[5]   S. hierzu Knapp/Knapp-Potthoff 1990; Bührig/Meyer 1998; Apfelbaum 1998.

damit vor allem die adressatenspezifische Anpassung und Filterung der Kommunikation in der Übertragung. Die empirische Erforschung des Gesprächsdolmetschens hat
in den 1980er Jahren begonnen.[6] Diese Befunde werden erst langsam in der Translationswissenschaft wahrgenommen und in die Ausbildung integriert. Dolmetsch-
interaktionen wurden bisher besonders im medizinischen Bereich[7] und in juristischen
Kontexten[8] untersucht. Zum Dolmetschen in internationalen Kooperationen und in
der Wirtschaftskommunikation liegen noch kaum empirische Untersuchungen vor.[9]
Empirische Untersuchungen haben bisher gezeigt, dass sich die Dolmetscherrolle
keineswegs in der reinen sprachlichen Übertragung erschöpft. Diese Ergebnisse unterstützen Vermeers Skopostheorie (1996) und die Theorie des translatorischen
Handelns (Holz-Mänttäri 1984). Diese Ansätze gehen davon aus, dass der Translator
Experte interkultureller Kommunikation ist und als solcher Entscheidungen treffen
muss, um verantwortungsvoll und zielangemessen zu übertragen.

Das für meine Untersuchung angemessene methodische Vorgehen ist eine Metho-
denkombination, die sich zum einen an den Mikroprozessen der Kommunikation
(Bergmann 1981) und zum anderen an kontextuellen Hintergrunddaten orientiert
(Duranti 1997). Der Wert der Studie beruht auf einem breit angelegten Korpus, das
sich aus interaktionsbezogenen Kern- und ethnographischen Zusatzdaten zusammen-
setzt und damit auf einer erweiterten Analysemethodik, die die präzise
sequenzanalytische Untersuchung der Gesprächsdaten in einen weiteren ethnographischen Kontext des untersuchten Handlungsfeldes stellt.

4 Deutsch-kubanische Hochschulkooperation als Interaktionsprozess

Es konnte festgestellt werden, dass die Belange der Kooperation im Wesentlichen *in
sechs kommunikativen Gattungen* bearbeitet werden:[10]
Präsentationen der Verhältnisse an der deutschen Hochschule, in denen den Kubanern die deutschen Verhältnisse als Modell für ihre Entwicklung vorgeführt werden.
Statusreporte, in denen die Kubaner den Fortschritt und die Probleme beim Aufbau
ihrer Labors und bei der Umsetzung von Kooperationszielen schildern.

---

[6]   Als Forschungsüberblick Apfelbaum (2004: Kapitel 2).
[7]   Im Überblick: Meyer (2004); Davitti/Pasquandera (2013).
[8]   Z.B. Asylanhörung: Scheffer (1997).
[9]   S. aber Apfelbaum (2004).
[10] Für die zugrunde liegenden Datenanalysen zu dieser Thematik siehe Martini 2008: 77 ff..

Planungsgespräche, in denen Ziele und Prioritäten verhandelt, sowie Wege zur Zielerreichung, Durchführungsbedingungen und -probleme erörtert werden.

Kritikgespräche, in denen der Projektfortschritt evaluiert und von den Deutschen die mangelnde Umsetzung von Projektzielen angemahnt wird.

Appelle der Deutschen an die Lernwilligkeit und das Engagement der Kubaner sowie *Danksagungen* der Kubaner für die institutionelle Hilfe und den persönlichen Einsatz der Deutschen.

Die Agenda der Gespräche wird sowohl global als auch in Bezug auf die lokale Gesprächsorganisation fast durchgängig von deutscher Seite gesteuert. Es wird zumeist eine pädagogisierende Beziehung etabliert, die in belehrender Wissensvermittlung und unilateraler Normsetzung besteht. Aushandlungen finden nur sehr selten statt. Die Kubaner reagieren tendenziell ausweichend, defensiv und oft minimal. Die Besprechungen sind also durch vielfältige Asymmetrien des Wissens und der Ressourcenverteilung, der gesprächsorganisatorischen und thematischen Steuerung sowie der Gesprächsbeteiligung geprägt.

Es konnten verschiedene grundlegende Problemfelder der Kooperationsbeziehung rekonstruiert werden. Diese Probleme verleihen den Interaktionsverläufen eine stabile, sich immer wieder reproduzierende Typik. Sie sind den Beteiligten teilweise durchaus bewusst, können aber mit der Methodik der Gesprächsanalyse genauer bestimmt und in ihrer konkreten Form und ihren interaktiven Folgen empirisch nachgewiesen werden.

Eine erste Problematik besteht in *divergierenden Diskursstilen*. Während die Deutschen auf präzise, vollständige, geordnete, detaillierte, konkrete, kritische und fachlich kompetente Darstellungen großen Wert legen, praktizieren die Kubaner einen vagen, ausweichenden, lückenhaften und teilweise alltagsweltlichen, eher narrativen Darstellungsstil. Relevante Informationen werden nur in kleinen Portionen und oft erst auf wiederholte Nachfrage preisgegeben. Umgekehrt legen die Kubaner großen Wert auf rituelle Würdigungen und bürokratische formelhafte Bekundungen und Charakterisierungen der institutionellen und kollektiven Legitimation von Maßnahmen, die von den Deutschen in der Regel übergangen und kaum beantwortet werden. Hier zeigen sich divergierende Diskursstile, die zu erheblichen Erwartungsdiskrepanzen zwischen den Beteiligten führen. Verstimmung, ausgedehnte Reparatursequenzen und Gesprächsabschlüsse ohne bzw. mit unklaren Ergebnissen sind die Folge. Auch die Erwartungen an die Bearbeitung von Friktionen und Problemen sind deutlich diskrepant. Während die Kubaner immer wieder auf interpersoneller Ebene versöhnliche rituelle Abschlüsse durch Absichtsbekundungen und positive Würdigungen anstreben, werden diese von den Deutschen ignoriert. Sie insistieren stattdessen auf sachlichen Klärungen. Diese sind notwendig, da die Kooperation mit Fördergeldern des Deutschen Akademischen Austauschdienstes (DAAD) unterstützt wird und die Ergebnisse jährlich nachzuweisen sind.

Ein zweites grundlegendes Problem ergibt sich aus den *institutionellen Rahmenbedingungen der kubanischen Seite*. Die strengen hierarchischen Verhältnisse in Kuba, die politische Abschottung des Landes und die oftmals willkürliche, intransparente und umständliche Bürokratisierung von organisationalen Abläufen schränken den Handlungsspielraum der kubanischen Delegationen so massiv ein, dass sie vielfach nicht als zuständige oder handlungsfähige Interaktionspartner auftreten können. Folgende Faktoren tragen weiter dazu bei, dass die Gespräche von kubanischer Seite aus nicht effektiv geführt werden können:

Diskontinuität der kubanischen Verhandlungspartner: Zu jedem Kooperationsbesuch werden – sehr wahrscheinlich aus politisch motivierten Kontrollgründen – andere Delegationsmitglieder entsandt.

Mangelnde Entscheidungslizenzen: Es werden zumeist hierarchisch niedere Ingenieure entsandt, denen kaum hinreichend klare Vorgaben von der Leitung mitgegeben werden. Ihnen fehlt es teilweise auch an Expertise, da sie nicht nach fachlichen Gesichtspunkten, sondern eher nach Linientreue ausgesucht werden. Die deutschen und die kubanischen Verhältnisse zwischen kommunikativer Etikette und faktischer Entscheidungsmacht sind regelrecht umgekehrt. Während sich bei den Kubanern hinter einer kollektivistischen kommunikativen Etikette eine strikte Hierarchieorientierung verbirgt, sind die Entscheidungsspielräume der deutschen Projektmitarbeiter erheblich größer, obwohl kommunikativ Statusunterschiede sehr viel stärker markiert werden (vgl. Martini/Stopp 2006).

Mangelnder Wissenstransfer: Der Wissenstransfer zwischen den kubanischen Delegationen ist unzulänglich wegen organisationaler Probleme, aus ideologischen Gründen (s.u.: Probleme der Geber-Nehmer-Asymmetrie) und weil Informationen zurückgehalten werden, um nicht den Neid derer zu erwecken, die nicht ins kapitalistische Ausland reisen durften. Auch die Abwanderung von Projektmitarbeitern u.a. in die Tourismusbranche ist hierbei ein ernsthaftes Problem, da ihr im Rahmen des Projekts erworbenes Wissen nicht mehr für die kubanische Institution zur Verfügung steht. Viele Erläuterungen müssen daher von den deutschen Partnern für die neu einzuarbeitenden Mitarbeiter wiederholt gegeben werden, was ebenfalls zur Redundanz in den Arbeitsbesprechungen führt.

Nicht eingehaltene Zeitpläne: Ziele werden gar nicht oder nur mit erheblicher Verzögerung realisiert, Hindernisse bei der Zielrealisierung werden aber von den Kubanern nicht selbstinitiativ thematisiert.

All diese Faktoren führen zusammengenommen zu Ineffektivität und zu Redundanz in den Kooperationsbesprechungen, da die gleichen Ziele und Vorgehensweisen immer wieder aufs Neue besprochen und geplant werden müssen und da viele entscheidende Punkte gar nicht vor Ort geklärt werden können. Die kubanischen Entsandten befinden sich oft in einer sehr misslichen Diskursposition. Sie stehen im Dilemma, dass sie Positionen und Gegebenheiten zu vertreten haben, für die sie nur marginal kompetent sind und die sie selbst nicht zu verantworten haben. So müssen sie die Balance halten zwischen der Aufgabe, Defizite anzuerkennen und ihre individuelle Verantwortung dafür abzulehnen, ohne aber illoyal zu werden, und andererseits problematische Zustände zu verteidigen, ohne aber Zweifel an ihrer Kompetenz und ihrem Engagement aufkommen zu lassen. Der fachlich-professionelle Status der kubanischen Ingenieure ist aufgrund der institutionellen Rahmenbedingungen, unter denen sie zu agieren haben, immer wieder bedroht.

Eine dritte Problematik besteht in *latent unterschiedlichen Erwartungshaltungen* an die Ziele der Kooperation. Zum einen gibt es Unterschiede in der Auffassung über die Reichweite des Kooperationsauftrags. Während die kubanische Seite lediglich eine Optimierung ihrer technischen Infrastruktur wünscht, beinhaltet dies für die deutsche Seite notwendigerweise auch organisatorische Maßnahmen. Diese würden aber in die institutionellen Strukturen eingreifen, was von kubanischer Seite teils explizit abgelehnt, teils subversiv unterlaufen wird. Zum anderen besteht Dissens darüber, was als Kooperationserfolg zu werten ist. Während die Kubaner mit dem Erreichten im intrakubanischen Vergleich sehr zufrieden sind, hadern die Deutschen mit der schleppenden Umsetzung der Ziele. Ihre Zielvorstellungen beinhalten meist eine Übertragung der deutschen Arbeitsweise und Organisation. Zu Aushandlungen, die die konkreten Rahmenbedingungen der Kubaner betreffen, kommt es nicht oft.

Die Intransparenz der Ziele, Wünsche und Bedingungen der Kubaner ist auch Resultat des Hilfscharakters der Kooperationsbeziehung, der *eine Geber-Nehmer-Asymmetrie* (bzgl. ökonomischer Ressourcen und Wissen) impliziert. In der Kooperation verfolgen die Deutschen Ziele, die nach ihrer Meinung im Interesse des Partners liegen, nicht aber dem eigenen Nutzen dienen. Probleme, die hier entstehen, sind die face-Bedrohung für den Hilfsempfänger als Hilfsbedürftigen und eine Art Überfürsorge. Die Kubaner fürchten aufgedrängte Hilfen und damit einhergehende Abhängigkeit und Bevormundung, die ihnen Bedürfnisse und Probleme zuschreibt, die sie eventuell gar nicht haben bzw. von denen sie nicht abhängig werden wollen. Dementsprechend artikulieren die kubanischen Partner selbst nicht oft Bitten und Wünsche, da sie anscheinend zu stolz sind, die Rolle der Bedürftigen einzunehmen.

Die bisherige Zusammenfassung mag den Eindruck erwecken, als ergäben sich die genannten Probleme des Kooperationsprozesses direkt aus den Ausgangspositionen der Kooperationsteilnehmer. Dies ist aber nur bedingt der Fall. Strukturelle Rahmenbedingungen und kommunikative Habitusformationen (Bourdieu 1979) stecken zwar Präferenzen und Begrenzungen der Optionen der Gesprächspartner ab. Die konkreten Probleme konstituieren sich aber vielfach erst durch *das dynamische Zusammenspiel im Interaktionsprozess.* Dieser Zusammenhang betrifft vor allem folgende Problembereiche: die divergierenden Diskursstile und die Geber-Nehmer-Asymmetrie. Die deutsche Seite vertritt ihre Zielvorstellungen in sehr direkter und belehrender Weise. Dies führt bei den Kubanern zu Angst vor Bevormundung und zum Gefühl, nicht ernst genommen zu werden. Diese Befürchtungen werden nun aber nicht explizit, als offene Kritik artikuliert, sondern indirekt und in Form subversiver Unkooperativität. Konsequenzen sind daher vage, ausweichende und verteidigende Reaktionen der Kubaner, die bis zum Entzug interaktiver Mitarbeit durch ausbleibende Reaktionen gehen. Die Deutschen verstehen diese Reaktionen wiederum als Nicht-Würdigung ihres Engagements, sie sind enttäuscht über unzulängliche Auskünfte und nicht eingehaltene Zielsetzungen. Ihr Vertrauen in die Kubaner als verlässliche Kooperationspartner ist bedroht. Darauf reagieren sie mit gesteigerten Belehrungsanstrengungen, die sich in einem überexpliziten und direktiven Kommunikationsstil manifestieren, welcher wiederum von den Kubanern mit weiteren defensiven, unklaren und verweigernden Aktivitäten beantwortet wird. Es kommt also zu einer sich selbst stabilisierenden Spirale asymmetrischer Diskurspositionen der Kooperationspartner, in der sich die o.g. Interaktionsprobleme und Fremdwahrnehmungen im Gespräch immer wieder reproduzieren. Die Beteiligten finden keinen Weg aus dieser Problemkonstellation. Dies liegt natürlich wiederum nicht nur an fehlenden kommunikativen Versuchen des "Ausbruchs", sondern wesentlich an den strukturellen institutionellen Rahmenbedingungen und an stabil eingespielten diskrepanten kommunikativen Gepflogenheiten.

Interessanterweise ergab sich zwischen den Kubanern und einer spanischstämmigen einmalig hinzugezogenen Dolmetscherin ein manifester Konflikt mit beiderseitiger Antipathie, während es trotz aller Interaktionsprobleme zwischen den primären Interaktionspartnern nie zum offenen Konflikt kam und stets wechselseitige Wertschätzung und ein grundsätzlich positives emotionales Klima bestehen blieb. Umgekehrt wurde aus Interviewaussagen der primären Interaktionspartner deutlich, dass sie im Vertrauen darauf agieren, dass die nicht professionellen, aus dem Projektkontext hinzugezogenen Sprachmittler selbst über das adäquate Hintergrundwissen verfügen, um die Dolmetschungen so anzupassen, dass sie für die Adressaten akzeptabel werden. Dieses Vertrauen entlastet sie von interkulturellen Adaptationsaufgaben, deren Relevanz sie wohl sehen, die sie aber selbst kommunikativ nicht erfüllen können.

5 Kooperationsgespräche unter Dolmetschbedingungen und handlungsleitende Strategien der Sprachmittler

Sprachmittler müssen nicht nur sprachlich, sondern auch kulturell, fachlich und interpersonell mitteln. Dazu stehen ihnen verschiedene Verfahren sowohl der Gesprächsorganisation als auch der Modifikation von Übertragungen zur Verfügung. Die von den Sprachmittlern geleistete Beziehungsarbeit, ihre inhaltliche Arbeit an der kollaborativen Erzeugung von kommunizierten Sachverhalten, die Herstellung eines gemeinsamen Zielbezugs sowie ihre Aktivitäten der Verständigungssicherung (durch Erläuterung, Pointierung, Zusammenfassung, Weglassen von Abschweifungen und Abbrüchen etc.) machen es erforderlich, dass Sprachmittler kontextspezifisch agieren. Das ethnographische Verständnis, das der Sprachmittler vom Gesprächszweck, den thematischen Gehalten und dem bisherigen Verlauf des Gesprächs, den Relevanzen und Konventionen der jeweiligen Gesprächsgattung und den institutionellen Beteiligungsvoraussetzungen der Teilnehmer gewonnen hat, ist dabei neben

allgemeinen Kenntnissen der kulturellen Hintergründe und des fachspezifischen Vo-
kabulars entscheidend für eine gelungene Dolmetschung. Wichtig sind hier
insbesondere Kenntnisse der Wissensvoraussetzungen der Beteiligten, die richtige
Einschätzung ihrer face-Bedürfnisse, das Wissen um kulturelle Interpretations-
gepflogenheiten und um die divergierenden institutionellen Relevanzen und
Handlungsspielräume der primären Interaktionspartner. Es zeigte sich, dass viele adressatenspezifische   Anpassungen,   die   Sprachmittler   vornehmen,   nicht
kulturspezifisch sind, sondern ganz allgemeine Verfahren der Höflichkeit und des
Beziehungsmanagements betreffen. Vor allem emotionale Spannungen, heikle
Sprechakte und stark asymmetrische Positionierungen werden implizit korrigiert.
Sprachmittler müssen also nicht nur über sprachliche und interkulturelle, sondern
auch ganz allgemein über kommunikative Kompetenzen und Empathie verfügen.
Kulturelle Mittlung im engeren Sinne erfolgt in den untersuchten Daten vor allem auf
kommunikationsstilistischer Ebene durch Akkomodation der Beiträge an den Sprach-
stil des jeweiligen Adressaten: an deutsche Maßstäbe von Effizienz und Präzision und
an kubanische Maßstäbe der Ehrerbietung und Würdigung.
Einzelne Verfahren der Modifikation der Dolmetschung und bestimmte gesprächsorganisatorische Aktivitäten können sehr ähnlichen Handlungszwecken dienen. Bei
genauer Betrachtung lässt sich daher feststellen, dass die sprachmittelnden Personen
in den untersuchten Daten übergeordneten Strategien folgen, an denen sie ihr Handeln orientieren. Verschiedene Verfahren werden also im Sinne einer generelleren
handlungsleitenden Strategie kombiniert. In meinem Korpus lassen sich zwei zentrale
Dolmetschstrategien identifizieren. Hierbei handelt es sich um die 'erwartungskon-
gruente Darstellung' und die 'Konzentration auf den Informationskern'. Diese beiden
Strategien verkörpern unterschiedliche Stile des Dolmetschens, die, wie die analysierten Daten zeigen, relativ kontextunabhängig von den jeweiligen sprachmittelnden
Personen praktiziert werden. Im Folgenden werden die Strategien anhand von Daten-
beispielen und der mit ihnen in Zusammenhang stehenden Verfahren beschrieben.

5.1 Konzentration auf den Informationskern

Der folgende Gesprächsausschnitt stammt aus einer in Deutschland stattfindenden
Besprechung, in der die Kubaner zum Statusreport über den derzeitigen Arbeitsstand
aufgefordert werden. Es geht um die Nutzung von rechentechnischen Kabinetten, die

im Laufe des Projekts mit deutscher Unterstützung eingerichtet wurden. Es dolmetscht eine professionelle Dolmetscherin (Do), die keine Kuba-Erfahrung hat, spanischer Nationalität ist und seit drei Jahren in Deutschland arbeitet. Am Gespräch ist ein kubanischer (K4) und ein deutscher Ingenieur (DPL) beteiligt. DPL leitet zudem das Projekt auf deutscher Seite. Grund des Besuchs der Kubaner ist vor allem die Erlangung von fachlichem Know-how. In der ersten harmlos anmutenden Frage-Antwort-Sequenz liegen bereits die Wurzeln vieler Probleme, die in der Folge entstehen.

In der in Z.01-08 gestellten Frage bezieht sich der deutsche Projektleiter DPL auf die Anzahl, die aktuelle Funktionstüchtigkeit, die Öffnungszeiten der Kabinette und deren Nutzung durch die Studenten. In Z.09-14 erfolgt die Übertragung durch die Dolmetscherin Do. K4s Antwort in Z.15/16 lässt jedoch viele der Facetten unbeantwortet und beschränkt sich auf die Anzahl der funktionstüchtigen Kabinette. Die Übertragung in Z.17 erfolgt noch reduzierter auf die Zahlenangabe (vier.). DPL ist an Ergebnissen interessiert und stellt direkte, spezifische Fragen. Seine Formulierungen werden von Do am Ausgangsformat angelehnt im Spanischen wiedergegeben. Jedoch werden die Aspekte, die K4 unspezifischer und undetaillierter benennt, von Do nur ganz kurz übertragen. Do reduziert die kubanische Äußerung auf den Informationskern. Sie nutzt also unterschiedliche Translationsstrategien für DPL und K4, die von einem, DPLs Interessen favorisierenden, Informationsmanagement geprägt sind. K4 wird nicht als gleichwertiger Gesprächspartner gewürdigt, was sich im Gesprächsverlauf als problematisch erweist. Somit ist in dieser Sequenz bereits das Potenzial für Missverständnisse und Unzufriedenheit der Gesprächspartner angelegt. In der nun folgenden Nachfragerunde werden Anzahl und Öffnungszeiten der Kabinette behandelt.

18	DPL	!AUCH! in den abendstunden? (.) und NACHTS,
19	Do	y por la noche? (.)
		und nachts
20		o cuál es el horario?
		oder wie sind die Öffnungszeiten
21	K4	en estos momentos tenemos de lunes (-)
		zur Zeit haben wir von Montag
22		a las ocho de la mañana
		um acht Uhr morgens
23		a sábado de las cuatro de la tarde (--)
		bis Samstag bis vier Uhr Nachmittag
24		los CUATRO gabinetes <<p> a pleno funcionamiento>
		die vier Kabinette voll in Betrieb
25	Do	de de ocho a cuatro? (---)
		von von acht bis vier
26		von acht uhr b[i:s-
27	K4	[el lunes de las ocho de la mañana (-)
		am Montag von acht uhr morgens
28		continuamente hasta el sábado
		durchgängig bis zum Samstag
29		<<all> hasta las cuatro de la tarde hm>
		bis um vier Uhr nachmittags
30	Do	continuamente?
		durchgängig
31	K3	<<p> madrugada y todo.>
		früher Morgen und alles
32	Do	pueden ir por la noche, por la madrugada,
		sie können nachts kommen am frühen Morgen

In Z.18 stellt DPL eine selbstanknüpfende Präzisionsfrage, deren Tonhöhenverlauf als eine Markierung von Gereiztheit aufgefasst werden kann. Der gleiche Lexemstamm in Z.05 (nachmittags und abends, (.)) und Z.18 (!AUCH! in den abendstunden? (.) und NACHTS,) verdeutlicht, dass DPL den gleichen Sachverhalt erfragt. Do überträgt diese Markierung jedoch nicht. Die in Z.25 von Do eingeschobene Ratifikationsfrage (de de ocho a cuatro?) scheint auf den ersten Blick überflüssig, da K4 dies schon formuliert hatte. Die Nachfrage wird von Do eingesetzt, um Zweifel an der Glaubwürdigkeit von K4s Aussage auszuräumen: Do fordert K4 zur Bestätigung der Antwort auf und legt ihn damit auf eine Position fest. Anstatt die kubanischen Beiträge zu übersetzen, reagiert Do also mit wiederholten Nachfragen. Dies führt zu einem Informationsverlust, hier speziell werden die Uhrzeiten und Wochentage nicht übertragen. Durch die langen Strecken ungedolmetschter Interaktion kommt es dazu, dass die primären Interaktionspartner oft nicht auf dem gleichen Stand der Gesprächsentwicklung sind und folglich die Intersubjektivität der Verständigung und der Reaktionsmöglichkeiten beeinträchtigt ist. Das

Verständigungsproblem vergrößert sich aufgrund der kubanischen Differenzierungsversuche, deren Inhalt nicht adäquat übertragen wird. Zudem erzeugt die versuchte Spezifizierung der zuerst sehr vage gehaltenen kubanischen Antworten weitere Schwierigkeiten. Beide Ausschnitte zeigen zudem sehr gut die unterschiedlichen Diskursstile der Deutschen und der Kubaner: Die deutsche Seite erwartet für den Statusreport eine vollständige und umfassende Darstellung der Lage. Die Kubaner reagieren darauf vage und tendenziell ausweichend. Die Dolmetscherin überträgt unterschiedlich. Sie dolmetscht die Beiträge der Deutschen ausführlich und korrekt. Die kubanischen Äußerungen hingegen überträgt sie nur lückenhaft ins Deutsche. Sie stellt viele Ratifikationsfragen, um Korrekturen des kubanischen Stils in Richtung der deutschen Relevanzsetzungen zu veranlassen. Aufgrund ihres mangelnden landeskundlichen und technischen Hintergrundwissens stellt sie zudem Verständnisfragen (Z.19, 20, 25, 30). Paradox mutet an, dass sie die erfragten Aussagen der Kubaner nur teilweise für die deutsche Seite dolmetscht.

Sprachmittelnde Personen, die der Konzentrationsstrategie folgen, übermitteln in den meisten Fällen nur den zentralen Inhalt der Ausgangsbeiträge. Hierzu reduzieren sie diese auf den Informationskern unter weitestgehendem Verzicht auf Beziehungsarbeit und die Übertragung vager Beiträge. Sie reduzieren, was ihrer Ansicht nach nur schmückendes kommunikatives Beiwerk ist. Systematisch scheinen sowohl abschwächende als auch verstärkende Modalisierungen in der Regel getilgt zu werden. Damit werden z.B. die beziehungsbezogenen Modalisierungen der Kubaner, die meist abschwächend sind, ausgelassen. Die Höflichkeitsmarkierungen, die von den Kubanern bewusst eingesetzt werden, werden also kaum übertragen. Auch ihre Begründungen, Hintergrundinformationen, konzessive Einräumungen, Entschuldigungen, Absichtsbekundungen werden meist nicht gedolmetscht bzw. nur ganz rudimentär, durch syntaktische und semantische Reduktion stilistisch nüchterner, übertragen. Die Stellen, an denen sie ihre Kompetenz und ihr Engagement signalisieren, werden tendenziell übergangen. Hinter dieser Strategie scheint das ausgeprägte Aufgabenverständnis zu stehen, den kubanischen Delegationsmitgliedern genauere Informationen zu entlocken als sie von sich aus in ihren zumeist eher vagen Beiträgen preisgeben. Dies führt zusätzlich zu skeptischen Nachfragen. Paradoxerweise werden die meisten der Antworten darauf von der sprachmittelnden Person jedoch nicht übertragen (S. Z.19-32). Diese Strategie birgt zahlreiche Gefahren. In den so gemittelten

Gesprächen entsteht schnell ein ungleicher Informationsstatus der primären Interakti-onspartner. Es häufen sich Missverständnisse, die Gesprächsteilnehmer entziehen der dolmetschenden Person und teils auch einander das Vertrauen, sie fühlen sich sowohl von ihr als auch voneinander respektlos behandelt. All dies führt zu einem erhöhten kommunikativen Aufwand. Viele Reparatursequenzen werden nötig, Ergebnisse ge-hen verloren, und es entsteht vermehrt Bedarf an Metakommunikation. Schließlich führt diese Strategie also nicht, wie beabsichtigt, zu einer effizienteren, sondern zu einer aufwändigeren und störungsgeprägten Kommunikation, die das Kooperations-verhältnis belasten und die Ergebnisorientierung der Gespräche massiv beeinträchtigen kann. Im günstigen Fall hat die Strategie der Konzentration auf den Informationskern das Potenzial einer effizienten Informationsvermittlung. Das gilt allerdings nur, wenn die Sprachmittlerin über ausreichendes fachliches, ethno-graphisches und kulturelles Hintergrundwissen verfügt, das es ihr erlaubt zu erkennen, welche Informationen, Andeutungen und Beziehungsmarkierungen wichtig sind und was ohne Folgekosten weggelassen werden kann.

5.2 Erwartungskongruente Darstellung

```
45   K3    queremos que queDEN:: co' (.)
           wir möchten dass sie werden sein
46         ehm- (.) convencidos; no? (.)
           ehm überzeugt nicht?
47         después de nosotros nos vayamos-
           nachdem wir gegangen sein werden
48   SM    =[<<lachend> hm hm.>
49   K3     [((lacht))
50         <<lachend> vamos, olvidando años atrás->
           also wenn wir die Jahre zuvor vergessen
51   SM    <<lachend> hm hm hm;> (.)
52   K3    de que francisco y YO, (.) vamos a poner- (.)
           dass Francisco und ich werden setzen
53         !TO!DA nuestra fuerza, (.)
           all unsere Kraft
54   SM    mhm, (.)
55   K3    en que las cosas !MAR!chen <<all> como debe ser.> (.)
           darin dass die Dinge laufen        wie es sein soll
56   SM    und unabhängig von den- (-)
57         erFOLgen die mit den vorherigen delegationen erzielt wurden
58         sollen sie WIRKlich davon überzeugt sein nachdem sie hier,(.)
59         WEGgegangen sind dass sie- (.)
60         ALle ihre KRÄfte und die beiden werden Alle ihre KRÄfte daran
61         setzen- (.)
62         .hh um die situation zu verbessern. (-)
```

Der folgende Gesprächsausschnitt stammt aus der Abschlussphase einer resümieren-den Besprechung im Jahr 2005. Hier sehen wir eine andere Sprachmittlerin, die über viel Kuba-Erfahrung verfügt und auch in der Kooperation seit längerer Zeit mitarbei-tet (SM), eine kubanische Ingenieurin (K3), den kubanischen (KPL) und den deutschen Projektleiter (DPL).

In Z.45-55 formuliert K3 ein Versprechen an DPL. Man sieht jedoch deutlich Dis-präferiertheit (Dehnungen, Abbrüche, Pausen etc. (Pomerantz 1984)). Sie bezieht sich damit auf DPLs Forderung, dass die Kubaner Verantwortung für die gesamte Organi-sation, auch über ihren unmittelbaren Arbeitsbereich hinaus übernehmen sollen. In Z.46 ersucht sie mit dem Rückversicherungspartikel no? die Komplizenschaft von SM, die in Z.48 mit Lachen und bestätigendem "hm hm" darauf eingeht. Daraufhin grenzt sich K3 in Z.50 von den vorangegangenen kubanischen Repräsentanten in der Kooperation ab. Sie stellt deren Leistungen als unzulänglich dar, indem sie in lachen-der Modalität dazu auffordert, diese zu vergessen. K3 verspricht, es besser als ihre Vorgänger machen zu wollen. In Z.56-62 verkehrt SM die negative Beurteilung der vorangegangenen kubanischen Projektrepräsentanten bei K3 in ein positives Gegen-teil ("erfolge erzielt" statt "olvidando años atrás"). SM korrigiert damit K3s potentiell heikle Selbstdarstellung von einer Distanzierung von ihrer eigenen Gruppe hin zu einer Würdigung. Mit der konjunktionalen Abtrennung "unabhängig von" zeigt SM an, dass es K3 nicht darum geht, an ihren Vorgängern gemessen zu werden. SM verdeutlicht, dass sich K3 weder auf deren Errungenschaften ausruhen noch ihre und K4s Haltung einfach als Fortschreibung der bisherigen Kooperationspraxis verstanden wissen will. Vielmehr stellt sie K3s persönliche Einstellung als Resultat des Besuchs in Deutschland heraus. SM schreibt K3 somit eine besondere Anerkennung von DPL als Vorbild zu. Die Sprachmittlerin benutzt in Z.58 die Faktizitätsmarkierung "wirklich", um die Glaubwürdigkeit der Absicht hervorzuheben. Die Doppelung der Phrase "alle ihre Kräfte" (Z.60), verdeutlicht ikonisch die Emphase der Absicht. SM dolmetscht K3 in einem stilistisch höheren Register ("delegation", "situation" statt "cosas", "verbessern" statt "como debe ser"). Sie stellt K3 damit als kompetenter und gewandter dar. SM verfolgt also die Strategie, DPL ein möglichst günstiges Bild von K3 zu vermitteln. Dies tut sie besonders dadurch, dass sie Teile des Ausgangsbeitrags in ihrer Übersetzung verändert, die bei DPL zu einem ungünstigen Eindruck führen könnten. SM hat keine Lizenz, selbst steuernd ins Gespräch einzugreifen. Sie kann aber genau dies erfolgreich tun, indem sie die Redebeiträge der primären Interaktionspartner in der Übersetzung abwandelt, ohne die Abwandlung zu verdeutlichen. Da die Übersetzungen einfach als Wiedergabe des Ausgangskommunikats erscheinen, kann SM das Gespräch in ihrem Sinne beeinflussen, weil sie scheinbar nur überträgt, ohne selbst Position zu beziehen. In diesem Beispiel haben wir also gesehen, wie eine kubanische primäre Interaktionspartnerin durch SM in der deutschen Übertragung so dargestellt wurde, dass sie DPLs vermuteten Erwartungen entspricht. Im folgenden Ausschnitt sehen wir das Umgekehrte: SM übersetzt aufgrund ihres ethnographischen Hintergrundwissens einen deutschen Beitrag so, dass er an die vermuteten Erwartungen der Kubaner angepasst wird.

```
193   DPL   jetzt eh merken sie aber; (-)
194         das WICHtigste des aufenthaltes HIER ist, (.)
195         dass SIE unsere philosophie:- (.)
196   KPL   <<p> ja.>
197   DPL   =ver!STE!hen lernen. (-)
198   SM    y como reSUmen, (.)
             und zusammenfassend
199         la META prinicipal de SU estancia es. (-)
             das Hauptziel eures Aufenthaltes ist es
200         llegar a conoCER? a emprenDER? (.) hm? (-)
             dazu zu kommen kennen zu lernen in Angriff zu nehmen
201         COMprender nuestra filosofía de aquí.
             zu verstehen unsere Philosophie hier
```

Vorangegangen war hier ein Plädoyer des kubanischen Projektleiters, dass sich die Kubaner eingehend mit den Dokumenten der deutschen Seite vertraut machen sollen. Nun resümiert DPL seine eigene Zielsetzung für das Gespräch. Er betont, dass bereits mehrmals Appelle von deutscher Seite an die Kubaner ergangen sind. Dabei verstärkt die Fremdreferenz „sie" in Z.193 und betont nochmals besonders in Z.195 die Verbindlichkeit für die Adressaten. In Z.198-201 rahmt SM wie DPL den Beitrag als abschließendes Fazit, aber nicht als etwas, was die Kubaner sich im Sinne einer Lernaufgabe zu merken haben ("jetzt merken sie aber" vs. "como resumen"). Die Härte wird beim Übermitteln durch SM aus den Worten von DPL genommen. Dies geschieht auch durch den Rückversicherungspartikel "hm?" (Z.200). Auch wenn die Rückmeldungen der Kubaner im Transkript nicht markiert sind, erfolgten sie doch stets in Form von Nicken oder Lächeln, was durch die umfangreiche teilnehmende Beobachtung protokolliert ist. SM bietet für "verstehen lernen" die Alternativen „conocer, emprender, comprender" (kennen lernen, in Angriff nehmen, verstehen) an, nicht aber die wörtliche Übersetzung "entender". "entender" wirkt schärfer und belehrender als "comprender", da es eine basalere Leistung anspricht, die zu einer stärkeren Abwertung der Person führt, wenn sie nicht vollbracht wird. "conocer" ist unverbindlicher als "entender", da es nicht impliziert, dass eine bestimmte Fähigkeit beherrscht werden muss. "emprender" betont eine aktive Leistung der Kubaner, und nicht eine Aufgabe, Vorgaben anderer aufzunehmen. Die drei Alternativen vermitteln also einen weniger dezidierten Gestus und mehr Offenheit und Entgegenkommen, da die Adressaten so selbst die für sie passende Kategorisierung auswählen können. Zudem benutzt SM in der Dolmetschung eine Konstruktion ohne Subjekt. DPL hatte dagegen zweimal "Sie" in Z.193 und Z.195 verwendet. Die Subjekttilgung schont demgegenüber das face der Kubaner, da ihnen somit nicht direkt persönlich eine Aufgabe erteilt wird. Die spanische Version ist also mehr auf face-Wahrung und Akzeptabilität für die Kubaner bedacht. DPL wirkt in ihr weniger schulmeisterlich, die Beziehung wird egalitärer und nicht so hierarchisch konstelliert.

Diese Strategie der Darstellung der primären Interaktionspartner gemäß ihrer vermuteten wechselseitigen Erwartungen strebt eine verstärkte Perspektivenvermittlung und die Steigerung wechselseitiger Akzeptabilität durch eine entsprechende Dolmetschung an. Die sprachmittelnde Person agiert im Interesse einer positiven Darstellung der primären Interaktionspartner. Sie stellt hierfür die Partner einander so dar, dass sie füreinander akzeptabler erscheinen können – die Deutschen z.B. freundlicher, ermutigender, weniger fordernd und enttäuscht; die Kubaner wiederum engagierter, einsichtiger und kompetenter. Den Kubanern wird durch Dolmetschungen, die dieser Strategie folgen, in höherem Maße vermittelt gleichberechtigte Gesprächspartner zu sein. Die dolmetschende Person versucht also, die primären Interaktionspartner einander so zu präsentieren, dass sie dem Wunschbild entsprechen, das – aus Sicht der Dolmetscherin – die primären Interaktionspartner vermutlich auf ihr jeweiliges Gegenüber projizieren. Mit dieser Strategie wird somit eine Bestätigung positiver Erwartungen angestrebt, während Ausgangsbeiträge, die geeignet sind, negative Erwartungen zu bestätigen, entsprechend abgewandelt werden. Sprachmittler, die diese Strategie verwenden, engagieren sich persönlich für das Gesprächsklima, das Erzielen einer wechselseitig positiven Einschätzung und damit für den Erfolg der Besprechung.

Im untersuchten Datenmaterial scheinen Sprachmittlerinnen, die dieser Strategie folgen, besonders darum bemüht zu sein, die Manifestation negativer Emotionen abzufedern und der Dolmetschung als Balance zu negativen Bewertungen eigene positive Einschätzungen hinzuzufügen. Die sprachmittelnde Person vermeidet zudem die Übertragung von Reizwörtern, die auf die asymmetrische Kooperationsbeziehung anspielen. Es kommen hierfür vor allem Verfahren wie die stilistische Aufwertung bzw. Akkomodation, häufige Rückversicherungspartikeln, Angebote von Alternativformulierungen, abschwächende Modalisierungen bei face-bedrohlicher Kritik und Aufforderungen und verstärkende Modalisierungen bei Absichtsbekundungen und Würdigungen zum Einsatz.

Die Potenziale der Strategie der erwartungskongruenten Darstellung liegen in der Steigerung von wechselseitiger Akzeptanz und dem Empfinden von Anerkennung, in Konfliktminimierung und Vertrauensaufbau, einer egalitären Beziehungsgestaltung und der stärkeren Einbeziehung der Adressaten. Doch diese Strategie kann auch Gefahren mit sich bringen. Zum einen könnte es passieren, dass die Sprachmittlerin die Grundeinstellungen und Erwartungen der primären Interaktionspartner falsch einschätzt. Es kann unter Umständen auch dazu kommen, dass bei den primären Interaktionspartnern falsche positive Erwartungen entstehen, die später enttäuscht werden. Vertrauensverlust wäre auf lange Sicht die Folge. Diese Gefahr ist vor allem dann gegeben, wenn die Sprachmittlerin aufgrund mangelnden Hintergrundwissens nicht erkennt, wann sie relevante Informationen beschönigend verfälscht. Im untersuchten Datenmaterial ist dies allerdings nicht der Fall. Zum anderen muss darauf geachtet werden, dass die Differenz zum Ausgangsbeitrag nicht zu groß wird, da sonst zwangsläufig Widersprüche, Irritationen und Enttäuschungen auftreten. Diese Strategie kann also nur erfolgreich sein, wenn sie in Maßen und mit der notwendigen Sorgfalt eingesetzt wird.

5.3 Kommunikationsaufwand und Nutzen beider Strategien im Vergleich

Die Strategie der Konzentration auf den Informationskern erscheint zunächst ökonomischer, da sie ganze Passagen von Ausgangsbeiträgen ausspart und die für die Dolmetschung aufgewendete Zeit kürzer wird. Die Strategie beinhaltet jedoch erhebliche Gefahren, dass Missverständnisse hervorgerufen werden, relevante Aspekte verloren gehen und damit Vertrauensverlust und emotionale Belastungen entstehen. Die kommunikativen Kosten der zusätzlich eingesetzten Ratifikationsfragen sind zudem enorm hoch, wenn man bedenkt, wie irritierend sie auf die exolingualen Zuhörer wirken müssen. In Situationen, in denen die Gesprächspartner ein unterschiedliches Niveau an Sprachkompetenz haben, verstehen sprachlich weniger kompetente Interaktionspartner normalerweise zwar nicht, was nicht korrekt läuft, aber sie merken, dass etwas nicht stimmt. So können derartige Nachfragen schnell den Eindruck krisenhafter Kommunikation erwecken und negative Zuschreibungen gegenüber der sprachmittelnden Person oder den anderen Gesprächsteilnehmern auslösen. Somit bewirken diese Fragen gewissermaßen kontraintentionale Effekte. Die Gefahr ist umso größer, wenn der Sprachmittlerin ethnographisches Wissen fehlt oder die Strategie nur gegenüber einer Seite oder nur bezüglich einseitiger Relevanzen angewandt wird. Die Strategie führt zu einer intransparenten Interaktionsstruktur und zu interpersonellen Friktionen, die sich in Unzufriedenheit und Gereiztheit auf allen Seiten äußern. In Dolmetschsituationen entsteht systematisch immer ein timelag der geteilten Wirklichkeit. Aber wenn über längere Zeit solche Klärungssequenzen laufen und sich verselbstständigen, dann kann diese Ungleichheit des Informationsstands zwischen den Gesprächspartnern dramatisch werden. Sprachmittlern muss es nicht nur ein Anliegen sein, dass bestimmte Sachverhalte geklärt sind, sondern vor allem, dass die Interaktionsteilnehmer auf dem aktuellen Stand der Dinge sind.

Umgekehrt wirkt die Strategie der erwartungskongruenten Darstellung zunächst unökonomisch, da hier kommunikativ viel mehr Aufwand für inhaltlich nicht unbedingt relevant erscheinende Zusätze und Anpassungen betrieben wird. Diese Strategie hat aber den Vorteil, die Kooperativität der primären Interaktionspartner zu sichern, ihr gegenseitiges Vertrauen zu fördern und emotionale Belastungen zu verringern. Im längerfristigen Resultat führt sie daher zu einer effektiveren und reibungsloseren Kommunikation ohne die Gefahr eines allzu großen Informationsverlusts durch die Dolmetschung.

Die möglichen produktiven Potenziale wie die Gefahren beider Dolmetschstrategien hängen von den Kompetenzen der Sprachmittler ab, die diese benötigen, um die komplexen Hintergründe der Interaktionssituation und die Interaktionsaufgabe, die sich ihnen stellt, adäquat einzuschätzen und die richtigen sprachlich-kommunikativen Mittel zu wählen.

6 Problemfelder der interkulturellen institutionellen Kommunikation

Die zuvor genannten sechs kommunikativen Gattungen sind Gesprächsformen der Bearbeitung einer interkulturellen Aufgabe und insofern Gattungen der interkulturellen Kommunikation. Innerhalb dieser, von den Beteiligten (mehr und weniger) gemeinsam praktizierten Gattungen der Kooperationsbesprechungen agieren die deutschen und die kubanischen Beteiligten in unterschiedlicher Weise. Sind die Differenzen deshalb auch kulturspezifische Differenzen? Eine Antwort auf diese Frage fällt nicht leicht. Kulturelle Faktoren tragen zusammen mit institutionellen, individuellen und gesprächsprozessualen Faktoren zu den Unterschieden der Beteiligungsweise der Parteien, zu Missverständnissen und zu typischen problemhaften Verläufen bei, ohne dass immer klar zu erkennen ist, welche Phänomene der Zugehörigkeit zu bestimmten Kulturen geschuldet sind. Asymmetrien zwischen den Interaktionspartnern werden häufig vorschnell auf fremdkulturelle Stereotype und Vorurteile sowie auf kulturspezifische Stile, Standards und Diskursstrategien zurückgeführt. Vielfach scheint aber Kulturdifferenz nur deshalb als Ursache nahe zu liegen, weil sie so evident erscheint. In der Tat verbergen sich hinter ihr aber Asymmetrien und Problemquellen, die anders gelagert sind.[11] Insbesondere sind hier institutionell-hierarchische Verhältnisse zu nennen. Sie erscheinen schnell als interkulturelle Differenzen, da die institutionellen Asymmetrien personell mit den kulturellen Unterschieden übereinstimmen. Die Deutschen sind diejenigen, die als Helfer über Ressourcen verfügen und die institutionell handlungsmächtig sind, während die Kubaner Hilfe empfangen und innerhalb ihrer eigenen Institution hierarchisch abhängig sind. Wenn wir die Differenzen zwischen den Beteiligungsweisen der Parteien und die resultierenden Interaktionsprobleme im Detail betrachten, scheinen die sprachlichen, kommunikativen und interaktiven Phänomene, die in Bezug zu institutionell-hierarchischen Unterschieden stehen, maßgeblicher zu sein als diejenigen, die auf kulturspezifische Konventionen verweisen. Diese betreffen vor allem die kubanische Vorliebe für rituelle Würdigungen und für einen bürokratisch-formelhaften, abstrakten Darstellungsstil. Doch schon das letztgenannte Phänomen kann nicht einfach als "kulturspezifisch" kategorisiert werden. Vielmehr ist es ein Phänomen kulturspezifischer institutioneller Kommunikation. Im Ganzen scheinen hier und in den anderen Punkten die Diskrepanzen der Beteiligungsweise der Kooperationspartner nicht Phänomene interkultureller Kommunikation, sondern spezifischer Phänomene einer interkulturellen institutionellen Kommunikation zu sein. Sie verdanken sich insgesamt weniger kulturspezifischen Konventionen. Vielmehr sind es institutionenspezifische Konventionen, die sich von Kultur zu Kultur unterscheiden, und das Zusammenspiel der jeweiligen hierarchischen Positionen der Kooperationspartner im Interaktionsprozess. Die systembedingten, institutionellen und (weniger) die kulturellen Differenzen beeinträchtigen trotz wechselseitiger Sympathie und Bemühung und trotz eines alle Gespräche durchziehenden Gestus der Völkerfreundschaft die Gesprächsverläufe. Die DDR-Vergangenheit der deutschen Kooperationspartner scheint nur motivational und

---

[11] S. dazu auch Steglich/Boes/Kämpf sowie von Helmolt in diesem Band.

rituell relevant zu sein. Sie bildet ein karitatives Motiv, da die Kubaner sich in einer
ähnlichen Lage wie sie selbst zu DDR-Zeiten befinden. Die geteilte Erfahrung des
Lebens in einem sozialistischen Staat wird als Grundlage von Empathie und gemeinsamer Identität beschworen. Sie wirkt sich aber nicht auf die Gestaltung des
Arbeitsprozesses aus, denn faktisch findet die Systemdifferenz weder in den Planungen noch in den (emotionalen) Reaktionen der Deutschen auf die Problem-
schilderungen und die ausweichenden Antworten der Kubaner Berücksichtigung.

Die untersuchten Gespräche zeigen zudem, welch immensen Einfluss die Sprachmittler auf den Gesprächsverlauf haben, und zwar ungeachtet der Frage einer richtigen
oder falschen Übertragung. Die Gespräche sind durch vielfältige aktive Eingriffe und
Gestaltungen der Sprachmittler geprägt. Sie agieren nicht einfach als transparentes
Übertragungsmedium, sondern treffen Entscheidungen über den Bedarf an Dolmetschung, initiieren Klärungssequenzen zur Herstellung von relevanten und
verständlichen Informationen, nehmen Korrekturen vor, sichern aktiv Verständnis ab
und zeigen selbst Einstellungen zur Dolmetschung und zu den Ausgangsbeiträgen an.
Neben diesen auch für die primären Interaktionspartner erkennbaren "Einmischun-
gen" greifen sie stillschweigend und oft unbemerkt in die Herstellung von
Verständigung und in die Verhandlung um die Anerkennung der Positionen der primären Gesprächsteilnehmer ein, indem sie verschiedene Verfahren der Modifikation
des Ausgangsbeitrags durch die Übertragung benutzen. Mit Verfahren der Ergän-
zung, der Ersetzung und der Reduktion der Übertragung im Vergleich zum
Ausgangsbeitrag werden die Dolmetschungen systematisch in inhaltlicher, hand-
lungs- und beziehungsbezogener Hinsicht an die Relevanzen, die die Sprachmittler
selbst im Gesprächsprozess erkennen, adaptiert. Die Sprachbarriere kann also die
Möglichkeit eröffnen, dass über die Sprachmittlung Personen mit interkultureller Expertise am Gespräch teilnehmen, die sich in beiden Kulturkreisen auskennen, und
dieses Wissen zur Verbesserung der Verständigung nutzen können, auch über die rein
sprachliche Übertragung hinaus.

Abschließend soll hier zur Frage der Kulturspezifik von Kommunikationsstilen und -
problemen angemerkt werden, dass die untersuchten Daten auch darauf hinweisen,
dass kommunikative Eigenheiten, die man leicht als kulturspezifisch ansehen mag,
individueller Natur sind. Die kubanischen Delegationsmitglieder unterscheiden sich
untereinander hochgradig in ihren Darstellungsstilen (bei vergleichbaren

Kommunikationsaufgaben), sodass man keineswegs von einem gemeinsamen kulturellen Stil sprechen kann. Der persönliche Stil des deutschen Projektleiters, der sich durch außerordentliche Deutlichkeit und Ergebnisorientierung bei weitgehendem Verzicht auf Beziehungsarbeit auszeichnet, entspricht dagegen sicher einem Stereotyp über die Deutschen – und mag auch so bei den Kubanern ankommen. Doch wäre es sicher ein Kurzschluss, deshalb als sozialwissenschaftlichen Befund zu behaupten, dass sein Kommunikationsstil "typisch deutsch" sei. Dazu wären weitaus mehr Vergleichsdaten erforderlich, die es erlaubten, zwischen kulturellen, institutionellen, hierarchischen und persönlichen Faktoren zu differenzieren.

Literatur

Apfelbaum, Birgit (1998): Instruktionsdiskurse mit Dolmetscherbeteiligung – Aspekte der Turnkonstruktion und Turnzuweisung. In: Brock, Alexander / Hartung, Martin (Hg.): Neuere Entwicklungen in der Gesprächsforschung. Tübingen: Narr, 11–36.

Apfelbaum, Birgit (2004): Gesprächsdynamik in Dolmetsch-Interaktionen: Eine empirische Untersuchung von Situationen internationaler Fachkommunikation unter besonderer Berücksichtigung der Arbeitssprachen Deutsch, Englisch, Französisch und Spanisch. Radolfzell: Verlag für Gesprächsforschung (www.verlag-gespraechsforschung.de).

Bergmann, Jörg (1981): Ethnomethodologische Konversationsanalyse. In: Schröder, Peter / Steger, Hugo (Hg.): Dialogforschung. Jahrbuch 1980 des Instituts für deutsche Sprache. Düsseldorf: Schwann, 9–51.

Berkenbusch, Gabriele (2002): Hörer beraten Hörer: Gesprächsorganisation und Verfahren der mündlichen Textproduktion. Eine vergleichende konversationsanalytische Studie zu spanischen, katalanischen und französischen Radiosendungen mit Hörerbeteiligung. Tübingen: Stauffenburg.

Bourdieu, Pierre (1979): Entwurf einer Theorie der Praxis. Frankfurt/M.: Suhrkamp.

Bührig, Kristin (1999): Consecutive translation in intercultural communication. In: Knapp, Karlfried / Kappel, Bernd E. / Eubel-Kasper, Karla / Salo-Kee, Liisa (Hg.): Meeting the intercultural challenge. Sternenfels: Wissenschaft / Praxis, 389–400.

Bührig, Kristin / Meyer, Bernd (1998): Fremde in der gedolmetschten Arzt-Patienten-Kommunikation. In: Apfelbaum, Birgit / Müller, Hermann (Hg.): Fremde im Gespräch – Gesprächsanalytische Untersuchungen zu Dolmetschinteraktionen, interkultureller Kommunikation und institutionalisierten Interaktionsformen. Frankfurt/Main: IKO – Verlag für Interkulturelle Kommunikation, 85–110.

Davitti, Elena / Pasquandrea, Sergio (2013): Interpreters/mediators in intercultural communication: How to modulate the impact of their verbal and non-verbal practices? In: Best Practice Catalogue [online: http://www.bridge-it.communicationproject.eu, 19.3.2014]

Deppermann, Arnulf (2000): Ethnographische Gesprächsanalyse: Zu Nutzen und Notwendigkeit von Ethnographie für die Konversationsanalyse. In: Gesprächsforschung 1, 96–124 [online: http://www.gespraechsforschung-ozs.de/heft2000/ga-deppermann.pdf, 19.3.2014]

Deppermann, Arnulf (2008): Gespräche analysieren. 4. Auflage. Wiesbaden: VS.

Duranti, Alessandro (1997): Linguistic anthropology. Cambridge: CUP.

Günthner, Susanne (2007): Analyse kommunikativer Gattungen. In: Straub, Jürgen / Weidemann, Arne / Weidemann, Doris (Hg.): Handbuch interkulturelle Kommunikation und Kompetenz. Stuttgart: Metzler, 374–384.

Günthner, Susanne / Knoblauch, Hubert (1994): "'Forms are the food of faith'. Gattungen als Muster kommunikativen Handelns". In: Kölner Zeitschrift für Soziologie und Sozialpsychologie 4, 693–723.

Helmolt, Katharina v. (1997): Kommunikation in internationalen Arbeitsgruppen – Eine Fallstudie über divergierende Konventionen der Modalitätskonstituierung. München: iudicium.

Heritage, John / Clayman, Steven (2010): Talk in action. New York: Wiley.

Hochschulrektorenkonferenz: Kooperationen nach Staaten – Kuba. [online: http://www.hochschulkompass.de/internationale_kooperationen.html, 19.03.2014]

Holz-Mänttäri, Justa (1984): Translatorisches Handeln. Theorie und Methode. Helsinki: Suomalainen Tiedeakatemia.

Knapp-Potthoff, Annelie / Knapp, Karlfried (1985): Sprachmittlertätigkeit in interkultureller Kommunikation. In: Rehbein, Jochen (Hg.): Interkulturelle Kommunikation. Tübingen: Narr, 450–463.

Knapp, Karlfried / Knapp-Potthoff, Annelie (1990): Interkulturelle Kommunikation. In: Zeitschrift für Fremdsprachenforschung 1, 62–93.

Luckmann, Thomas (1986): Grundformen der gesellschaftlichen Vermittlung des Wissens: Kommunikative Gattungen. In: Neidhardt, Friedhelm / Lepsius, Rainer M. / Weiss, Johannes (Hg.): Kultur und Gesellschaft. Köln: Westdeutscher Verlag, 191–211.

Martini, Mareike (2008): Deutsch-kubanische Arbeitsbesprechungen. Eine gesprächsanalytische Studie zu gedolmetschter Kommunikation in internationalen Hochschulkooperationen. Tübingen: Stauffenburg.

Martini, Mareike / Stopp, Tina (2006): Kuba: Eine Insel zwischen ökonomischen Zwängen und ideologischen Träumen. Peter Lang: Frankfurt/Main.

Meier, Christoph (2002): Arbeitsbesprechungen – Interaktionsstruktur, Interaktionsdynamik und Konsequenzen einer sozialen Form. Radolfzell: Verlag für Gesprächsforschung. (www.verlag-gespraechsforschung.de)

Meyer, Bernd (2002): Untersuchungen zu den Aufgaben des interkulturellen Mittelns. In: Best, Joanna / Kalina, Sylvia (Hg.): Übersetzen und Dolmetschen – Eine Orientierungshilfe. Tübingen: Francke, 51–59.

Meyer, Bernd (2004): Dolmetschen im medizinischen Aufklärungsgespräch. Eine diskursanalytische Untersuchung zur Arzt-Patienten-Kommunikation im mehrsprachigen Krankenhaus. Münster: Waxmann.

Müller, Andreas P. (2006): Sprache und Arbeit. Aspekte einer Ethnographie der Unternehmenskommunikation. Tübingen: Narr.

Pomerantz, Anita (1984): Agreeing and disagreeing with assessments. In: Atkinson, John Maxwell / Heritage, John (Eds.), Structures of Social Action. Cambridge: CUP, 57–101.

Scheffer, Thomas (1997): Dolmetschen als Darstellungsproblem – Eine ethnographische Studie zur Rolle der Dolmetscher in Asylanhörungen. In: Zeitschrift für Soziologie 26, 3, 159–180.

Selting, Margret et al. (1998): Gesprächsanalytisches Transkriptionssystem. In: Linguistische Berichte 173, 91–122.

Snell-Hornby, Mary (2003): Translation (Übersetzen/Dolmetschen) / Translationswissenschaft / Translatologie. In: Snell-Hornby, Mary / Hönig, Hans G. / Kußmaul, Paul / Schmitt, Peter A. (Hg.): Handbuch Translation. Tübingen: Stauffenburg, 37–38.

Snell-Hornby, Mary (2007): Übersetzen. In: Straub, Jürgen / Weidemann, Arne / Weidemann, Doris (Hg.): Handbuch interkulturelle Kommunikation und Kompetenz. Stuttgart: Metzler, 86–94.

Vermeer, Manuel (1989): „Fremde Teufel und blaue Ameisen" – Vom Einfluß der Mentalitätsproblematik beim Dolmetschen Chinesisch-Deutsch / Deutsch-Chinesisch. In: Vermeer, Hans J. (Hg.): Kulturspezifik des translatorischen Handelns. Heidelberg: Groos, 31–47.

Vermeer, Hans J. (1996): A skopos theory of translation: Some arguments for and against. Heidelberg: TEXTconTEXT.

Wadensjö, Cecilia (1998): Interpreting as Interaction. London: Longman.

Interpersonale Kommunikation
in interkulturellen Arbeitskontexten

Katharina von Helmolt

Interkulturelle Performanz. Zur Bedeutung empirischer Untersuchungen interkultureller Arbeitskontexte

1 Einleitung

Interkulturelle Kommunikation hat sich als Studienangebot zur Vermittlung interkultureller Kompetenz an deutschen Universitäten und Hochschulen etabliert. Nach Maßgabe der jüngsten hochschulpolitischen Reformen soll die curriculare und didaktische Gestaltung von Studienangeboten die „Beschäftigungsfähigkeit"[1] von Studierenden fördern. Inwiefern Studienangebote aus dem Gebiet der interkulturellen Kommunikation Studierende auf zukünftige Tätigkeiten und Berufe vorbereiten, ist eine nicht nur für die Studierenden selbst, sondern auch für das Bestehen und die Weiterentwicklung dieser Studienangebote relevante Frage, die sich letzlich nur durch den Blick auf die Arbeitspraxis beantworten lässt. Um Studienangebote so gestalten zu können, dass sie die Beschäftigungsfähigkeit von Studierenden fördern, ist es notwendig, Arbeitskontexte sowie damit verbundene Arbeitsweisen und ihre Auswirkungen – also die Performanz in Arbeitskontexten – empirisch zu untersuchen und die Untersuchungsergebnisse in die Kozeptualisierung interkultureller Kompetenz als Lehr- und Lernziel aufzunehmen.

Dafür stehen dem interdisziplinären Forschungsgebiet der interkulturellen Kommunikation eine Reihe empirischer Verfahren aus unterschiedlichen Bezugsdisziplinen zur Verfügung. Der folgende Beitrag plädiert aus einer kommunikationsanalytischen Perspektive dafür, die Performanz der interpersonalen Kommunikation in Arbeitskontexten zum Gegenstand von Forschung und Lehre zu machen, um zu prüfen, wie sich Kultur und kulturelle Differenz in der Arbeitskommunikation niederschlagen und welche Anforderungen daraus für die Beteiligten entstehen. Nach einer begriffsgeschichtlichen Einführung des Begriffspaars Kompetenz und

---

[1] Vgl. dazu Kultusministerkonferenz 2005.

Performanz wird am Beispiel der Analyse eines authentischen Arbeitsgesprächs gezeigt, wie die Erforschung der kommunikativen Performanz in Arbeitskontexten in die Konzeptualisierung interkultureller Kompetenz als Lehr- und Lernziel von Studienangeboten sowie in didaktische Konzepte einfließen kann.

2 Interkulturelle Arbeitskontexte

Arbeit hat sich in den letzten Jahrzehnten gravierend verändert. Globale Vernetzung, technologische Entwicklungen und eine damit verbundene allgemeine Beschleunigung von Arbeitsabläufen führen zu einer stetigen Zunahme von „Verdichtung, Fragmentierung und Komplexität" von Arbeit (Bauer 2013: 12). Eine Facette der Komplexität besteht in Differenzerfahrungen, die aus dem Gebrauch unterschiedlicher Sprachen und Arbeitspraktiken oder auch der situativen Zuschreibung unterschiedlicher kultureller Zugehörigkeiten resultieren können. Ein erhöhtes Potenzial für das Auftreten von Differenzerfahrungen haben solche Arbeitskontexte, in denen Personen zusammenarbeiten, die im Rahmen unterschiedlicher Lebens-, Kommunikations- und Arbeitsgemeinschaften divergierende Kommunikations- und Arbeitsroutinen erworben haben. Solche Kontexte werden in diesem Beitrag als interkulturelle Arbeitskontexte bezeichnet.[2]

Ob und wie kulturelle Differenz und Differenzerfahrungen in Arbeitskontexten manifest werden, ob sie sich von anderen Kontextvariablen isolieren lassen und welchen Einfluss sie auf den Verlauf und das Ergebnis von Arbeit haben, lässt sich nur durch die Betrachtung realer Arbeitskontexte beantworten. Dies gilt auch für die Frage, wie Differenz dort, wo sie sich manifestiert, von den Beteiligten bewältigt wird. Aus der theoretischen und anwendungsorientierten Beschäftigung mit dieser Frage sind im Rahmen der Forschung zur interkulturellen Kompetenz zahlreiche Antworten auf diese Frage gegeben worden.[3] Sie lassen sich etwa danach unterscheiden, wie sie die Notwendigkeit des Erwerbs interkultureller Kompetenz begründen (Rathje 2006). Während idealistische Argumentationsweisen den Aufbau interkultureller Kompetenz als eine Form der Persönlichkeitsentwicklung betrachten, die den verständnisvollen Umgang der Menschen miteinander fördern soll, verweisen zweckorientierte

---

[2] Vgl. dazu auch die Einleitung in diesem Band.
[3] Zum Stand der Forschung zu interkultureller Kompetenz vgl. auch den Beitrag von Leenen, Stumpf und Scheitza in diesem Band.

Begründungsansätze auf die Voraussetzung interkultureller Kompetenz zur Erreichung von Zielen. Unterschiedlich sind auch die inhaltlichen Ausgestaltungen der
Kompetenzmodelle und ihre wissenschaftlichen Fundierungen. Einige der Modelle
beinhalten Komponenten und Merkmale, die auf Plausibilitätserwägungen beruhen,
andere stützen sich auf Befragungen von Experten und Expertinnen in Lehre und
Training (Deardorff 2006). Die Frage nach der Relevanz solcher Komponenten und
Merkmale für das Handeln in interkulturellen Arbeitskontexten lässt sich jedoch aus
rein normativ hergeleiteten Modellen nicht zuverlässig beantworten. Ein vergleichba-
rer Forschungsstand spiegelt sich auch in Publikationen zur Messung der Eignung für
Arbeitseinsätze im Ausland wieder. Der Zusammenhang zwischen den in Messungen
angenommenen Prädiktoren und tatsächlichem Arbeitserfolg „durch aussagekräftige
Studien" zu belegen (Deller/Albrecht 2007: 750), ist ein bisher noch weitgehend un-
erfülltes Forschungsdesiderat.

Für die große Mehrheit der in der Literatur vorgestellten Modelle interkultureller
Kompetenz gilt, dass sie ex ante entwickelt und nicht aus der empirischen Untersuchung interkulturellen Arbeitshandelns abgeleitet werden. Sie orientieren sich eher an
implizit werteorientierten Idealvorstellungen davon, wie interkulturelle Kommunikation verlaufen sollte, als an der eigentlichen interkulturellen Performanz im Sinne des
Handelns in realen interkulturellen Kontaktsituationen. Nur diese interkulturelle Performanz jedoch ist beobachtbar, während die interkulturelle Kompetenz als etwas der
Performanz Zugrundeliegendes der Beobachtung nicht direkt zugänglich ist.[4] Die kritische Feststellung Erpenbecks, die Performanz sei das „Stiefkind moderner
Kompetenzforschung" (Erpenbeck 2002: 3), gilt auch für die Erforschung interkultureller Kompetenz. Wenn es aber um die Frage geht, was und wie Personen lernen
sollten, um interkulturelle Arbeitskontexte entsprechend ihren Vorstellungen und Zielen gestalten zu können, ist die Feststellung nicht unerheblich, dass *reales* Handeln,
das nicht idealisierten Konstrukten interkultureller Kompetenz entspricht, durchaus
trotzdem *wirksames* Handeln im Sinne der Erreichung von Arbeitszielen sein kann.
Eine Festlegung interkultureller Kompetenzforschung auf die Konzeptualisierung und
anschließende Prüfung normativer Kompetenzmodelle birgt die Gefahr, *richtiges*
Handeln im Sinne eines reflektierten und wertschätzenden Umgangs mit kultureller
Unterschiedlichkeit mit *wirksamem* Handeln gleichzusetzen. Kritisch im Hinblick auf

---

[4]   Vgl. dazu auch Straub (2007: 39f.).

ein umfassendes Erkenntnisinteresse ist daran, dass Aspekte interkulturellen Handelns, die durch idealisierte Modelle interkultureller Kompetenz nicht abgebildet werden, forschungspraktisch nicht angemessen berücksichtigt werden können (Weidemann 2007: 494).

Eine sinnvolle Weiterentwicklung der Forschung zur interkulturellen Kompetenz im Hinblick auf ihre Relevanz für das Handeln in interkulturellen Arbeitskontexten setzt eine Offenheit dem Forschungsgegenstand gegenüber voraus, sie verlangt die Rückkoppelung an die Arbeitspraxis. Es besteht daher Bedarf, die interkulturelle Performanz in Arbeitskontexten empirisch zu untersuchen und die Ergebnisse in Inhalte und Methoden (akademischer) Studien- und Qualifizierungsangebote zu integrieren, die an der Zielsetzung der Förderung von Beschäftigungsfähigkeit orientiert sind. Zurückhaltung ist allerdings dabei geboten, von beobachtbarer Performanz vorschnelle Rückschlüsse auf eine mental repräsentierte Kompetenz zu ziehen. Beobachtbares Handeln kann durch eine Vielzahl von Faktoren beeinflusst werden. Diese Faktoren können in den handelnden Personen begründet sein oder auch in der aktuellen Situation oder einem zeitlich vorgelagerten Geschehen. Beeinflussende Faktoren können Handlungsabläufe befördern oder stören und müssen der Beobachtung nicht notwendigerweise zugänglich sein. Darüber hinaus wirft der Rückschluss von der Performanz auf die Kompetenz das Problem auf, dass ein und dasselbe beobachtete Handeln durch unterschiedliche Kompetenzmodelle begründet werden könnte (Deppermann 2004: 18). Dennoch kann eine empirische Untersuchung interkultureller Arbeitskontexte Aufschluss darüber geben, welche Handlungsweisen zu den von den Beteiligten selbst angestrebten Handlungszielen führen und welche erwünschten oder unerwünschten Konsequenzen sich daraus ergeben.

Um der Frage nachzugehen, was Studierende zur Vorbereitung auf eine Beschäftigung in interkulturellen Arbeitskontexten lernen sollten, kann eine empirisch gewonnene Bestimmung der Funktionalität von Arbeitspraktiken relevante Ergebnisse liefern. Aus deskriptiv-interpretierenden Untersuchungen von Arbeitskontexten lässt sich zwar keine umfassende kontextübergreifende Bestimmung interkultureller Kompetenz entwickeln, es lassen sich aber situative „deskriptive Normen" (Fiehler 1999) interkulturellen Handelns ableiten. Werteorientierte Konzeptualisierungen interkultureller Kompetenz verlieren damit nicht ihre Bedeutung im Rahmen pädagogischer Maßnahmen zur Verankerung von Werten und Normen einer Gemeinschaft und zur Förderung verantwortungsbewussten Handelns. Aber sie können ergänzt werden durch kontextbezogene Bestimmungen der Funktionalität des Handelns in interkulturellen Arbeitskontexten. Für die Zielbestimmung und -erreichung von Studienangeboten kann es förderlich sein, Voraussetzungen und Reichweite von zugrunde gelegten Modellen interkultureller Kompetenz zu reflektieren und transparent zu machen.

3 Kompetenz und Performanz

Die Frage nach dem Verhältnis zwischen Kompetenz und Performanz ist im Rahmen linguistischer Forschungen vielfach erörtert worden. Da die Begriffe Performanz und Performativität von der Forschung auf dem Gebiet der interkulturellen Kommunikation bisher noch wenig explizit aufgegriffen wurden, wird im Folgenden ein kurzer Einblick in die Verwendungsgeschichte der Begriffe gegeben.

Das Adjektiv performativ wurde in den 1950er Jahren von John Austin in die – zunächst linguistische – Forschung eingebracht (Austin 1972). Austin verwendet den Begriff performativ als Ausdruck des Handlungsvollzugs durch Sprache. Performative Äußerungen zeichnen sich nach Austin durch zwei Merkmale aus: Zum einen vollziehen sie zugleich die Handlung, die sie bezeichnen, wie es in der Äußerung *ich taufe dich* der Fall ist. Zum anderen sind performative Äußerungen nach Austin nicht wahr oder falsch, sondern sie gelingen oder sie gelingen nicht. Noam Chomsky (1971) führt das Begriffspaar Kompetenz und Performanz ein, um das theoretisch verfügbare Regelwissen eines idealen Sprechers, die Kompetenz, von der konkreten Sprachanwendung, der Performanz, abzugrenzen. Kompetenz umfasst für Chomsky ein mental repräsentiertes System von Regeln und Prinzipien, das es einem Sprecher erlaubt, „einen beliebigen Satz zu verstehen und einen Satz, der seinen Gedanken ausdrückt, hervorzubringen" (Chomsky 1981: 2013). Für Chomsky ist Sprache als System regelbasiert. Das natürliche Sprechen, die Performanz, kann jedoch von den Regeln des Sprachsystems abweichen und damit fehlerhaft sein.

Entgegen dieser Auffassung von Performanz als defizitär im Vergleich zur Kompetenz eines idealen Sprechers ist für Dell Hymes (1972) nicht nur das Sprachsystem, sondern auch die natürliche Kommunikation von Regeln geleitet, diese sind jedoch kontextspezifisch. Kommunikation orientiert sich danach an den impliziten Regeln einer Kommunikationsgemeinschaft. Hymes bezieht diese Regeln umfassend auf kommunikative Mittel und schließt etwa auch nonverbale Elemente, Mittel des Aufbaus von Äußerungen oder die Wortwahl ein. Kommunikative Kompetenz ist für Hymes die Fähigkeit, in sozialen Situationen im Sinne der Regeln einer Gemeinschaft angemessen zu kommunizieren. Angemessenheit kann dabei durchaus auch Abweichungen vom abstrakten Regelsystem einschließen. Damit ist sein Kompetenzbegriff nicht an eine idealisierte Beherrschung von Sprachproduktion und -rezeption geknüpft, sondern an die Zugehörigkeit zu einer Kommunikationsgemeinschaft. Gerade Abweichungen vom Sprachsystem können die Zugehörigkeit zu einer bestimmten Gemeinschaft signalisieren und konstituieren, wie dies etwa bei der Anwendung von Formen der Jugendsprache oder anderer gruppenspezifischer Kommunikationsformen der Fall ist. Erschließbar sind die Regeln des Kommunizierens nach Hymes aus der Performanz. Von Performanz spricht Hymes, wenn es um den Vollzug kommunikativer Handlungen in natürlichen Kommunikationssituationen geht (Hymes 1972). Das Interesse an der Untersuchung kommunikativen Handelns fließt auch in die von Hymes mitbegründete „Ethnographie der Kommunikation" (Hymes 1979) ein, deren Ziel die Beschreibung von Kommunikationsabläufen und gruppenspezifischen Regeln des Kommunizierens ist.

Wichtige Impulse für die Hinwendung zur Performanz in gesellschaftlichen Praxisfeldern gehen auch von dem Soziologen Erving Goffman (1971) aus. Goffman versteht soziales Handeln als situativ verankert. In Mikroanalysen von Kommunikationssituationen deckt er deren Organisationsmechanismen auf. Dabei fokussiert er vor allem die drei Situationskategorien der *Rahmung*, der *Rituale* und der *Rollen*. Die Rahmung einer Situation erfolgt durch zeitliche und lokale Konstituenten und die kommunikativen – verbalen und nicht verbalen – Handlungen der Beteiligten. Sie bewirkt eine gemeinsame Aufmerksamkeitsausrichtung der Beteiligten und steuert ihre Erwartungen, Handlungen und Deutungen. Im Rahmen von Situationen inszenieren sich Kommunizierende nach Goffman entsprechend bestimmter sozialer Rollen, die an kulturell verankerte Handlungsmuster geknüpft sind. Dazu gehören auch Rituale, nach Goffman solche Handlungen, „durch deren symbolische Komponente der Handelnde zeigt, wie achtenswert er ist oder für wie achtenswert er die anderen hält" (Goffman 1999: 25). Als Performanz beschreibt Goffman die Handlungen einer Person, mit denen sie sich in Bezug zu anderen Personen präsentiert und damit sich selbst, den anderen und der Situation Bedeutung zuweist, unabhängig davon, ob die

Handlungen intentional sind oder nicht. Die detailgenaue Beobachtung dieser Performanz und ihrer Wirkungen zeichnet Goffmans Ansatz der Mikroanalyse natürlicher Situationen aus.

Die Begriffe Performanz und Performativität haben Eingang in eine Reihe anderer wissenschaftlicher Disziplinen gefunden. Während in der Sprachwissenschaft der von Chomsky geprägte Begriff der Performanz zur Bezeichnung der Sprachanwendung in sozialen Situationen vorherrscht, setzt sich bei der Rezeption durch andere wissenschaftliche Disziplinen wie der Kultur- und Sozialwissenschaft sowie der Pädagogik der Begriff der Performativität stärker durch, der sich auf den Vollzug sozialen – nicht nur sprachlichen – Handelns und die damit einhergehende Gestaltung und Veränderung der Welt bezieht. Durch die Rezeption und Weiterentwicklung der Begriffe Performanz und Performativität in diversen Forschungskontexten ist eine Vielzahl an Konzepten entstanden, die sich in zahlreichen Aspekten voneinander abgrenzen lassen.[5] Ein gemeinsames Merkmal dieser Konzepte besteht darin, dass sie nicht die dem Handeln vorgängigen kognitiven Strukturen und Wissensbestände fokussieren, sondern den wirklichkeitskonstituierenden Prozess des Handlungsvollzugs auf der Grundlage der Wiederholbarkeit und Zitierbarkeit von Zeichen und Handlungsformen (Wulf/Göhlich/Zirfas 2001: 9ff.). Die performative Perspektive beschäftigt sich also mit dem Gestalten von Welt durch soziales Handeln. Dabei werden auch körperliche Handlungen und ihr mimetischer Nachvollzug berücksichtigt.[6]

Das Phänomen der Mimesis wird im Rahmen der Performativitätsforschung als eine Form der Aneignung einer Fähigkeit zu situationsadäquatem Handeln betrachtet. Dabei wird Mimesis, seit der Antike als die Kunst der Nachahmung verstanden, in der Performativitätsforschung nicht nur als Wiederholung von etwas schon Dagewesenem aufgefasst, sondern auch als schöpferische Neugestaltung auf der Grundlage von Vorbildern und damit als konstitutiver Aspekt des sozialen Miteinanders. Ein Beispiel ist das von Wulf beschriebene Konzept des mimetischen Handelns (Wulf 2001: 253ff.). Danach orientieren sich Menschen an Modellen und Vorbildern, die ihnen eine Richtschnur dafür geben, welches Verhalten in konkreten Situationen angemessen ist. Durch Mimesis machen sich nach Wulf Menschen ihrer Umwelt ähnlich und

---

5   Vgl. dazu z.B. den Sammelband von Hempfer/Volbers (2011).
6   Ein bekanntes Beispiel auf dem Gebiet der Performativitätsforschung ist das von Butler in den 1980er Jahren beschriebene Konzept des „Doing Gender". Butler verweist darin auf die Konstituierung von Geschlechteridentität durch Nachahmung und Wiederholung (Butler 1988).

eignen sich diese gleichzeitig an, indem sie nachahmend Schemata kultureller Ereignisse und Praktiken „inkorporieren" und damit ihre eigene Vorstellungswelt sowie ihre Handlungsoptionen erweitern. Auf dem Wege dieser Nachahmungsprozesse, die nach Wulf überwiegend ohne umfassende Reflexionen vollzogen werden (Wulf 2001: 254), erwerben Menschen ein kontextbezogenes „praktisches Wissen" für adäquates Handeln. Dabei impliziert diese Aneignung praktischen Wissens durchaus eigenständige Momente. Im Unterschied zur Mimikri als reiner Anpassung an eine Umwelt bezeichnet Mimesis solche Prozesse, in denen Erlebtes und Beobachtetes in kreativer Anpassung an einen anderen Kontext neu gestaltet wird. Damit die mimetische Verarbeitung von Wahrgenommenem in praktisches Wissen mündet, spielt Wiederholung eine wichtige Rolle. Beim Erwerb praktischen Wissens wird Verhalten wiederholt und in der Wiederholung weiterentwickelt (Wulf 2010: 175).

Was bedeutet es nun, die Konzepte von Performanz und Performativität bei der Erforschung interkultureller Arbeitskontexte zu berücksichtigen? Die performative Perspektive fokussiert den Handlungsvollzug, sie betrachtet das *Wie* und die *Wirkung* von Handeln. Auf interkulturelle Arbeitskontexte bezogen bedeutet das zu untersuchen, wie und mit welcher Wirkung Beteiligte im Hinblick auf spezifische Arbeitsanforderungen handeln, ob und - wenn ja - in welcher Weise dabei Kultur und kulturelle Differenz manifest werden und ob dies einen Einfluss auf den Arbeitsprozess und sein Ergebnis hat.

4 Empirische Zugänge zur Performanz in interkulturellen Arbeitskontexten

Für die Zielsetzung, aus der Betrachtung der Performanz in interkulturellen Arbeitskontexten Aufschluss über relevante Lehrinhalte und -methoden zu erhalten, sind empirische Zugänge notwendig. Bekanntlich kommen bei der Erforschung interkultureller Kommunikation Forschungsansätze aus unterschiedlichen Disziplinen mit entsprechenden methodischen Zugängen und Theoriebildungen zur Anwendung. Die Beschreibungen des Forschungsfeldes der interkulturellen Kommunikation sind mittlerweile zahlreich. Sie beziehen sich beispielsweise auf die zeitliche Entwicklung des Forschungsfeldes (Moosmüller 2007) oder die Zuordnung zu disziplinären und theoretischen Voraussetzungen und Methoden (Straub/Weidemann/Weidemann 2007). Otten und Geppert (2009) verwenden bei der Beschreibung des Feldes der empirischen Erforschung interkultureller Kommunikation die Metapher eines mehrdimensionalen Raums, der entlang mehrerer Dimensionen expandiert. Zu diesen Dimensionen gehören die Kulturkonzepte, die den Forschungsverfahren zugrunde gelegt werden und die Forschungsmethoden: Während Forschungen, die Kultur als strukturell gegebene und handlungsleitende Größe auffassen, auf den Vergleich kultureller Systeme und Praktiken zielen, befassen sich Untersuchungen, die Kultur als Prozess und Ergebnis sozialen Handelns verstehen, mit der rekonstruierenden Interpretation von kulturellen Praktiken.

Aus diesem Spektrum empirischer Ansätze eignen sich für die Betrachtung der Performanz interkulturellen Arbeitshandelns solche, die ihre Datengrundlage in authentischen Arbeitskontexten erheben und durch rekonstruierende und interpretative Verfahren aufzeigen, wie die Beteiligten im Arbeitsprozess handeln und welche Wirkungen ihr Handeln auf den weiteren Verlauf des Prozesses hat.

Exemplarisch für einen Forschungsansatz mit einer konsequenten Perspektive auf die Performanz interkultureller Kommunikation soll hier der Ansatz der Erforschung natürlicher Kommunikation beschrieben werden. Für die Erforschung natürlicher Kommunikation haben sich in den vergangenen Jahrzehnten im Bereich der Soziolinguistik und der Funktionalen Pragmatik unterschiedliche Ansätze entwickelt, wie die aus der amerikanischen ethnomethodologischen Konversationsanalyse hervorgegangene Konversationsanalyse (Kallmeyer/Schütze 1976; Bergmann 1981), die interpretative Soziolinguistik (Cook-Gumperz/Gumperz 1976), die ethnographische Gesprächsanalyse (Deppermann 2000) oder die funktional-pragmatische Diskursanalyse (Ehlich 1991). Trotz Unterschieden in der Terminologie, in den theoretischen Voraussetzungen und im Vorgehen befassen sich alle Ansätze mit der Rekonstruktion und Interpretation authentischer Gespräche und werden daher hier unter dem Begriff „Gesprächsforschung" zusammengefasst.

Gesprächsforschung untersucht, mit welchen kommunikativen Mitteln GesprächsteilnehmerInnen ihre Ziele verfolgen und Aufgaben lösen, welche Probleme dabei auftreten und wie diese bearbeitet werden. Die Arbeitsweise besteht darin, authentische Gespräche mit Ton- oder Videoaufnahmen aufzuzeichnen, zu transkribieren und die Transkriptionen unter Fragestellungen zu untersuchen, die aus dem aufgezeichneten Material entwickelt werden. Zu den methodologischen Prinzipien gehört es, keine normativen Kriterien an die Betrachtung von Gesprächen anzulegen, sondern zu beschreiben, welche kommunikativen Handlungen beobachtbar sind und welche

Konsequenzen sie nach sich ziehen. Es geht also nicht um die Fragestellung, welches Handeln richtig und welches falsch ist, sondern um die Form und situative Funktionalität des Handelns. Besonderes Interesse liegt darauf, Organisationsprinzipien, Konventionen und wiederkehrende Muster des kommunikativen Handelns aufzudecken. Dieses Interesse bezieht sich sowohl auf Gesprächstypen als auch auf lokale Aufgaben in Gesprächen wie etwa Konfliktbearbeitung, Beziehungskonstituierung oder Gesprächsstrukturierung.

Auf diese Weise hat die Gesprächsforschung auch das kommunikative Handeln in kommunikationsintensiven Arbeitskontexten untersucht. Typische Untersuchungsfelder sind die Kommunikation in der Verwaltung, in Unternehmen, im Gesundheitswesen oder in der Schule. Beispiele für die Erforschung von Arbeitskontexten sind Analysen von Kundenberatungen (Reuter 1989), Besprechungen (Lenz 1994), Verkaufsgesprächen (Brünner 1994) oder Reklamationen (Fiehler/Kindt 1994). Die Gesprächsforschung identifiziert unter anderem strukturelle Merkmale dieser Gespräche sowie typische Kommunikationsprobleme und Strategien der Problemlösung. Mit diesen letztgenannten Aspekten der Kommunikation befasst sich insbesondere die anwendungsorientierte Ausrichtung der Erforschung von Arbeitskommunikation, die neben der Erkenntnis über Formen und Wirkungsweisen der Kommunikation auch auf die didaktische Anwendung der Forschungsergebnisse zielt. Die Ergebnisse der empirischen Untersuchung von Kommunikation werden in didaktische Konzepte zur Verbesserung der Kommunikationsfähigkeit umgesetzt, die wiederum mit den Methoden der Gesprächsforschung evaluiert werden.

Auch zur Kommunikation in interkulturellen Arbeitskontexten liegen zahlreiche Untersuchungen vor, etwa zu Diskursstrategien in interkultureller Arbeitskommunikation im Hochschulkontext (Günthner 1993), zu spezifischen Kommunikationsformaten wie interkulturellen Verhandlungen (Keim 1994), Arbeitsbesprechungen (v. Helmolt 1997), Bewerbungsgesprächen (Birkner 2001), Planungsgesprächen (Jandok 2010), zur Kommunikation in didaktischen Situationen (Nazarkiewicz 2010; Bosse 2011), zur Kommunikation in komplexen Arbeitskontexten wie Kooperationen in Projekten und zwischen Institutionen (Martini 2008; Lauterbach 2012) oder zur Kommunikation in Behörden (Rosenberg 2013). In Mikroanalysen von Kommunikationsverläufen in Arbeitskontexten werden Unterschiede in Mustern des kommunikativen Handelns als Ursache von

Missverständnissen

identifiziert oder es wird rekonstruiert, wie kulturelle Zugehörigkeit kommunikativ erzeugt wird und welche Konsequenzen dies für die Beteiligten hat (Wolff/Schönfeld 2011). Untersucht wird auch, wie Beteiligte ihre Kommunikationsformen in der Reaktion auf ihre GesprächspartnerInnen modifizieren und wie dadurch neue oder hybride Formen der Arbeitskommunikation entstehen (Koole/ten Thije 1994). Gezeigt werden damit auch Bedingungen und Strategien des Gelingens interkultureller Kommunikation in Arbeitskontexten.

Im Folgenden soll die empirische Untersuchung von Kommunikation in interkulturellen Arbeitskontexten exemplarisch durch die Analyse eines Ausschnitts aus einem Bewerbungsgespräch gezeigt werden. Die Analyse erfolgt auf der Grundlage der Annahmen und Verfahren der Konversationsanalyse und der Interpretativen Soziolinguisitk unter Einbeziehung ethnographischer Zusatzdaten.[7] Das Gespräch wurde im Jahr 2012 in einem Unternehmen der Automobilindustrie durchgeführt, mit Ton- und Bildträgern aufgezeichnet und transkribiert. Beteiligt sind ein seit elf Jahren im Unternehmen beschäftigter Personalreferent, der in seiner Funktion regelmäßig Bewerbungsgespräche durchführt, sowie eine Bewerberin, die aus Indien stammt, ihr Informatikstudium in Indien abgeschlossen hat und bereits seit fünf Jahren in einem anderen deutschen Unternehmen gearbeitet hat.

1. Datenausschnitt[8]

```
D:    Deutscher Personalreferent
I:    Indische Bewerberin

01    D     bei hh ihrem studium (..)
            das ist ja ein vollzeitstudium
02    I     [hm]
03    D     [wie] läuft denn da die finanzierung IHRES studiums
04    I     [äh_hm]
05    D     [ich] stell mir das nicht so: einfach vor
06    I     bei uns äh (.)
            in indien (.)
            die meisten äh ((...))
            gibt es immer einen test (.)
07    D     ja
```

---

[7]   Vgl. ausführlicher dazu v. Helmolt 1997.
[8]   Die Transkription der Daten ist am Gesprächsanalytischen Transkriptionssystem 2 (Selting u.a. 2009) orientiert. Verwendete Transkriptionskonventionen sind im Anhang erläutert.

```
08   I    und da entscheidet welche uni
          oder welche FACH [kannst]du
09   D                   [ja]
10   I    kannst du lernen (.)
11   D    hm
12   I    und MEIStens je besser die uni ist
          die leute wählen nicht die FÄCHER
13   D    ja
14   I    aber die uni
          alle wollen in der besseren uni sein
15   D    JA <<räuspernd>>
          ABER is des dann so
          dass ihr studium auch gefÖRdert wird
          oder müssens des selber finanziern
16   I    äh JA in diesem te[st](.)
17   D                     [hm]
18   I    das sind die uni (.) die nur
19   I    ganz freie plätze gibt
          aber die sind immer die beste(.)
20   D    ja
21   I    die alle wollen dort
22   D    ok (.)
          ham SIE auch so einen freien platz mal erreicht?
23   I    ja ich hatte auch einen freien platz=[aber]
24   D                                         [ja]
     I    =in meiner uni war das so
          dass fünfzig prozent (.) plätze ist frei
          und fünfzig ist müssen die leute bezah[len das]
25   D                                          [ja hm ok]
26   I    ist unterschiedlich
27   D    wie hamsn des gschAFFT? (.)
          einen von diesn plätzn zu ergATTERN?
28   I    wir haben einen test bevor
          in mathematik physik und chemie
29   D    da warns gut genug
          des is mir klar
          aber WARUM warns so gut
          wie hamsn des gschAFFT
          so gut zu sein
          vom resultat her
          worauf führn SIE das zurück?
30   I    äh (.)
31   D    is des eher fleiß
          o:der liegt ihnen die art test
          oder die art von wissen (.) thema
32   I    das eine zweijährige (..)
          wir (..) vorbeREITEN für diesen test (.)
33   D    ja
34   I    für ungefähr zwei jahre (.)
          neben unserem studium ((...))
35   D    ja
36   I    und wir vorbereiten
          und wir gehen immer zur lernhilfe
          oder wir machen das selber
          das ist eine große competition
          diesen test zu schaffen
```

```
37   D   ja::
         und wie HAmses gschAFFT da so gut zu sein?
38   I   vorbereitung (.) in unserer schule
         vorbereitet unsere lehrerin
         ((...))
```

In diesem Ausschnitt aus dem Bewerbungsgespräch geht es thematisch um das Studium der Bewerberin. Hinsichtlich der Fokussierung auf Themenaspekte finden die Beteiligten aber keine Einigung. Der Personalreferent D eröffnet die Gesprächssequenz mit einer Frage nach der Finanzierung des Studiums, die Bewerberin I antwortet mit Erläuterungen des Systems der Studienplatzvergabe in Indien. Dass die allgemeine Form der Studienplatzvergabe in Indien nicht der Themenaspekt ist, der D interessiert, wird daran deutlich, dass er immer wieder neue Versuche unternimmt, seine Frage zu reformulieren. Dabei rückt er durch die Betonung des Personalpronomens „SIE" und handlungsbeschreibende Verben wie „gschafft", „erreicht", „ergattert" den Fokus auf die persönlichen Leistungen der Bewerberin. Er eröffnet ihr damit ein Forum für eine positive Selbstdarstellung. Die Imagearbeit der positiven Selbstdarstellung gehört zu den erwartbaren Elementen der Gattungsform „Bewerbungsgespräch" im Rahmen eines deutschen Bewerbungskontextes (Birkner 2001). Während es der Rolle der einstellenden Person entspricht, nach Qualifizierungsmerkmalen zu fragen, impliziert die Gesprächsrolle der Bewerberin oder des Bewerbers, auf diese Frage mit einer überzeugenden Darstellung der eigenen Qualifizierungsmerkmale zu reagieren. Die Selbstdarstellung umfasst dabei nicht nur fachliche, sondern auch persönliche Qualifikationen. Im aufgezeichneten Bewerbungsgespräch handelt die Bewerberin nicht entsprechend dieser Normalformerwartung[9] für ein deutsches Bewerbungsgespräch. Sie antwortet ausschließlich mit sachlichen Darstellungen, die das System der Studienplatzvergabe allgemein, nicht aber ihre persönlichen Leistungen betreffen. Auch im weiteren Verlauf des Gesprächs gibt der Personalreferent der Bewerberin durch Fragen nach ihren Erfahrungen und Einstellungen immer wieder Möglichkeiten zu einer positiven Selbstdarstellung, die diese aber nicht aufgreift, wie auch die folgende Gesprächssequenz zeigt.

---

[9] In der Gesprächsforschung werden Normalformerwartungen als Erwartungen an Formen des Gesprächs aufgefasst, die aufgrund von Erfahrungen als normal angenommen werden (vgl. dazu Kallmeyer/Schütze 1977: 161).

```
2. Datenausschnitt

01   D    was warn denn so highlights in ihrem studium
02   I    äh (...) das waren mehrere dinge
03   D    ((räuspert sich)) dinge wos sagen
          das hat mich echt beGEISTERT
          und warn höhepunkte für mich
04   I    aha (..) eine war datenbanken
          dann die andere war software
05   D    hm ((trinkt))
06   I    engineering (.)
          das ist ein modell wie man einen software=
07   D    =okay und=und bei den zwei sachen
          was hat sie da beGEISTERT
          was unterscheidet die zwei sachen
          denn jetzt von anderen
          was war denn da so das TOLLE
08   I    hm datenbanken (..)
          wie können wir in den datenbanken programmieren
          [also wie] können wir die daten
09   D    [hm ja]
10   I    mit den daten spielen
11   D    und warum begeistert sie das
12        ich frag das so naiv ((...))
          aber ihnen machts ja offensichtlich SPAß
          und was begEISTERT sie daran
          was macht ihnen an dem thema SPAß
13   I    weil das war nur (.)
          das war nicht nur theorie
          das war etwas zum programmieren
          ((...))
```

In dieser Gesprächssequenz fragt der Personalreferent die emotionale Haltung der
Bewerberin zu ihrer Arbeit ab. Er indiziert dies durch Begriffe wie „highlights", „hö-
hepunkte", „begEISTERT", „TOLLE", „SPAß". Die zögernden Reaktionen der
Bewerberin in den Zeilen 02 und 04 zeigen, dass sie entweder die Fragen des Personalreferenten sprachlich nicht richtig versteht oder inhaltlich nicht darauf vorbereitet
ist und die Funktion der Fragen nicht einordnen kann. Wie im ersten Datenausschnitt
antwortet sie mit sachlichen Angaben. Durch die mehrfachen Ansätze der Reformu-
lierung seiner Frage zeigt der Personalreferent, dass er mit der Antwort der
Bewerberin noch nicht zufrieden ist. Die Unterbrechung in Zeile 07 und das Anheben
der Lautstärke, verbunden mit einer zunehmenden Betonung der Emotionalität be-
zeichnenden Begriffe signalisieren seine Ungeduld. Obwohl die Bewerberin nicht in
der erwarteten Weise reagiert, variiert der Personalreferent seine Wortwahl jedoch
nur bedingt. Er setzt zwar in dieser Sequenz neun Emotionalität bezeichnende Begriffe ein, davon aber viermal das Wort „begeistert" und zweimal das Wort „Spaß".

Ob die Kommunikationsweise von I in diesem Bewerbungsgespräch auf ihren kulturellen Hintergrund, ihre Fähigkeit zum sprachlichen Verständnis ihres Gesprächspartners – speziell auch seiner dialektalen Klangfärbung –, eine generelle Unerfahrenheit mit Bewerbungsgesprächen oder ihre Persönlichkeit zurückzuführen ist, kann ohne weitere ethnographische Zusatzdaten oder Vergleichsdaten aus anderen Gesprächen nicht beantwortet werden. Die Betrachtung der Performanz zeigt jedoch, dass ihre Handlungsweise unter der Voraussetzung, dass sie eine Einstellung erzielen möchte, nicht zielführend ist. Ihre Form der Selbstdarstellung mag in anderen Kontexten angemessen sein, den Normalformerwartungen eines deutschen Bewerbungsgesprächs entspricht sie nicht, wie die wiederholten „Reparaturversuche"[10] des Personalreferenten zeigen. Auch lässt sich aus der Analyse der Gesprächsdaten ableiten, welche Kompetenzen in diesem Handlungskontext zu einem erwünschteren Gesprächsverlauf hätten führen können. Dazu gehören auf der Seite der Bewerberin Kenntnisse über die Gattungsform des Bewerbungsgesprächs in einem deutschen Unternehmen sowie eine größere Interpretations- und Handlungsflexibilität, die es ihr erlaubt hätte, auf die wiederholten Reformulierungen ihres Gesprächspartners in einer variableren Form einzugehen.

Zur Performanz des Personalreferenten lässt sich feststellen, dass seine Handlungsweise am Schema eines Bewerbungsgesprächs in einem deutschen Kontext orientiert ist und davon nicht abweicht. Erhält er auf seine Fragen nach der Selbsteinschätzung der Bewerberin und ihrer emotionalen Haltung keine erwartete Antwort, so wiederholt oder reformuliert er seine Frage, variiert seine Wortwahl aber nur geringfügig. Diese Handlungsweise bewirkt keine Änderung im Antwortverhalten der Bewerberin. Diese reagiert in den vorgestellten Gesprächssequenzen wie auch im weiteren Verlauf des Gesprächs durchgehend mit allgemeinen sachlichen Informationen. Ob die Handlungsweise des Personalreferenten als kompetent im Sinne der Erreichung eines erwünschten Handlungsziels einzuschätzen ist, kann ebenfalls nur kontextspezifisch und durch die Einbeziehung ethnographischer Zusatzdaten bestimmt werden. Unter der Voraussetzung, dass die Fähigkeit, Begeisterung zu zeigen und die eigene Qualifikation explizit darzustellen, zu relevanten Einstellungskriterien gehören, ist seine Handlungsweise zweifellos eine Möglichkeit, diese Kriterien abzuprüfen. Ist diese

---

[10]   Als Reparaturen werden in der Gesprächsforschung kommunikative Handlungen bezeichnet, mit denen Beteiligte versuchen, ein Gespräch, das nicht wie erwartet verläuft, zum erwarteten Verlauf zurückzuführen (vgl. dazu Schegloff/Jefferson/Sacks (1977); Müller 2001: 1207).

Fähigkeit neben der fachlichen Qualifikation aber zweitrangig oder zeigt sie die Bewerberin nur deshalb nicht, weil ihr diese Kommunikationskonvention (noch)
unbekannt ist, so ist die Handlungsweise des Personalreferenten nicht zielführend.
Auch aus der Betrachtung der Performanz des Personalreferenten lassen sich Überlegungen ableiten, welche Handlungsalternativen den Gesprächsverlauf im
erwünschten Sinne hätten verändern können. Dazu gehören eine stärkere Orientierung an der Standardaussprache, eine größere Variabilität in der Wortwahl sowie
metakommunikative Formen der Verständnissicherung. Diese könnten etwa darin bestehen, die Erwartungen an den Ablauf des Bewerbungsgesprächs und an die
Handlungsweisen der Bewerberin in einem deutschen Kontext zu erläutern.

Diese exemplarische Analyse zeigt, dass die Gesprächsforschung ein Beispiel für solche empirischen Verfahren ist, die mit einer beschreibenden und interpretierenden
Methode die Performanz interkulturellen Arbeitshandelns untersuchen. Beschreibend
interpretierende Analysen natürlicher Arbeitskontexte erlauben es, der Frage nachzugehen, wie Beteiligte in interkulturellen Arbeitskontexten tatsächlich handeln, um
ihre Arbeitsaufgaben zu bewältigen, mit welchen Handlungsweisen sie ihre situativen
Ziele erreichen und welche Strategien sie anwenden, um Probleme zu lösen. Ebenso
lässt sich aufzeigen, welche Handlungen unerwünschte Konsequenzen nach sich ziehen. Handeln in interkulturellen Arbeitskontexten wird damit als situiertes Handeln
betrachtet, seine Funktionalität wird unter Berücksichtigung der jeweiligen kontextuellen Bedingungen beschrieben. Die Einbeziehung verschiedener Kontextvariablen in
die Interpretation von Arbeitshandeln beugt einer vorschnellen Rückführung beo-
bachteter Handlungsweisen auf unterschiedliche kulturelle Hintergründe der
Beteiligten vor. Eine solche multiperspektivische Betrachtungsweise kann nicht nur
im Forschungs-, sondern auch im Arbeitsprozess selbst hilfreich und erkenntnisför-
dernd sein[11] und ist daher nicht nur forschungspraktisch, sondern auch bei der
didaktischen Gestaltung von Studienangeboten auf dem Gebiet der interkulturellen
Kommunikation zu berücksichtigen.

---

[11] Vgl. dazu auch Steglich/Boes/Kämpf in diesem Band.

5 Didaktische Konsequenzen

Nicht nur die Ergebnisse kommunikationsanalytischer Untersuchungen, auch die empirisch erhobenen Daten selbst eignen sich für den Einsatz in der Lehre. Wenn interkulturelle Arbeitskommunikation aufgezeichnet und transkribiert wird, stellen diese Daten ein Lehr- und Lernmaterial dar, das vielfache Lerneffekte eröffnet. Aufzeichnungen und Transkripte authentischer Arbeitssituationen bilden die Komplexität interkultureller Arbeitskontexte ab. Durch eine sequenzielle Analyse der aufgezeichneten Situation lässt sich rekonstruieren, welche Handlungsweisen im analysierten Kontext zu welchen Konsequenzen führen. Daraus kann eine situativ gültige Norm interkulturell kompetenten Handelns herausgearbeitet werden. Dem ohnehin nicht oder nur auf einer sehr abstrakten Ebene zu erfüllenden Anspruch an allgemeingültige Aussagen über *richtiges* oder *falsches* interkulturelles Handeln, den Lernende vielfach an die Lehre im Bereich der interkulturellen Kommunikation herantragen, kann im Rahmen der Arbeit an aufgezeichneten authentischen Arbeitssituationen durch eine bewusste Reflexion der kontextuellen Gebundenheit der Wirksamkeit von Handlungsweisen begegnet werden. Nicht zuletzt stellt die Durchführung eigener Kommunikationsanalysen für Studierende eine Möglichkeit dar, nicht nur Erkenntnisse zu gewinnen, sondern auch die eigene Analysefähigkeit zu vertiefen, die auch auf das Verstehen zukünftiger Situationen angewendet werden kann.[12]

Die empirische Untersuchung interkultureller Arbeitskontexte bietet noch weiteren Nutzen für die Gestaltung von Lehrinhalten und -methoden im Bereich der interkulturellen Kommunikation. So kann nur die Arbeitspraxis die Frage beantworten, inwieweit bei der Bewältigung spezifischer Arbeitsanforderungen in interkulturellen Arbeitskontexten eher auf Kenntnisse und Fähigkeiten zurückgegriffen wird, die in formalen Lehr- und Lernsettings vermittelt werden können und inwieweit implizites, etwa durch Repetition und Mimesis erzeugtes Handlungswissen in interkulturellen Arbeitskontexten eine Rolle spielt. Zeigten Untersuchungen von interkulturellen Arbeitskontexten, dass Letzteres der Fall ist, hätte dies auch Implikationen für die Vermittlungspraxis in akademischer Lehre und weiterbildender Qualifizierung. Neben traditionellen Formen des Wissenstransfers und der kognitiven

---

[12] Zum Einsatz der Gesprächsforschung in Lehrforschungsprojekten vgl. von Helmolt (2007); Berkenbusch (2009).

Auseinandersetzung mit Kultur und kultureller Differenz wären Lernräume (Bausch 2001: 224ff.) zu schaffen, in denen sich Personen mit unterschiedlichen kulturellen Hintergründen begegnen und konkrete Erfahrungen miteinander machen können.[13] Lernräume mit gesteuerten Begegnungssituationen bieten Lernenden die Möglichkeit, im Umgang miteinander sowohl Differenz zu erleben als auch durch mimetisch-performative Prozesse der Aneignung das eigene Handlungsspektrum zu erweitern oder durch die Neugestaltung von Beobachtetem hybride Formen sozialer Praktiken zu entwickeln. Statt eines Lernens über andere, bei dem kulturelle Differenz thematisiert und damit als Paradigma reproduziert wird, können Begegnungen in Lernräumen zu einer temporären Aufhebung kultureller Differenz führen. Zudem erlauben so gestaltete Lernräume die Erfahrung mit Praktiken der interkulturellen Verständigung und Verständnissicherung. Sie dienen damit nicht in erster Linie dem Aufbau kognitiver Fähigkeiten, sondern der Aneignung praktischen Wissens. Inwieweit auf diese Art erworbenes Wissen auf reale Arbeitskontexte übertragbar ist, wäre wiederum mit empirischen Verfahren zu prüfen.

6 Fazit

Eine Orientierung der Gestaltung von Studienangeboten im Bereich der interkulturellen Kommunikation am Lehrziel der Beschäftigungsfähigkeit erfordert Kenntnisse über aktuelle Bedingungen von Arbeit. Empirische Untersuchungen der Performanz in interkulturellen Arbeitskontexten können, wie am Beispiel der Analyse eines authentischen Arbeitsgesprächs gezeigt wurde, Aufschluss darüber geben, ob und inwiefern kulturelle Diversität in der Arbeitspraxis manifest wird und welche Handlungsweisen unter dieser Bedingung kompetent im Sinne der Erreichung veranschlagter Ziele ist.

Solche induktiv gewonnenen Aussagen über situativ angemessenes Arbeitshandeln können wertebasierte Konzeptualisierungen interkultureller Kompetenz im Sinne einer dialog- und konsensorientierten Haltung nicht ersetzen. Aber sie ermöglichen es, die Komplexität realer Arbeitskontexte zu berücksichtigen und eine situations- und kontextspezifische Bestimmung interkultureller Kompetenz vorzunehmen. Die Auseinandersetzung mit der interkulturellen Performanz in Arbeitskontexten in

---

[13]   Vgl. dazu auch von Helmolt (2013).

Forschung und Lehre kann somit einen bewussten Umgang mit der Vielfalt an Einflussgrößen und Handlungsoptionen in interkulturellen Arbeitkontexten fördern und damit einen Beitrag zum angestrebten Lehr- und Lernziel der Beschäftigungsfähigkeit leisten.

Literatur

Austin, John Langshaw (1972): How to do things with words. Oxford. Dt. Übersetzung: Zur Theorie der Sprechakte. Stuttgart: Reclam.

Bauer, Joachim (2013): Arbeit. Warum unser Glück von ihr abhängt und warum sie uns krank macht. München: Karl Blessing.

Bausch, Constanze (2001): Die Inszenierung des Sozialen. Erving Goffman und das Performative. In: Wulf, Christoph / Göhlich, Michael / Zirfas, Jörg (Hg.) Grundlagen des Performativen. Eine Einführung in die Zusammenhänge von Sprache, Macht und Handeln. Weinheim, München: Juventa, 203-225.

Bergmann, Jörg E. (1981). Ethnomethodologische Konversationsanalyse. In: Schröder, Peter / Steger, Hugo (Hg.). Dialogforschung. (= Jahrbuch 1980 des Instituts für deutsche Sprache). Düsseldorf: Pädagogischer Verlag Schwann, 9-52.

Berkenbusch, Gabriele (2009): Konversationsanalyse als methodischer Zugang zum interkulturellen Lernen – Bericht über ein extracurriculares Projekt zum forschenden Lernen. Forum Qualitative Sozialforschung/Forum: Qualitative Social Research, 10(1), Art. 33, [online: http://nbn-resolving.de/urn:nbn:de:0114-fqs09013 35, 20.02.2012].

Birkner, Karin (2001): Bewerbungsgespräche mit Ost- und Westdeutschen. Tübingen: Niemeyer.

Bosse, Elke (2011): Qualifizierung für interkulturelle Kommunikation. Trainingskonzeption und -evaluation. München: iudicium.

Brünner, Gisela (1994): „Würden Sie von diesem Mann einen Gebrauchtwagen kaufen?" Interaktive Anforderungen und Selbstdarstellung in Verkaufsgesprächen. In Brünner, Gisela/Graefen, Gabriele (Hg.): Texte und Diskurse. Methoden und Forschungsergebnisse der Funktionalen Pragmatik. Opladen: Westdeutscher Verlag, 328-350.

Butler, Judith (1988): Performative Acts and Gender Constitution: An Essay in Phenomenology and Feminist Theory. In: Theatre Journal, Vol. 40 No. 4, Dec. 1988, 519-531.

Chomsky, Noam (1971): Aspekte der Syntaxtheorie, Frankfurt am Main: Suhrkamp.

Cook-Gumperz, Jenny / Gumperz, John (1976): Context in children's speech. Papers on Language and Context. Working Paper No 46. Berkeley: Language Behavior Research Laboratory.

Cook-Gumperz, Jenny / Gumperz, John J. (1982): Introduction: Language and the communication of social identity. In: Gumperz, John J. (Ed.). Language and Social Identity. Cambridge: Cambridge University Press, 1-21.

Deardorff, Darla K. (2006): Policy Paper zur interkulturellen Kompetenz. In: Bertelsmann-Stiftung: Interkulturelle Kompetenz – Schlüsselkompetenz des 21. Jahrhunderts? Thesenpapier der Bertelsmann-Stiftung auf Basis der Interkulturellen kompetenz-Modelle von Dr. D. Deardorff (13-42). Gütersloh. [Online: http://www.bertelsmann-stiftung.de/bst/de/media/xcms_bst_dms_17145_17146_2.pdf, 15.5.2014]

Deller, Jürgen / Albrecht, Anne-Grit (2007): Interkulturelle Eignungsdiagnostik. In: Straub, Jürgen / Weidemann, Arne / Weidemann, Doris (Hg.): Handbuch interkulturelle Kommunikation und Kompetenz. Grundbegriff – Theorien – Anwendungsfelder. Stuttgart/Weimar: Metzler, 741-755.

Deppermann, Arnulf (2008): Gespräche analysieren. Eine Einführung in konversationsanalytische Methoden. 4. Auflage. Wiesbaden: Verlag für Sozialwissenschaften.

Deppermann, Arnulf (2004): „Gesprächskompetenz" – Probleme und Herausforderungen eines möglichen Begriffs. In: Becker-Mrotzek, Michael / Brünner, Gisela (Hg.) (2004): Analyse und Vermittlung von Gesprächskompetenz. forum ANGEWANDTE LINGUISTIK, Band 43. Frankfurt am Main: Peter Lang, 15-28.

Deppermann, Arnulf (2000): Ethnographische Gesprächsanalyse: Zu Nutzen und Notwendigkeit von Ethnographie für die Konversationsanalyse. In: Gesprächsforschung – Online Zeitschrift zur verbalen Interaktion 1/2000, 96-124.

Ehlich, Konrad (1991): Funktional-pragmatische Kommunikationsanalyse — Ziele und Verfahren. In: Flader, Dieter (Hg.): Verbale Interaktion. Stuttgart: Metzler, 127-143.

Erpenbeck, John (2002): Kompetenz und Performanz im Bild moderner Selbstorganisationstheorie. In: Berufsbildung für eine globale Gesellschaft. Perspektiven im 21. Jahrhundert. Dokumentation 4. BIBB Fachkongress. [Online: http://www.bibb.de/redaktion/fachkongress2002/cd-rom/PDF/03_4_02.pdf., 15.5.2014].

Fiehler, Reinhard (1999): Kann man Kommunikation lehren? Zur Veränderbarkeit von Kommunikationsverhalten durch Kommunikationstrainings. In: Brünner,

Gisela / Fiehler, Reinhard/Kindt, Walther (Hg.): Angewandte Diskursforschung. Band 2. Wiesbaden: Westdeutscher Verlag, 18-35.

Fiehler, Reinhard / Kindt, Walther (1994): Kommunikationsprobleme in Reklamationsgesprächen. In: In: Brünner, Gisela / Fiehler, Reinhard / Kindt, Walther (Hg.): Angewandte Diskursforschung. Band 1. Wiesbaden: Westdeutscher Verlag, 120-154.

Goffman, Erving (1999): Stigma. Über Techniken der Bewältigung beschädigter Identität, Frankfurt/M.: Suhrkamp.

Goffman, Erving (1971): Interaktionsrituale. Über Verhalten in direkter Kommunikation. Frankfurt/M.: Suhrkamp.

Günthner, Susanne (1993): Diskursstrategien in der interkulturellen Kommunikation. Analysen deutsch-chinesischer Gespräche. Tübingen: Niemeyer.

Gumperz, John J. / Hymes, Dell H. (Eds.) (1972). Directions in Sociolinguistics. The Ethnography of Communication. New York etc.: Holt, Rinehart and Winston

Helmolt, Katharina von (2013): Kommunikationsreflexives Lehren und Lernen in interkulturellen Lernsettings. In: Helmolt, Katharina von / Berkenbusch, Gabriele / Jia, Wenjian (Hg.) Interkulturelle Lernsettings. Konzepte – Formate – Verfahren. Stuttgart: ibidem, 87-108.

Helmolt, Katharina von (2007): Interkulturelles Training: Linguistische Ansätze. In: Straub, Jürgen / Weidemann, Arne / Weidemann, Doris (Hg.): Handbuch interkulturelle Kommunikation und Kompetenz. Grundbegriffe – Theorien – Handlungsfelder. Stuttgart: Metzler, 763-773.

Helmolt, Katharina v. (1997): Kommunikation in internationalen Arbeitsgruppen. Eine Fallstudie über divergierende Konventionen der Modalitätskonstituierung. München: iudicium.

Hempfer, Klaus W. / Volbers, Jörg (Hg.) (2011): Theorien des Performativen. Sprache – Wissen – Praxis. Eine Bestandsaufnahme. Bielefeld: transcript.

Hymes, Dell (1979): Soziolinguistik. Zur Ethnographie der Kommunikation. Eingeleitet und herausgegeben von Florian Coulmas. Frankfurt /M.: Suhrkamp.

Hymes, Dell (1972): On Communicative Competence. In: John B. Pride & Janet Holmes. (Hg.), Sociolinguistics, 269-293. Harmondsworth: Penguin.

Jandok, Peter (2010): Gemeinsam planen in deutsch-chinesischen Besprechungen. München: iudicium.

Kallmeyer, Werner / Schütze, Fritz (1977). Zur Konstitution von Kommunikationsschemata der Sachverhaltsdarstellung — Exemplifiziert am Beispiel von Erzählungen und Beschreibungen. In: Wegner, Dirk (Hg.): Gesprächsanalyse.

Vorträge, gehalten anläßlich des 5. Kolloquiums des Instituts für Kommunikationsforschung und Phonetik, Bonn, 14.-16. Oktober 1976. Hamburg: Buske, 159-274.

Kallmeyer, Werner /Schütze, Fritz (1976): Konversationsanalyse. In: Studium Linguistik 1, 1–28.

Keim, Lucrecia (1994): Interkulturelle Interferenzen in der deutsch-spanischen Wirtschaftskommunikation. Frankfurt am Main: Peter Lang.

Koole, Tom / ten Thije, Jan (1994): Der interkulturelle Diskurs von Teambesprechungen. Zu einer Pragmatik der Mehrsprachigkeit. In: Brünner, Gisela / Graefen, Gabriele (Hrsg.): Texte und Diskurse. Methoden und Forschungsergebnisse der Funktionalen Pragmatik. Opladen: Westdeutscher Verlag, 412-434.

Kultusministerkonferenz (2005): Qualifikationsrahmen für Deutsche Hochschulabschlüsse. [online: http://www.kmk.org/fileadmin/veroeffentlichungen_beschluesse /2005/2005_04_21-Qualifikationsrahmen-HS-Abschluesse.pdf, 09.03.2014)].

Lauterbach, Gwendolin (2012): Hierarchie in internationalen Hochschulkooperationen: Eine Studie zu deutsch-kirgisischer Projektarbeit. Stuttgart: ibidem.

Lenz, Friedrich (1994): Gesprächsorganisatorische Aspekte innerbetrieblicher Besprechungen. Ergebnisse einer Untersuchung in einem englischen Betrieb. In: Bungarten, Theo (Hg.): Unternehmenskommunikation. Linguistische Beschreibungen und Analysen. Tostedt: Attikon, 108-119.

Martini, Mareike (2008): Deutsch-kubanische Arbeitsbesprechungen. Eine gesprächsanalytische Studie zu gedolmetschter Kommunikation in internationalen Hochschulkooperationen. Tübingen: Stauffenburg.

Moosmüller, Alois (2007): Interkulturelle Kommunikation aus ethnologischer Sicht. In: Moosmüller, Alois (Hg.): Interkulturelle Kommunikation. Konturen einer wissenschaftlichen Disziplin. Münster: Waxmann, 13-50.

Müller, Klaus (2001): Probleme der Sinnkonstituierung in Gesprächen. In: Brinker, Klaus / Antos, Gerd / Heinemann, Wolfgang (Hg.): Text- und Gesprächslinguistik – ein internationales Handbuch zeitgenössischer Forschung = Linguistics of Text and Conversation. Berlin/New York: de Gruyter, 1196-1212.

Nazarkiewicz, Kirsten (2010): Interkulturelles Lernen als Gesprächsarbeit. Wiesbaden: Verlag für Sozialwissenschaften.

Otten, Matthias / Geppert, Judith (2009): Mapping the Landscape of Qualitative Research on Intercultural Communication. A Hitchhiker's Guide to the Methodological Galaxy [62 paragraphs]. [online: Forum Qualitative Sozialforschung / Forum: Qualitative Social Research, 10(1), Art. 52, http://nbnresolving.de/urn:nbn:de:0114-fqs0901520, 15.4.2014].

Rathje, Stefanie (2006): Interkulturelle Kompetenz – Zustand und Zukunft eines umstrittenen Konzepts. In: Zeitschrift für interkulturellen Fremdsprachenunterricht (2006). [Online: http://www2.uni-jena.de/philosophie/iwk/publikationen/ interkulturelle_kompetenz_rathje.pdf, 15.5.2014]

Reuter, Ewald (1989): Die kommunikative Organisation der Produktvorstellung. In: Laurén, Christer / Nordmann, Marianne (Hg.): From Office to School. Special Language and Internalisation. Clevedon, Philadelphia: Multilingual Matters Ltd, 67-77.

Rosenberg, Katharina (2013): Interkulturelle Behördenkommunikation. Eine gesprächsanalytische Untersuchung zu Verständigungsproblemen zwischen Migranten und Behördenmitarbeitern in Berlin und Buenos Aires. Berlin/New York: De Gruyter.

Schegloff, Emanuel A. / Jefferson, Gail / Sacks, Harvey (1977): The preference for self-correction in the organization of repair in conversation. Language 53, 2, 361-382.

Selting, Margret u.a. (2009): Gesprächsanalytisches Transkriptionssystem 2 (GAT 2). Gesprächsforschung - Online-Zeitschrift zur verbalen Interaktion. Ausgabe 10 (2009), 353-402. [online: http://www.gespraechsforschung-ozs.de/heft2009/px-gat2.pdf, 15.5.2014]

Straub, Jürgen (2007): Kompetenz. In: Straub, Jürgen / Weidemann, Arne / Weidemann, Doris (Hg.): Handbuch interkulturelle Kommunikation und Kompetenz. Grundbegriff – Theorien – Anwendungsfelder. Stuttgart/Weimar: Metzler, 35-46.

Straub, Jürgen / Weidemann, Arne / Weidemann, Doris (Hg.): Handbuch interkulturelle Kommunikation und Kompetenz. Grundbegriff – Theorien – Anwendungsfelder. Stuttgart/Weimar: Metzler.

Thomas, Alexander / Kinast, Eva-Ulrike / Schroll-Machl, Sylvia (2005): Handbuch interkulturelle Kommunikation und Kooperation. Göttingen: Vandenhoeck & Ruprecht.

Weidemann, Doris (2007): Akkulturation und interkulturelle Lernen. In: Straub, Jürgen / Weidemann, Arne / Weidemann, Doris (Hg.): Handbuch interkulturelle Kommunikation und Kompetenz. Grundbegriff – Theorien – Anwendungsfelder. Stuttgart/Weimar: Metzler, 488-497.

Wolff, Stephan / Schönefeld, Daniel (2011): Der konversationsanalytische Zugang zur Interkulturalität. In: Bosse, Elke / Kreß, Beate / Schlickau, Stephan (Hg.): Methodische Vielfalt in der Erforschung interkultureller Kommunikation an deutschen Hochschulen. Frankfurt am Main: Peter Lang, 131-143.

Wulf, Christoph (2010): Innerstädtische Schulen als Kontaktzonen und Orte der transkulturellen Begegnungen. Wulf, Christoph (Hg.): Kontaktzonen. Dynamik und Performativität kulureller Begegnungen. Paragrana. Internationale Zeitschrift für Historische Anthropologie. Herausgegeben vom Interdisziplinären Zentrum für Historische Anthropologie, Freie Universität Berlin 2010, Band 19, Heft 2, 167-191.

Wulf, Christoph (2001): Mimesis und Performatives Handeln. Gunter Gebauers und Christoph Wulfs Konzeption mimetischen Handelns in der sozialen Welt. In: Wulf, Christoph / Göhlich, Michael / Zirfas, Jörg (Hg.): Grundlagen des Performativen. Eine Einführung in die Zusammenhänge von Sprache, Macht und Handeln. Weinheim, München: Juventa, 253-272.

Wulf, Christoph / Göhlich, Michael / Zirfas, Jörg (2001): Sprache, Macht und Handeln – Aspekte des Performativen. In: Wulf, Christoph / Göhlich, Michael / Zirfas, Jörg (Hg.): Grundlagen des Performativen. Eine Einführung in die Zusammenhänge von Sprache, Macht und Handeln. Weinheim, München: Juventa, 9-24.

Verwendete Transkriptionskonventionen:

D2 [ah okay okay] D1 [hm]	Überlappungen
(.), (..),	Mikropause, längere Pause
(0,5)	Sprechpausen (in Sekunden)
beGEISTERT	hervorhebende Sprechweise
((...))	Auslassungen in der Transkription
<<räuspert sich>>	nicht verbale Äußerungen
so::	Dehnung
platz= =in meiner	schneller Anschluss

Friederike Barié-Wimmer

„und (.) hat irgendwas gefehlt" – Kommunikationssituationen in der Ausländerbehörde zwischen Fremd- und Fachsprache

1 Einleitung

In einer Broschüre für MitarbeiterInnen bayerischer Verwaltungsbehörden aus dem Jahr 1995, die sich mit bürgernaher Sprache in der Verwaltung befasst, werden zu Anfang die drei Hauptgebote für die Rechts- und Verwaltungssprache aufgeführt: Sie müsse präzise, verständlich und effizient sein (Otto 1995: 12). Wobei sich die Präzision auf die sprachliche Funktion als Fachsprache bezieht, die Verständlichkeit als bürgernahe Sprache aufgefasst und die Effizienz als rationelle Sprache bezeichnet wird (Otto 1995: 13).

Die genannten Grundsätze wurden mit der Neuauflage der Broschüre 2008 um die drei Punkte „freundlich, persönlich und sensibel für Geschlechtsunterschiede" (Referat für Presse- und Öffentlichkeitsarbeit des Bayerischen Staatsministeriums des Innern 2008: 6) erweitert. Noch umfassender sieht Fuchs-Khakhar diesen Anspruch an die Kommunikationssituationen zwischen BehördenmitarbeiterInnen und KundInnen, indem sie schreibt: „Die Verwaltung kann ihre Aufgaben dem Staatsbürger nur dann erfüllen, wenn sie sich ihm verständlich machen kann." (Fuchs-Khakhar 1987: 87)

Die aufgeführten Ansprüche gelten auch für die Kommunikationssituationen in der Ausländerbehörde, die eine besondere Form dieser Bürger-Verwaltungs-kommunikation sind. Aufgrund der Tragweite ausländerrechtlicher Entscheidungen „stellt die Behörde einen politisch, sozial und individuell hochsensiblen Arbeitsbereich dar" (Liedke 1997: 163), wie Liedke 1997 beschreibt und erfordert daher umso mehr einen feinfühligen sprachlichen Umgang mit den (ausländischen) BürgerInnen und KundInnen[1] der Behörde.

---

[1]   Im weiteren Verlauf des Artikels werden die Begriffe KlientIn und KundIn synonym verwendet.

Als Besonderheit der Kommunikationssituationen in der Ausländerbehörde tritt neben der Fachsprachlichkeit der behördlichen Kommunikationssituation ein weiteres Charakteristikum hinzu: Fremdsprachlichkeit. Da die KundInnen der Ausländerbehörde, wie der Name der Behörde bereits verdeutlicht, in der Regel aus dem Aus-Ausland stammen und die deutsche Sprache als Fremd- bzw. Zweitsprache erworben haben und erwerben, wird der Begriff Verständlichkeit erheblich erweitert. Verständlichkeit bezieht sich im Rahmen der Kommunikationssituationen in der Ausländerbehörde auf Kontaktsituationen zwischen MuttersprachlerInnen und NichtmuttersprachlerInnen, denen dadurch eine Asymmetrie in den sprachlichen Ausdrucksmöglichkeiten und dem Verstehen des Gesprochenen und Geschriebenen zugrunde liegt, denn „der Grad der Sprachhandlungskompetenz ist in der Regel in den/der Erstsprache(n) [bzw. Muttersprache, F.B.-W.] höher als in den Fremdsprachen" (Hufeisen/Riemer 2010: 739).[2]

Die beiden angesprochenen Charakteristika „Fachsprache und Fremdsprache" institutioneller, interkultureller Gespräche zur Anliegensbearbeitung in der Ausländerbehörde sowie deren Verbindung stehen im Mittelpunkt dieses Artikels.[3]

Mir stellt sich hierbei insbesondere die Frage, ob die Gespräche den angeführten Kriterien der Bürger-Verwaltungskommunikation entsprechen. Nach einer Definition der Begriffe Fremd- und Fachsprache, einer kurzen Vorstellung der Methodik (ethnographische Gesprächsanalyse) und der Daten erfolgt im Anschluss die exemplarische Analyse dreier authentischer Gesprächsausschnitte aus einer deutschen Ausländerbehörde.

2 Fremd- und Fachsprache

Für die Analyse der Daten sind die bereits skizzierten Termini Fremdsprache und Fachsprache und deren Zusammenhang im Kontext institutioneller Behördengespräche von Bedeutung.

---

[2]   Rosenberg kann in ihrer Untersuchung zu interkultureller Behördenkommunikation feststellen, dass Verständigungsprobleme durch Lexik aus dem Behördenkontext entstehen (Rosenberg 2014: 215 ff.).

[3]   Grundlegende Rahmenbedingungen institutioneller Kommunikationssituationen in der Ausländerbehörde werden im Rahmen dieses Artikels nicht weiter besprochen. Hier sei auf Literatur und empirische Untersuchungen institutioneller Kommunikation verwiesen. Einen guten Überblick bietet Becker-Mrotzek (2001).

Der Begriff Fremdsprache bezieht sich im Kontext der analysierten Gespräche auf die Tatsache, dass die ausländischen KlientInnen Deutsch als Fremd-bzw. Zweitsprache sprechen und die SachbearbeiterInnen der Ausländerbehörde Deutsch als Mutter-bzw. Erstsprache[4]. Die Kommunikationssituationen bestehen demzufolge aus der Konstellation MuttersprachlerIn/SachbearbeiterIn – NichtmuttersprachlerIn/ ausländische KundIn(nen). Als Muttersprache bzw. Erstsprache (L1-Sprache) wird dabei die Sprache bezeichnet, die Kinder in ihren ersten Lebensjahren in ihrem sozialen Umfeld erwerben (Schönpflug 2010: 792). Eine Fremd bzw. Zweitsprache ist dadurch gekennzeichnet, dass sie sukzessive in späteren Jahren erlernt wird (Hufeisen/Riemer 2010: 738). Linguistisch relevante Phänomene, die charakteristisch für das Sprechen in einer Fremdsprache sind, finden sich unter anderem auf morphosyntaktischer, lexikalischer und phonetischer Ebene (Fandrych 2010: 174). Hierzu zählen beispielsweise fehlerhafte Flexion, veränderte Wortbetonungen und Tonhöhenverläufe, Schwierigkeiten mit syntaktischen Kompositionen oder fehlende Lexik.

In meiner Analyse geht es allerdings nicht um einen kontrastiven Vergleich zwischen Problemen und Fehlern, die L1-spezifisch beim Sprechen des Deutschen als Fremd-bzw. Zweitsprache in den Kommunikationssituationen auftreten. Ich analysiere die durch die Fremdsprachlichkeit bedingten Einflüsse auf die Gespräche unabhängig von der Erstsprache der beteiligten ausländischen KlientInnen.

Es soll eine übergreifende Darstellung erfolgen, wie sich die Konstellation MuttersprachlerIn – NichtmuttersprachlerIn auf den Gesprächsverlauf auswirkt, zum Beispiel, wie sich Verstehenssicherungsprozesse oder die Wortwahl der Gesprächsbeteiligten durch die Fremdsprachlichkeit wandeln, was sich letztlich auch auf die Realisierung der Gesprächsrollen auswirkt.

Die Tatsache, dass die ausländischen KundInnen in einer Fremdsprache kommunizieren müssen, ist nicht allein ihrer Herkunft geschuldet, sondern auch dem deutschen Verwaltungsrecht, nach dem die Amtssprache in deutschen Behörden Deutsch ist

---

[4] Der Begriff Muttersprache wird im wissenschaftlichen Kontext durch den Begriff Erstsprache (L1) ersetzt, da die „Erstsprache keineswegs immer die Sprache der Mutter ist und Lernende oft andere Assoziationen mit dem Begriff Muttersprache verbinden als WissenschaftlerInnen." (Hufeisen und Riemer 2010: 738).

(VwVfG, § 23). Die Wahl der Kommunikationssprache für die Kontaktsituationen ist daher von Beginn der Kommunikationssituation an stark eingeschränkt.[5] Doch nicht nur die Kommunikationssprache Deutsch, sondern auch die Art und Weise wie Sprache verwendet wird sind für die Gesprächssituationen von Bedeutung. Der ausländerrechtliche und behördensituative Bezug der Gespräche in der Ausländerbehörde führen zu Verwaltungsfachsprache.

Es gibt zwar keine allgemeingültige Definition des Begriffes Fachsprache (Fluck 1996: 11), Fluck fasst sie dennoch folgendermaßen zusammen:

> „Die Besonderheit der Fachsprachen [...] liegt in ihrem speziellen, auf die Bedürfnisse des Faches abgestimmten Wortschatz, dessen Übergänge zur Gemeinsprache fließend sind und der auch gemeinsprachliche und allgemeinverständliche Wörter enthält. Zum anderen liegt ihre Besonderheit in der Gebrauchsfrequenz bestimmter (gemeinsprachlicher) grammatischer (morphologischer, syntaktischer) Mittel." (Fluck 1996: 11ff.)

Die Fachsprache der Verwaltung ist besonders durch eine Vielzahl an Fachwörtern, Entlehnungen aus der juristischen Sprache und mehrgliedrige Zusammensetzungen gekennzeichnet (Fluck 1996: 72 ff.). Beispielhaft seien hier die Begriffe Aufenthaltserlaubnis, allgemeine Erteilungsvoraussetzungen, Erwerbstätigkeit genannt, die auch für die Transkriptausschnitte relevant sind.

Es lassen sich zudem verschiedene Rahmenbedingungen der Fachsprachlichkeit feststellen. Im Kontext der Kommunikationssituationen in der Ausländerbehörde sieht nach Kalverkämper die Fachsprachlichkeit der Kommunikation folgendermaßen aus: SachbearbeiterInnen und damit ExpertInnen für das Ausländer- und Verwaltungsrecht sprechen (fallbezogen) über das Ausländer- und Verwaltungsrecht mit ihren ausländischen KlientInnen, die im Bereich des Ausländer- und Verwaltungsrechts in aller Regel Laien sind (Kalverkämper 1999: 35). Die institutionellen Bürger-Verwaltungsgespräche werden daher oft als „Experten-Laien-Kommunikation" bezeichnet.[6] Dieses Konzept sagt allerdings nichts über die tatsächliche interaktive Realisierung der Gesprächsrollen als Experte bzw. Laie im Rahmen der Kommunikationssituationen aus. Wie die Gesprächsbeteiligten ihre „Rolle" wahrnehmen, wird sich im Laufe der Analyse zeigen.

---

[5] In meinem Korpus finden sich dennoch mehrere Gespräche zur Anliegensbearbeitung die auf Englisch geführt wurden. In diesen Situationen sprechen sowohl der Sachbearbeiter als auch der ausländische Kunde in einer Fremdsprache.

[6] Vgl. hierzu unter anderem den Sammelband von Riehle (2001) oder die Untersuchung von Berth/Esser (1997).

3 Methodik und Daten

Empirische Grundlage einer gesprächsanalytischen Arbeit sind authentische Gesprächsdaten, die mittels Audio- bzw. Videoaufzeichnung erhoben und im Anschluss transkribiert werden (Brinker/Sager 2010: 34/35).

Die Daten dieses Artikels stammen aus einer empirischen Arbeit mit einem Korpus aus 35 authentischen Gesprächen zur Anliegensbearbeitung zwischen SachbearbeiterInnen und ausländischen KundInnen in einer bayerischen Ausländerbehörde. Die Gespräche wurden im Jahr 2010 aufgezeichnet[7] und als GAT2-Basistranskripte (Selting et al. 2009) transkribiert. Die Transkripte sind in der Segmentansicht dargestellt.

Die Erhebung der Daten erfolgte aus rechtlichen Gründen nach vorheriger Einverständniserklärung der beteiligten Personen als offene Aufnahme (Brinker/ Sager 2010: 32). Offene Aufnahmesituationen führen in der Regel zu geringfügigen Veränderungen des Verhaltens gegenüber unbeobachteten Situationen, dieses Phänomen wird als „Beobachterparadoxon" bezeichnet (Brinker/Sager 2010: 32). Die Aufzeichnung bedingt außerdem Veränderungen im Gesprächsablauf. Der Gesprächseinstieg meiner Gespräche ist beispielsweise durch die Unterschrift der Einverständniserklärung seitens der KundInnen verzögert.

Methodisch basiert die Analyse auf dem Prinzip der ethnographischen Gesprächsanalyse (Deppermann 2000), die aus der Konversationsanalyse entstanden ist. Die „Konversationsanalyse ist die Bezeichnung für einen seiner Herkunft nach soziologischen Forschungsansatz, der sich der Untersuchung von sozialer Interaktion als einem fortwährenden Prozess der Hervorbringung und Absicherung sinnhafter sozialer Ordnung widmet und der dabei einer strikt empirischen Orientierung folgt" (Bergmann 2001: 919).

Die ethnographische Gesprächsanalyse nutzt ethnographisches (Kontext-)Wissen als Zusatzdaten für die Gesprächsanalyse (Deppermann 2000: 104). Entscheidend ist hierbei, dass die Forschungserkenntnisse aus den Gesprächsdaten gewonnen werden und nicht das Kontextwissen die Analyse leitet (Deppermann 2000: 116). In Bezug auf meine Daten soll das ethnographische Wissen insbesondere eingesetzt werden,

---

[7]   Durch mehrere Änderungen des Aufenthaltsgesetzes entsprechen einige Angaben, die der Sachbearbeiter im Gespräch 12 äußert, nicht mehr der aktuellen Gesetzeslage. Beispielsweise besteht seit geraumer Zeit für ausländische Studierende die Möglichkeit bis zu 120 Tage bzw. 240 halbe Tage im Jahr zu arbeiten (§ 16 (3) AufenthG).

um Interpretationswissen im Bereich der Fachsprache zu nutzen (Deppermann 2000: 109) und die Interpretation der Daten zu vertiefen (Deppermann 2000: 110).

Alle personen- und ortsbezogenen Daten der Gespräche sind anonymisiert und durch Pseudonyme ersetzt. Die Sprechersiglen setzen sich folgendermaßen zusammen: „S" steht für SachbearbeiterIn, „K" für KundIn, „BK" für die Begleitperson einer Kundin. Als teilnehmende Beobachterin fertigte ich während der Aufzeichnungen Beobachtungsprotokolle an, die auch für die Analyse der Daten von Nutzen sind. Darüber hinaus beziehe ich ausländer- und verwaltungsrechtliche Gesetzestexte als ethnographisches Material in die Analyse mit ein.

Die nachfolgende Analyse dreier Gesprächsauszüge stellt exemplarisch einige Besonderheiten der aufgezeichneten Gespräche zwischen Fremd- und Fachsprache dar.

4 Exemplarische Analysen

Gespräch 2, aus dem Bereich Aufenthaltserlaubnis, findet zwischen Sachbearbeiter G (SG) und dem ghanaischen Ehepaar BK (Ehemann und Begleitperson) und K (Kundin) statt. Das Ehepaar hat eine Niederlassungserlaubnis für K beantragt. Der Transkriptauszug ist der Einstieg in das Gespräch zur Anliegensbearbeitung.

```
{00:02} 0001 SG okay:; (.) <all> so;> (.) was MÖCHten sie denn;
{00:04} 0002     (0.32)
{00:04} 0003 BK ä:hm (--) WIR waren da und dann (--)
{00:08} 0004     wir habts so lange ahso dass wir äh wir arbeitsvertrag
                 ahs:o (.) geht um; (.)
{00:13} 0005     <<mf> WIR waren SCHON DA;>
{00:14} 0006 SG m↑h
{00:15} 0007 BK u::nd hat irgendwas geFEHLT,
{00:17} 0008     (0.21)
{00:17} 0009     [un]
{00:17} 0010 SG [jA, ]
{00:17} 0011 BK d ä:h
{00:18} 0012     (1.15) <Papierblättern hörbar>
{00:19} 0013 SG okay; dann SCHAU ich mir des mal an- ja
{00:21} 0014     (60.98) (SB G blättert durch Unterlagen und schaut in den
                 PC, <K und E sehen ihre Unterlagen durch und sprechen mit-
                 einander (nicht in Deutsch)>)
{01:22} 0015 SG s:o den ↑ARbeitsvertrag ham sie verlängert;
{01:24} 0016 K  <<p> ja>
{01:24} 0017 BK ja
{01:24} 0018     (2.81)
```

{01:27} **0019 SG** wie lang geht der jetzt,

In Zeile 01 beginnt SG nach den Gliederungssignalen „okay" und „so" das Gespräch zur Anliegensbearbeitung mit einer Frage „was möchten sie denn". Durch die Nutzung des Personalpronomens „sie" lässt SG offen, wer der Adressat der Frage ist, sowohl die Kundin als auch ihr Ehemann könnten sich angesprochen fühlen. Daraufhin ergreift der BK in Zeile 3 das Wort. Er beginnt seinen Turn mit dem Verzögerungssignal „ä:hm" und einer Pause. Den dann begonnenen Satz bricht er nach einer weiteren Pause und mehreren Reformulierungsversuchen ab. Auch die folgende Aussage führt BK nicht zu Ende, sondern paraphrasiert nach mehreren Verzögerungssignalen „ahso", „äh", „ahs:o", dass er und seine Frau schon da waren (Zeile 5).
Auffällig an der Turn-Konstruktion ist der Gebrauch des Fachbegriffes „Arbeitsvertrag", den BK jedoch ohne Verb verwendet. In Zeile 5 spricht BK zudem deutlich lauter und hebt mit dem betonten Abtönungspartikel „schon" hervor, dass es sich um den zweiten Besuch handelt. Nach einem bestätigenden Rückmeldesignal seitens SG beendet BK seinen Turn, indem er mit dem deiktischen Indefinitpronomen „irgendwas" darauf hinweist, dass etwas gefehlt hat, das er nicht benennen kann. SG unterbricht ihn in Zeile 10 mit dem bestätigenden Rückmeldesignal „ja". Er schließt damit in Zeile 13 auch die Sequenz zur Anliegensformulierung, indem er das nachfolgende Handeln darstellt „dann SCHAU ich mir des mal an- ja". Nach über einer Minute Gesprächspause, während der SG durch Unterlagen blättert und in den PC schaut, stellt SG eine geschlossene Frage zur Verlängerung des Arbeitsvertrages (Zeile 15), die sowohl von der Klientin als auch deren Ehemann bejaht wird (Zeilen 16/17).
Der Transkriptausschnitt zeigt sehr deutlich die erheblichen Formulierungsschwierigkeiten, die sich für den BK bei der Formulierung des Anliegens seiner Ehefrau stellen: Viele leere und gefüllte Pausen, Verzögerungssignale, Abbrüche und Neustarts sowie Paraphrasierungen und letztlich der deiktische Verweis auf etwas Fehlendes „irgendwas". BKs Formulierungsschwierigkeiten können als „klassische" Wortsuchprozesse bezeichnet werden.[8]

---

[8]   Iványis Definition zu Wortsuchprozessen umfasst eine dreiteilige Reparaturstruktur mit zunächst Pausen und Lückenfüllern, Markierung der Redeübergabeabsicht und

SG scheint sich auf die Formulierungsschwierigkeiten des BK eingestellt zu haben, wie das Rückmeldesignal in Zeile 06 zeigt und die Tatsache, dass SG dem BK trotz vieler Pausen und Formulierungsabbrüche das Wort überlässt. Dennoch ändert SG in Zeile 13 die Vorgehensweise und beendet die Anliegensformulierungsphase gezielt. Es gleicht einem „Strategiewechsel", dem Kundenpaar nun systematisch geschlossene Fragen zu stellen, um so die für die Sachbearbeitung relevanten Informationen zu erhalten.

Auffällig ist die Nutzung des Fachbegriffes „Arbeitsvertrag" durch BK in Zeile 4, denn die Erteilung eines Aufenthaltstitels ist grundsätzlich an die Sicherung des Lebensunterhalts, in der Regel durch ein festes Arbeitsverhältnis, gebunden (AufenthG, § 5). Zunächst bleibt die Bedeutung des von BK genannten Begriffes unklar. Da sich beide Fragen des SG nach Durchsicht der Unterlagen in Zeile 15 und 19 allerdings auf die Verlängerung des Arbeitsvertrages und die Dauer des jetzigen Arbeitsvertrages beziehen, scheint der Arbeitsvertrag der Kernpunkt des Antragsverfahrens zu sein.

Betrachtet man den Gesprächseinstieg in die Anliegensbearbeitung im Gesamten, kann man feststellen, dass der Begriff „Arbeitsvertrag" Schlüsselbegriff der Situation ist. Durch die offene Frage des SG wird der Begriff nicht durch den Sachbearbeiter, sondern durch BK genannt. Dem Kundenehepaar wird die Möglichkeit eingeräumt, zunächst selbst das Anliegen darzustellen, sie werden dadurch enger in die Kommunikationssituation eingebunden. Erst nachdem SG wichtige Informationen erhalten hat, indem der „Arbeitsvertrag" angesprochen wurde und er mit der offenen Fragestellung nicht mehr weiterkommt, ändert er seine Strategie und geht mit den gezielten Fragen zum Arbeitsvertrag „kleinteiliger" vor. Insofern nutzt der Sachbearbeiter eine „effiziente" Kommunikationsstrategie zur Beteiligung des Kundenehepaares an der Sachbearbeitungssituation.

Der zweite Transkriptauszug aus Gespräch 12 stammt aus dem Bereich Aufenthaltserlaubnis/Studium. Der marokkanische Kunde (K) hat einen Antrag auf Verlängerung seiner Aufenthaltserlaubnis zum Studium bei Sachbearbeiter A (AS) gestellt. Die Transkriptauszüge stammen aus der Mitte des Gesprächs zur Anliegensbearbeitung.

Reparaturindikatoren wie Hesitationssignalen und dem Wort also sowie letztlich dem Reparaturausdruck als das gefundene Wort (Iványi 1998: 93).

Der Kunde beginnt seinen Turn aus einer Gesprächspause heraus, in welcher der Sachbearbeiter tippt bzw. druckt.

```
{02:18} 0024  K °h UNd wie ist das eigentlich wenn man s:o äh sich für
                 MAster anmeldet;
{02:22} 0025  (0.32)
{02:22} 0026  K SO nach de:m äh nach äh nach dem BAchelor muss man sich
                 nochmal hier anmelden neu;
{02:26} 0027  (0.26)
{02:27} 0028  AS ä:h ja also es ist so für studie:n (-) vorbereitungszeit
                 und studium in deutschland-
{02:31} 0029  K mh_↑hm
{02:31} 0030  (0.36)
{02:32} 0031  AS ä:h ist ein aufenthalt von maximal zehn
{02:33} 0032  [jahren ]
{02:33} 0033  K [zehn ja]
{02:34} 0034  hre genau
{02:34} 0035  AS äh möglich-
{02:35} 0036  K mh?
```

[...]

```
{03:15} 0093  K °h weil SOnst gibt_s dann di:e die andere möglichkeit also
                 ä:h-
{03:18} 0094  (0.2)
{03:19} 0095  AS JOBsuche;
{03:19} 0096  (0.16)
{03:19} 0097  K jobsuche <<p> genau>
{03:20} 0098  AS da brauch ma Au bestätigung der hochschule odE:r-
{03:23} 0099  (0.34)
{03:23} 0100  AS a:h (-) die BAchelorurkunde-
{03:25} 0101  (0.2)
{03:25} 0102  K mh?
{03:25} 0103  AS als nachweis dass das studium ABgeschlossen ist und dann
                 ä::h (.) bekommen sie aufenthalt für ein JAhr ab zeugnis
{03:31} 0104  [äh ]
{03:31} 0105  K [mh? ]
{03:31} 0106  AS datum (.) für die jobsuche;
{03:33} 0107  K Okay;
{03:33} 0108  (4.98) (SB A tippt)
{03:38} 0109  K aber die die AUFenthalt ist dann- (.) ohne; (.) äh ar-
                 beitserlaubnis o↑der,
{03:42} 0110  (0.68)
{03:42} 0111  AS AUCH wie als student die neunzig tage hundertachtzig halbe
                 tage;
{03:45} 0112  K okay;
```

K äußert zunächst einen Fragesatz „wie ist das eigentlich...". Nachdem in der relativ langen Pause in Zeile 25 kein Sprecherwechsel stattfindet, spricht K weiter und beantwortet sich die von ihm gestellte Frage in Zeile 26 selbst. Sprachlich zeigen in seinem Turn Unsicherheiten in Bezug auf den fehlenden Artikel vor dem Begriff Master (Zeile 24), Wortsuche vor dem Wort Bachelor in Zeile 26 und die Verwendung der Verben „anmeldet" (Zeile 24) und „anmelden neu" (Zeile 26). „Anmelden" bezieht sich fachsprachlich auf die Meldepflicht für alle Bürger (MeldeG, § 13), wonach man sich nach dem Bezug einer Wohnung bei der betreffenden Gemeinde anzumelden hat. Aufenthaltsrechtlich wäre das korrekte Verb entweder beantragen oder verlängern (AufenthG, §§ 8/81).

Nach einleitenden Gesprächspartikeln stellt AS mittels Fachvokabular „Studie:n (-) vorbereitungszeit und studium" (AufenhtG, § 16) und „aufenthalt von maximal zehn jahren" (AVwV AufenthG, Rn. 16.2.7) die rechtlichen Regelungen dar. K kann diesen fachsprachlichen Ausführungen folgen, dies wird an seiner überlappenden bestätigenden Äußerung in Zeile 33 „zehn jahre genau" deutlich. Außerdem rechnen AS und K in der sich anschließenden ausgelassenen Sequenz aus, wie viele Jahre K bereits in Deutschland studiert. Ihm verbleibt ausreichend Zeit innerhalb der 10-Jahresfrist auch einen Masterstudiengang zu absolvieren.

Nach dieser Klärung erfolgt die nächste Fragesequenz: K beginnt in Zeile 93 eine Bestätigungsfrage, die er allerdings nach mehreren Wortsuchprozessen in Form von Wortwiederholungen „di:e die" und Füllwörtern mit Dehnung „also ä:h" abbricht. Nach einer kurzen Pause vervollständigt AS Ks Konstruktion mit dem Begriff „JOBsuche" (Zeile 95). K bestätigt mit der Wortwiederholung „jobsuche" und dem Ausdruck „genau" die Korrektheit des gesuchten Wortes. Unmittelbar danach spricht der Sachbearbeiter AS weiter und führt die notwendigen Voraussetzungen für die Erteilung dieses Aufenthaltstitels an. Auffällig ist zunächst, dass er das umgangssprachliche Wort „Jobsuche" in Zeilen 95 und 106 nicht durch den fachsprachlichen Ausdruck „Aufenthaltserlaubnis zur Suche eines angemessenen Arbeitsplatzes" nach § 16 (4) AufenthG (AufenthG, § 16) ersetzt. Auch lässt AS in Zeile 98 und 103 die Artikel der Nomen weg. Diese Reduktion der Satzkomplexität durch das Weglassen von Artikeln entspricht dem Konzept des Foreigner Talk[9]. Ein

---

[9]   In seiner Arbeit zu „Foreigner Talk" problematisiert Hinnenkamp treffend den Begriff „Simplifizierung" im Hinblick auf die Komplexität einer Sprache (Hinnenkamp 1982: 6 ff.). Foreigner

ähnliches Phänomen konnte Herzberger in ihrer Untersuchung bei einer Sachbearbeiterin feststellen, die Satzstrukturen durch das Weglassen von Artikeln und Possesivpronomen simplifiziert (Herzberger 2013: 188 ff.). K bestätigt die Erklärung von AS mit „okay;" in Zeile 107. Nach einer weiteren Gesprächspause stellt der K in Zeile 109 eine weitere Bestätigungsfrage, was sich anhand des Frageanhängsels „oder" mit steigender Intonation zeigt. Auch in diesem Turn zeigen sich bei K offensichtliche Formulierungsschwierigkeiten in Form von Verzögerungsphänomenen wie der Wiederholung des Artikels „die", zwei Pausen und der mit „äh" gefüllten Pause.

Der AS widerspricht der aufenthaltsrechtlich „falschen" Aussage des K nicht[10], sondern nutzt einen Vergleich zum aufenthaltsrechtlichen Status von Studierenden, indem er in Zeile 111 das erste Wort seines Turns „AUCH" betont und die Konstruktion „wie als student" verwendet. In seiner Wortwahl bezieht er sich dann auf den (zum Zeitpunkt des Gespräches gültigen) Gesetzestext des § 16 (3) AufenthG wonach „die Aufenthaltserlaubnis zur Ausübung einer Beschäftigung […], die insgesamt 90 Tage oder 180 halbe Tage im Jahr nicht überschreiten darf, berechtigt." Die Sequenz wird erneut durch K mit der Bestätigung „okay" in Zeile 112 abgeschlossen.

Die Analyse des Transkriptausschnittes zeigt einerseits, dass der Kunde „kleinere" Schwierigkeiten mit fachsprachlichen Ausdrücken hat. Anstelle des fachsprachlich korrekten Verbs „beantragen" spricht er zweimal von „anmelden" (Zeilen 24 und 26). Den fachsprachlichen Begriff „Arbeitserlaubnis" (Zeile 109) nutzt er gegen Ende des Transkriptauszuges inhaltlich korrekt. Außerdem weisen die Formulierungsaktivitäten des K einige Wortsuchprozesse und Unsicherheiten bei der Wortwahl auf. Nichtsdestoweniger zeigen die Fragen des Kunden Kenntnisse über seine aufenthaltsrechtlichen Möglichkeiten nach dem Abschluss seines Bachelorstudiums. Er beantwortet sich seine erste Frage (Zeilen 24-26) aufgrund der ausbleibenden Reaktion des Sachbearbeiters zunächst selbst und auch die darauffolgenden Fragen sind syntaktisch als Deklarativfragesätze formuliert. Das heißt, er fordert demnach lediglich eine Bestätigung seines Wissens durch den Sachbearbeiter ein.

Talk wird als Sprachregister definiert, das sich u. a. vereinfachter Lexik, Syntax und Tilgungen bedient (Hinnenkamp 1982).Satz ist unvollständig

[10] Gemäß § 16 (4) S. 2 AufenthG gilt § 16 (3) AufenthG entsprechend. Das heißt, dass auch während der Arbeitssuche eine Beschäftigung möglich ist.

Der Sachbearbeiter andererseits bleibt sprachlich sehr stark fachsprachlich orientiert, indem er fast wortgetreue Übernahmen des Gesetzestextes mündlich formuliert. Einzige Ausnahme hiervon bildet das umgangssprachliche Wort „Jobsuche" in Zeile 95. Im Gesetzestext des § 16 (4) AufenthG ist in diesem Fall von „Suche eines angemessenen Arbeitsplatzes" die Rede. Durch die bestätigenden Rückmeldesignale z. B. in Zeilen 33/34 und 107 signalisiert der K dem Sachbearbeiter, dass er den fachsprachlichen Ausführungen folgen kann. Interessanterweise bleibt beim Sachbearbeiter ein Gegensatz zwischen den Simplifzierungen durch das Weglassen der Artikel in Zeilen 98 und 103 und der angesprochenen fachsprachlichen Ausdrucksweise bestehen.

In diesem Transkriptausschnitt wird deutlich, welchen Einfluss der ausländische Kunde durch seine Fragen auf den Verlauf des Gespräches nehmen kann. Er erhält durch seine aktive Fragerolle ausführliche Auskünfte und Informationen zu seinen aufenthaltsrechtlichen Optionen. Allerdings zeigt sich auch, dass er hierfür ein fachliches Vorwissen und insbesondere auch bereits ein hohes Sprachniveau benötigt, um den Ausführungen des Sachbearbeiters, der sehr stark fachsprachlich geprägt spricht, folgen zu können. Der Sachbearbeiter geht zwar in diesem Beispiel richtigerweise davon aus, dass ihn der ausländische Kunde sprachlich und inhaltlich versteht, dennoch geht die angewandte fachsprachliche Präzision zu Lasten der inhaltlichen Verständlichkeit für den ausländischen Klienten.

Der dritte Transkriptauszug stammt aus Gespräch 22 im Bereich Aufenthaltserlaubnis/Asyl. Gespräch 22 findet zwischen dem irakischen Ehepaar KF (Ehefrau) und KM (Ehemann) und Sachbearbeiter SC statt. In diesem Gespräch sind sowohl KF als auch KM Kunden. Sie haben ein Anliegen, das die Aufenthaltstitel bzw. die Reiseausweise für Ausländer[11] der gesamten Familie betrifft. Der Transkriptauszug stellt den Einstieg in das Gespräch zur Anliegensbearbeitung dar:

```
{00:04} 0001 SC wie kann ich helfen;
{00:05} 0002     (0.62)
{00:06} 0003 KF ja (.) wir haben unsere äh familiennamen mit Ypsilon-
{00:10} 0004     (0.24)
```

---

[11] Vgl. § 5 ff. AufenthV. Ein Reiseausweis für Ausländer ist ein Pass für ausländische Staatsangehörige, die ein Aufenthaltsrecht in der Bundesrepublik Deutschland haben und die nachweislich keinen Pass bzw. Passersatz besitzen und auch keinen Pass ihres Heimatstaates auf zumutbare Weise erlangen können.

```
{00:10} 0005 SC hm↑mh
{00:10} 0006      (0.98)
{00:11} 0007 KF <<auf den Pass des Mannes deutend> das mein MAnn>
{00:12} 0008      (0.28)
{00:12} 0009 SC hm_↑mh
{00:13} 0010      (0.24)
{00:13} 0011 KF hat geschrieben unsere familienname aziz (.) wo ist die
             andere, (.) JA genau DAs ist äh falsch geschrieben;
{00:19} 0012 SC aha,
{00:19} 0013 KF weil wir haben wir geburtsurkunde alle (.) ANdere
             geschrieben;
{00:23} 0014 KM (vor Die)
{00:24} 0015 KF [RISCHtiG]
{00:24} 0016 SC [hm_↑mh]
{00:24} 0017 KF ja eben
{00:24} 0018      (0.56)
{00:25} 0019 KF und wir brauchen das ä:h (-) RISCHtich schreiben;
{00:28} 0020 SC okay;
{00:28} 0021 KF ja (.) für alle meine familie-
{00:30} 0022 SC ja- (.) es ist S:O (.) wir bräuchten- (.) zur namensände-
             rung oder geburtstagsänderung (.) des ist egal, °h
{00:35} 0023 KF mh?
{00:35} 0024      (0.2)
{00:36} 0025 SC ä:hm einen irakischen personalausweis, (.) <<auf das Doku-
             ment deutend> also so einen,>
{00:38} 0026 KF [jA ]
{00:38} 0027 KM [ja ]
{00:39} 0028 SC oder eine staatsangehörigkeitsurkunde
```

SC beginnt das Gespräch in Zeile 1 mit einer offenen Frage und fordert das Kundenehepaar damit zur Formulierung des Anliegens auf. Nach einer Pause zur
Redeübergabe (Zeile 2) ergreift KF das Wort. Sie stellt daraufhin „bruchstückhaft"
und mithilfe des Reisepasses ihres Mannes (Zeile 7) das Anliegen ihrer Familie dar.
In den Zeilen 11 bis 13 und Zeile 19 wird dies besonders deutlich anhand der Nennung des Familiennamens „aziz" und der Herausstellung, dass „das" falsch
geschrieben sei sowie der nachfolgenden Begründung in Zeile 13, „weil wir haben
wir geburtsurkunde alle (.) ANdere geschrieben;". In Zeile 19 folgt KFs Aufforde-
rung an den Sachbearbeiter mit „wir brauchen das ä:h (-) RISCHtich schreiben;" und
dem Nachschub des betroffenen Personenkreises in Zeile 21 „für alle meine familie-
". Ab Zeile 22 beginnt der Sachbearbeiter daraufhin einen Erklärungsprozess zur
Namens- bzw. Geburtstagsänderung.

Der dritte Transkriptausschnitt verdeutlicht ebenfalls die fremdsprachlich bedingten Formulierungsschwierigkeiten seitens der ausländischen Klientin: Unter anderem bleiben begonnene Sätze syntaktisch unvollständig (u. a. Zeile 3 und Zeile 7) und zu Beginn des Gespräches macht KF außerdem mehrere längere Pausen. Verzögerungssignale, wie gefüllte Pausen und redezuginterne Pausen, die insbesondere in den Zeilen 11, 13 und 19 auftreten, deuten auf Wortsuchprozesse bei KF hin. Neben ihren eingeschränkten Artikulationsmöglichkeiten, verwendet auch KF fachsprachlich einschlägige Begriffe wie Familienname (Zeilen 3 und 11) und Geburtsurkunde (Zeile 13), die für die Darstellung ihres Anliegens elementar sind. Es gelingt KF offensichtlich den Antrag ihrer Familie für den Sachbearbeiter verständlich darzustellen.

Sachbearbeiter SC nutzt nach der gesprächseinleitenden Frage viele Rückmeldesignale, das heißt er signalisiert Aufmerksamkeit, nimmt die oben angesprochenen Pausen der KF aber nicht als Redeübergaben wahr. Diese beiden kommunikativen Praktiken lassen den Rückschluss zu, dass SC der Kundin Zeit einräumen möchte, ihr Anliegen zu formulieren. Erst ab Zeile 20, nach dem „okay", entfallen die Pausen und SC beginnt mit der Darstellung der behördlichen Voraussetzungen, ohne sich allerdings zu versichern, ob er KFs Anliegen tatsächlich korrekt erfasst hat. SC erklärt, welche Unterlagen für eine Namensänderung benötigt werden, spezifiziert diese Informationen immerhin für das Kundenehepaar, indem er mit einer Zeigegeste auf den vorliegenden irakischen Personalausweis Bezug nimmt.

Auch in diesem Gesprächsabschnitt lässt sich insgesamt ein enger Bezug zur verwaltungsrechtlichen Fachsprache seitens des Sachbearbeiters erkennen, die er bei der Erklärung des weiteren (möglichen) verwaltungsrechtlichen Prozederes verwendet. Die sprachliche Präzision entspricht seiner Rolle als „Experte" für den an ihn herangetragenen Sachverhalt.

5 Fazit

Die ausländischen KundInnen der exemplarischen Gesprächsausschnitte verfügen über unterschiedlich gute deutsche Sprachkenntnisse. Dennoch zeichnen sich ihre Strategien zum Umgang mit den Kommunikationssituationen durch einige Gemeinsamkeiten aus:

Ein verbindendes Merkmal für das Sprechen der ausländischen KlientInnen sind die häufigen Wortsuchprozesse.[12] Alle drei KlientInnen und Begleitpersonen verwenden diese Wortsuchprozesse, um insbesondere lexikalische Lücken zu schließen. Trotz der in Teilen erheblichen Formulierungsschwierigkeiten und des fehlenden Wortschatzes nutzen die KlientInnen auch viele einschlägige (aufenthalts)rechtliche Fachausdrücke. Auffällig ist hierbei, dass vor oder nach den zentralen Fachbegriffen wiederum Wortsuchprozesse auftreten.

Die Fachbegriffe helfen den SachbearbeiterInnen offensichtlich die Anliegen der ausländischen KlientInnen zu verstehen, dies zeigt sich daran, dass sie die genutzten Fachbegriffe im weiteren Gesprächsverlauf aufgreifen. Und auch wenn die KlientInnen nur wenige fachsprachliche Begriffe aktiv nutzen, wird an ihrem Rückmeldeverhalten deutlich, dass sie die Ausdrücke kennen und verstehen.

Das heißt, trotz bestehender fremdsprachlich bedingter Artikulationsschwierigkeiten und Vagheiten[13], zeigen die Gesprächsausschnitte ein ausgeprägtes aktives und passives (aufenthalts-)rechtlich fachsprachliches Repertoire der ausländischen KlientInnen der Ausländerbehörde. Die grundsätzliche Kategorisierung der ausländischen KlientInnen als „Laien" lässt sich demzufolge nicht uneingeschränkt verwenden.[14]

Durch die offenen Gesprächseinstiege in die Anliegensbearbeitung seitens der BehördenmitarbeiterInnen sind die ausländischen KlientInnen aufgefordert, ihre Anliegen selbst darzulegen. Zwei Phänomene fielen hierbei in der Analyse auf. Einerseits zeigt sich, dass die Sachbearbeiter längere Pausen der KlientInnen zwischen einzelnen Wörtern und Sätzen nicht zur Redeübernahme nutzen, und den KlientInnen damit mehr Zeit bei der Formulierung ihrer Anliegen einräumen.[15] Andererseits greifen die SachbearbeiterInnen gezielt auf geschlossene und anliegensrelevante Fragen zurück, wenn die ausländischen KlientInnen bei der Darstellung ihrer Anliegen ins Stocken geraten oder ihr Anliegen nicht präzise genug darstellen können. Mithilfe dieser Strategien können die SachbearbeiterInnen die Gespräche „effizient" führen.

---

[12] Wortsuchprozesse sind ein Bearbeitungsverfahren zur Lösung phonetischer, morphologischer, lexikalischer oder semantischer Probleme (Iványi 1998: 78).
[13] Vgl. hierzu auch Liedke (Liedke 1997: 171).
[14] Wie die KlientInnen dieses Wissen erworben haben, kann im Rahmen meiner empirischen Arbeit allerdings nicht beantwortet werden und bedarf einer anderen wissenschaftlichen Fragestellung.
[15] Verstehensprobleme aufgrund der Reaktionsdauer, wie sie in Rosenbergs Korpus auftauchen (Rosenberg 2014: 112), können hierdurch vermieden werden.

Darüber hinaus nutzen alle drei Sachbearbeiter die einschlägigen (ausländer-) rechtlichen, fachsprachlichen Begriffe. Erklärungsansätze der Sachbearbeiter zu den Anliegen und Fragen der ausländischen KlientInnen verbleiben, wie die Ausschnitte zeigen, auf fachsprachliches Vokabular bezogen.

Verstehenssicherungsprozesse seitens der Sachbearbeiter, wie sie beispielsweise Liedke beschreibt (Liedke 1997: 169), fehlen bei den drei exemplarischen Gesprächsausschnitten völlig.

Die Sachbearbeiter nutzen damit zwei konträre Strategien, um mit der Kommunikationssituation umzugehen: Sie nehmen einerseits auf die sprachlichen Formulierungsschwierigkeiten ihrer ausländischen KlientInnen Rücksicht, andererseits berücksichtigen sie im Rahmen ihres sprachlichen Handelns nicht, dass die ausländischen KlientInnen die genutzten Fachbegriffe aufgrund fehlender Sprachkenntnisse möglicherweise nicht verstehen können.

Im Grunde entspricht die Verwendung der Fachsprache seitens der Behördenmitarbeiter dem Hauptgebot der eingangs erwähnten präzisen und effizienten Verwaltungssprache. Darunter leidet wie beschrieben allerdings die Verständlichkeit, denn die SachbearbeiterInnen können nicht grundsätzlich davon ausgehen, dass ihre nicht-muttersprachlichen KlientInnen diese fachsprachlichen Formulierungen kennen. Persönlich ist die Sprache in den vorgestellten Ausschnitten auch nur in Teilen. Durch den kontinuierlichen fachsprachlichen Bezug wirkt sie eher abstrahierend. Die Kommunikationssituationen verliefen letztlich alle zielführend, wünschenswert wäre aber dennoch ein mündlicher Sprachgebrauch „näher an den ausländischen Kunden und deren Anliegen" – das heißt eine einfachere und verständlichere Sprache ohne an Präzision und Höflichkeit einzubüßen. Diese „verständlichere Sprache" könnte dadurch gekennzeichnet sein, dass zwar einerseits Fachbegriffe verwendet werden, diese aber nicht unerläutert und ohne Verstehenssicherungsprozesse von den Sachbearbeitern genutzt werden, sondern dass die Fachsprache in den Zusammenhang eingebettet wird.

Literatur

Bayerische Staatsregierung (08.12.2006): Gesetz über das Meldewesen (Meldegesetz). MeldeG, vom 22.05.2013. Online verfügbar unter http://www.gesetze-bayern.de/jportal/?quelle=jlink&docid=jlr-MeldeGBY2006rahmen&psml=bsbayprod.psml&max=true&aiz=true, zuletzt geprüft am 27.01.2014.

Bergmann, Jörg (2001): Das Konzept der Konversationsanalyse. In: Brinker, Klaus / Antos, Gerd / Heinemann, Wolfgang / Sager, Sven F. (Hg.): Text- und Gesprächslinguistik. Ein internationales Handbuch zeitgenössischer Forschung. Berlin, New York: de Gruyter (Handbücher zur Sprach- und Kommunikationswissenschaft, 16.2), 919–927.

Berth, Hendrik / Esser, Ulrich (1997): "Miteinander reden": Kommunikationsprobleme von Ausländern und deutschen Behörden. Hg. v. Technische Universität Dresden. Institut für Pädagogische Psychologie und Entwicklungspsychologie, Fakultät für Naturwissenschaften und Mathematik. Dresden (Forschungsbericht, 21).

Brinker, Klaus / Sager, Sven F. (2010): Linguistische Gesprächsanalyse. Eine Einführung. 5., neu bearbeitete Auflage. Berlin: Erich Schmidt (Grundlagen der Germanistik, 30).

Bundesministerium des Innern: Allgemeine Verwaltungsvorschrift zum Aufenthaltsgesetz. AVwV AufenthG, vom 26.10.2009. Online verfügbar unter http://www.verwaltungsvorschriften-im-internet.de/pdf/BMI-MI3-20091026-SF-A001.pdf, zuletzt geprüft am 31.08.2013.

Bundestag; Bundesrat (25.05.1976): Verwaltungsverfahrensgesetz. VwVfG, vom 14.08.2009. Online verfügbar unter http://www.gesetze-im-internet.de/vwvfg/index.html, zuletzt geprüft am 01.09.2013.

Bundestag; Bundesrat (30.07.2004): Gesetz über den Aufenthalt, die Erwerbstätigkeit und die Integration von Ausländern im Bundesgebiet (Aufenthaltsgesetz). AufenthG, vom 06.09.2013. Online verfügbar unter http://www.gesetze-im-internet.de/aufenthg_2004/index.html, zuletzt geprüft am 02.09.2013.

Deppermann, Arnulf (2000): Ethnographische Gesprächsanalyse. Zu Nutzen und Notwendigkeit der Ethnographie für die Konversationsanalyse. In: *Gesprächsforschung - Online-Zeitschrift zur verbalen Interaktion (ISSN 1617-1837)* (1), S. 96–124. Online verfügbar unter www.gespraechsforschung-ozs.de, zuletzt geprüft am 21.02.2012.

Fandrych, Christian (2010): Grundlagen der Linguistik im Fach Deutsch als Fremd- und Zweitsprache. In: Krumm, Hans-Jürgen / Fandrych, Christian / Hufeisen, Britta / Riemer, Claudia (Hg.): Deutsch als Fremd- und Zweitsprache. Ein internationales Handbuch. Berlin, New York: de Gruyter (Handbücher zur Sprach- und Kommunikationswissenschaft, 35.1), 173–188.

Fluck, Hans-Rüdiger (1996): Fachsprachen. Einführung und Bibliographie. 5. überarbeitete und erweiterte Auflage. Tübingen: Francke (UTB, 483).

Fuchs-Khakhar, Christine (1987): Die Verwaltungssprache zwischen dem Anspruch auf Fachsprachlichkeit und Verständlichkeit. Ein Vergleich der Darstellungen dieses Konfliktes in der deutschen Verwaltungssprache und der Vorschläge zu seiner Bewältigung seit 1958, ergänzt durch einen Blick auf die neueren Ansätze zur Verbesserung der Verwaltungssprache in Grossbritannien. Tübingen: Stauffenburg.

Herzberger, Gesine (2013): Das sprachliche und kommunikative Verhalten von Behördenmitarbeitern. Agenten-Klienten-Gespräche in einer Ausländerbehörde (Würzburger elektronische sprachwissenschaftliche Arbeiten, 13).

Hinnenkamp, Volker (1982): Foreigner Talk und Tarzanisch. eine vergleichende Studie über die Sprechweise gegenüber Ausländern am Beispiel des Deutschen und des Türkischen. Hamburg: Buske.

Hufeisen, Britta / Riemer, Claudia (2010): Spracherwerb und Sprachenlernen. In: Krumm, Hans-Jürgen / Fandrych, Christian / Hufeisen, Britta / Riemer, Claudia (Hg.): Deutsch als Fremd- und Zweitsprache. Ein internationales Handbuch. Berlin, New York: de Gruyter (Handbücher zur Sprach- und Kommunikationswissenschaft, 35.1), 738–753.

Iványi, Zsuzsanna (1998): Wortsuchprozesse. Eine gesprächsanalytische Untersuchung und ihre wissenschaftsmethodologischen Konsequenzen. Frankfurt am Main, New York: Peter Lang (Metalinguistica, 6).

Kalverkämper, Hartwig (1999): Rahmenbedingungen für die Fachkommunikation. In: Hoffmann, Lothar / Kalverkämper, Hartwig / Wiegand, Herbert Ernst (Hg.): Fachsprachen. Ein internationales Handbuch zur Fachsprachenforschung und Terminologiewissenschaft. Berlin, New York: de Gruyter (Handbücher zur Sprach- und Kommunikationswissenschaft, 14.1), 24–47.

Liedke, Martina (1997): Institution und Interkulturalität. In: Knapp-Potthoff, Annelie / Liedke, Martina (Hg.): Aspekte interkultureller Kommunikationsfähigkeit. München: iudicium (Reihe interkulturelle Kommunikation, 3), 155–179.

Otto, Walter (1995): Bürgernahe Sprache in der Verwaltung. Überarbeitete Auflage. Hg. v. Bayerisches Staatsministerium des Innern. München.

Referat für Presse- und Öffentlichkeitsarbeit des Bayerischen Staatsministerium des Innern (2008): Freundlich, korrekt und klar – Bürgernahe Sprache in der Verwaltung. Neuauflage. Hg. v. Bayerisches Staatsministerium des Innern. München.

Rosenberg, Katharina (2014): Interkulturelle Behördenkommunikation. Eine gesprächsanalytische Untersuchung zu Verständigungsproblemen zwischen Migranten und Behördenmitarbeitern in Berlin und Buenos Aires. Berlin, Boston: de Gruyter (Beihefte zur Zeitschrift für romanische Philologie, 380).

Schönpflug, Ute (2010): Erstspracherwerb. In: Krumm, Hans-Jürgen / Fandrych, Christian / Hufeisen, Britta / Riemer, Claudia (Hg.): Deutsch als Fremd- und Zweitsprache. Ein internationales Handbuch. Berlin, New York: de Gruyter (Handbücher zur Sprach- und Kommunikationswissenschaft, 35.1), 781–792.

Selting, Margret et al. (2009): Gesprächsanalytisches Transkriptionssystem 2 (GAT 2). In: *Gesprächsforschung - Online-Zeitschrift zur verbalen Interaktion (ISSN 1617-1837)* 10 (10), 353–402.

Riehle, Eckart (Hg.) (2001): Interkulturelle Kompetenz in der Verwaltung? Kommunikationsprobleme zwischen Migranten und Behörden. Wiesbaden: Westdeutscher.

Michael Brenker, Sarah Möckel, Stefan Strohschneider

Kommunikation in der internationalen Handelsschifffahrt: Heterogenität und Standardisierung

1 Einleitung

Die internationale Handelsschifffahrt ist ein Arbeitsfeld, ohne das die Globalisierung in ihrer heutigen Form nicht denkbar ist: 90% des Welthandels werden per Schiff abgewickelt; die Handelsschifffahrt verbindet Häfen auf der ganzen Welt (Allianz 2012). Mit mehr als 8,4 Milliarden Tonnen Fracht jährlich sind die in der Handelsschifffahrt tätigen Unternehmen Spitzenreiter und Wegbereiter der Globalisierung (Progoulaki/Roe 2011). Was sich in den makroökonomischen Welthandelsprozessen zeigt, spiegelt sich auch auf den Schiffen selbst wieder. Kaum ein Frachter fährt heute über die Ozeane, dessen Besatzung nicht aus Personen verschiedener Nationalitäten besteht. So findet die Dynamik der Globalisierung und die mit ihr einhergehende zunehmende Öffnung neuer Märkte ihre Entsprechung an Bord der Schiffe: Kam eine repräsentative Umfrage im Jahr 2002 noch zu dem Ergebnis, dass etwa 66% aller Handelsschiffe von einer multinationalen Mannschaft, also Mannschaften deren Mitglieder aus zwei oder mehr Nationen stammen, von Hafen zu Hafen gesteuert wurden (Kahveci/Lane/Sampson 2002), kommt eine aktuellere Untersuchung zu dem Schluss, dass dies bereits für 80% aller Schiffe gilt, mit einer klaren Tendenz hin zur weiter zunehmenden Internationalisierung (BIMCO/ISF 2010). Eine eher typische Episode innerhalb der internationalen Handelsschifffahrt kann also folgendermaßen aussehen:

Ein in China gebautes Schiff unter maltesischer Flagge transportiert im Auftrag einer niederländischen Reederei für eine russische Chartergesellschaft in Korea gefertigte Fernsehgeräte nach Nigeria. Während der griechische Kapitän auf der Brücke per Funk mit der Hafenbehörde verhandelt, ob für die Fracht des Schiffs noch Zölle fällig sind, gibt ein nigerianischer Lotse dem ukrainischen Steuermann Anweisungen, wie er das Schiff sicher in den Hafen von Lagos steuern kann.

Im Folgenden soll die Kommunikation (verstanden primär als verbale und nonverbale direkte Interaktion) in diesem Arbeitsfeld betrachtet und einer kritischen Prüfung unterzogen werden. Die Handelsschifffahrt nämlich eröffnet mit ihrem hohen Grad der Internationalisierung und den besonderen Gegebenheiten des Zusammenarbeitens und -lebens zahlreicher Personen auf beengtem Raum ungewöhnliche Perspektiven auf das Thema „Umgang mit Heterogenität".

2 Einblicke in die Arbeitswelt der Handelsschifffahrt

Während die Handelsschifffahrt die Globalisierung vorantreibt und damit neue Formen der Kooperation und Zusammenarbeit ermöglicht, verlässt man sich in der Zusammenarbeit an Bord eher auf traditionelle Arbeitsaufteilungen und Rollen, die zu großen Teilen schon seit Jahrhunderten so oder in ähnlicher Form existieren (Mack 2013). Die Besatzungsstruktur eines Handelsschiffes stellt sich typischerweise wie in Abbildung 1 dar.

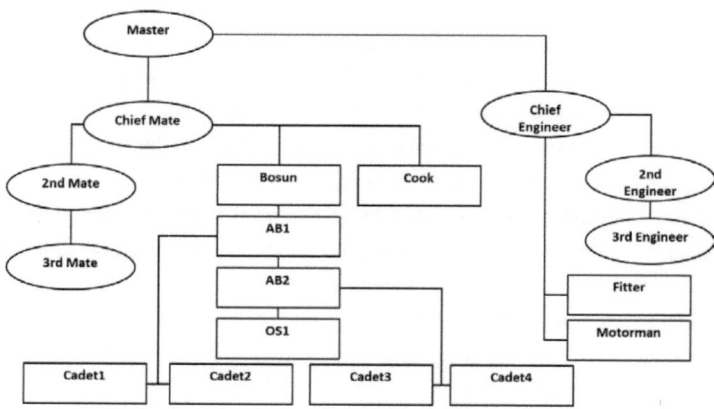

Abbildung 1: Organigramm der Besatzung eines Handelsschiffes
(eigene Darstellung)

An der Spitze der Besatzung steht der Kapitän, an Bord Master genannt. Er hat weitreichende Entscheidungsbefugnisse über alle Bereiche und Personen an Bord: So bestimmt er den Schichtplan, kann soziale Aktivitäten anberaumen und ist im Besitz des Schlüssels zum internen Kiosk, in dem die Mannschaftsmitglieder Schokolade, Getränke oder andere Gegenstände des persönlichen Bedarfs kaufen können. Darüber hinaus kann der Kapitän auch jederzeit das Dienstverhältnis eines Mannschaftsmitglieds einseitig beenden; Befugnisse, die den Vergleich mit einem absoluten Souverän innerhalb eines sehr begrenzten Herrschaftsgebiets nahelegen (Sampson/Thomas 2003a). In der Hierarchie folgen danach der Chief Mate (Erster Offizier) und der Chief Engineer (Erster Ingenieur). Während der Chief Mate gemeinsam mit dem Master, sowie dem Zweiten und Dritten Offizier zumeist auf der Brücke anzutreffen und für die Navigation sowie Abstimmungen mit Hafenbehörden verantwortlich ist, befindet sich das Reich des Chief Engineers im Schiffsinneren: Er ist für den Maschinenraum verantwortlich und ihm untersteht eine Reihe von Personen, die dafür sorgen, dass Wasseraufbereitung, Klimaanlage, eine schier endlose Menge von Pumpen aller Art und nicht zuletzt der Antrieb des Schiffes reibungslos funktionieren.

Bei den bisher genannten Personen handelt es sich um Offiziere, deren Leben an Bord sich größtenteils abseits vom Rest der Mannschaft abspielt: Ihre Unterkünfte befinden sich meist auf anderen Decks als die der einfachen Mannschaftsmitglieder. Sie verfügen über einen eigenen Speise- und Aufenthaltsraum, so dass Kontakte über Hierarchieeben hinaus sehr einfach vermieden werden können. Die Unterscheidung zwischen Offizieren und Mannschaftsmitgliedern durchzieht somit sowohl Arbeits- als auch Freizeit und reicht sogar über die eigentliche Vertragslaufzeit hinaus. Höher gestellte Offiziere sind zumeist für die Erstellung der Beurteilungen der Mannschaftsmitglieder verantwortlich, anhand derer schließlich landseitig entschieden wird, ob die betreffende Person einen neuen Vertrag erhält.

Die Riege der Mannschaftsmitglieder beginnt mit dem Bosun (Bootsmann), der zwar keinen Offiziersrang innehat, jedoch innerhalb der Mannschaft eine herausgehobene Stellung besetzt: Er ist verantwortlich für alle Arbeiten, die außerhalb der direkten Zuständigkeiten von Brücke und Maschinenraum liegen. Hierzu zählt etwa die Sicherung der Ladung oder die Instandhaltung des Schiffskörpers. Dem Bosun nachgeordnet stehen die Ablebodied Seamen (AB, Vollmatrosen), die Ordinary Seamen (OS, Matrosen) und schließlich die Cadets (Auszubildende). Darüber hinaus gibt es an Bord einen Koch, der für die Mahlzeiten der gesamten Besatzung – unabhängig von Rang und Herkunft – zuständig ist.

Weitere Grenzlinien innerhalb des sozialen Systems „Schiff" ergeben sich durch die verschiedenen Arbeitsbereiche, die häufig von den Besatzungen selbst als wichtige Kategorisierungskriterien begriffen werden: Die Brückencrew betrachtet „die Maschine" eher skeptisch, da von dort häufig technische Probleme zurückgemeldet werden. Dies kann dazu führen, dass Termine nicht eingehalten werden können, wodurch der Kapitän wiederum auf mögliche Erfolgsprämien für pünktliche Lieferung verzichten muss. Umgekehrt sind Ingenieure und der Rest des Maschinenraumpersonals zumeist nicht gut auf „die Brücke" zu sprechen, da diese nur spärlich Informationen bereitstellt, aber ständig neue Vorgaben macht und häufig mehr von der Maschine verlangt, als diese zu leisten vermag. Diese Differenzen und Meinungsverschiedenheiten sind keineswegs neu, sondern sachlich begründet und lassen sich teilweise schon auf den Beginn der Dampfschifffahrt zurückführen (Perrow 1992). Auch in der täglich verwendeten Sprache zeigt sich die Trennung entlang der Abteilungsgrenzen: Mitglieder des eigenen Bereichs werden in Gesprächen mit Namen benannt, Mitglieder anderer Bereiche werden nur mit ihrer Rolle bezeichnet (Sampson/Thomas 2003a). Die internationale Handelsschifffahrt steht vor dem Problem, dieses traditionelle und aus Sicht vieler Praktiker höchst funktionale System an Rollen und Zuständigkeiten mit den neuen Herausforderungen multinationaler Besatzungen abzustimmen.

3 Kommunikation an Bord

Eine der größten Herausforderungen ist dabei die Kommunikation über Hierarchien, Arbeitsbereiche und Sprachen hinweg. Besonders im Hinblick auf eine gemeinsame Bord- oder sogar Seefahrtssprache hat man sich sehr intensiv um Lösungen bemüht. Allerdings ist die internationale Handelsschifffahrt ein sehr stark regulierter Arbeitsbereich, der jedoch gleichzeitig durch die Vielzahl an beteiligten Organisationen, Behörden und Nationen sehr undurchsichtig wirkt: Grundsätzliche Regelungen und Vorschriften werden von der International Maritime Organization (IMO), einer rahmengesetzgebenden Körperschaft der Vereinten Nationen, für die dort vertretenen 170 Nationen getroffen. Deren Einhaltung und Umsetzung werden jedoch von nationalen Behörden geprüft, die über einen gewissen Interpretationsspielraum verfügen. Betreffen diese Regelungen Ausbildungserfordernisse sind häufig neben staatlichen Ausbildungsstätten auch private Dienstleister involviert, die nach einmaliger Zertifizierung durch eine staatliche Behörde Aus- und Weiterbildungen mit Zertifikatsabschlüssen anbieten können. Diese Zertifikate wiederum sind für das seefahrende Personal häufig eine Notwendigkeit, um an Bord eines Schiffs angeheuert zu werden.

Ein solches Prozedere gilt auch für Sprachvoraussetzungen, die alle Mannschaftsmitglieder erfüllen müssen: Die IMO schreibt vor, dass auf allen Schiffen mit multinationaler Besatzung eine Arbeitssprache festgelegt sein muss, die von allen Personen an Bord beherrscht wird (IMO 2001). Aus historischen (Blackmore 2009) und pragmatischen Gründen ist das zumeist die englische Sprache, deren zumindest rudimentäre Kenntnis Seeleute mit Zertifikaten belegen müssen. Selbst die niedrigen Voraussetzungen zum Erwerb dieser Zertifikate werden von Angehörigen vieler Nationen nicht erfüllt (Sampson/Zhao 2003). Dies hat wiederum zu einem teils schwunghaften Handel mit gefälschten und gekauften Sprachzertifikaten geführt (Gerstenberger/Welke 2004, Sampson 2004). Für Offiziere gilt eine strengere Regulierung, der zufolge die englische Sprache zum festen Bestandteil der Ausbildung zählt , sodass Offiziere in die Lage versetzt werden sollen, sich in dieser Sprache flüssig und umfassend zu verständigen. Regulatorisch festgehalten ist dies seit 2011 in der erweiterten Fassung der International Convention on Standards of Training, Certification and Watchkeeping for Seafarers (STCW) der IMO (2011).

3.1 Kommunikation im Alltag

Die Existenz verschiedener Muttersprachen an Bord, gekoppelt mit den manchmal nur sehr rudimentären Englischkenntnissen wirkt sich auf ganz verschiedenen Ebenen aus. Zunächst einmal besteht ein deutlicher Zusammenhang zwischen der allgemeinen Zufriedenheit über die Situation an Bord eines Schiffs und dem Auftreten von Sprachproblemen. Im Allgemeinen gilt: Je häufiger Sprachprobleme auftreten, desto geringer ist die Zufriedenheit der Personen an Bord (MARCOM 1999). Dies könnte eine der Ursachen für das von einigen Autoren beschriebene Phänomen des kompletten sozialen Rückzugs einzelner Personen an Bord darstellen (Kahveci/Lane/

Sampson 2002, Sampson/Thomas 2003b). Diese Schwierigkeiten können auch als eine mögliche Erklärung für die in der Seefahrt – verglichen mit anderen Branchen – ungewöhnlich hohe Zahl von psychischen Störungen (Roberts 1998) und Fällen von Substanzmissbrauch (Sampson/Thomas 2003b) herangezogen werden: Sich untereinander austauschen zu können, bedeutet auch Zugehörigkeit zu empfinden, was als ein grundlegendes menschliches Bedürfnis gilt (Dörner 1998, Ryan/Deci 2000). Fehlende Zugehörigkeit, etwa infolge von sozialem Ausschluss, führt zu starken psychischen Belastungen bis hin zu Depression und Suizidgedanken (Williams 2007).

Ausgehend von solchen Befunden wurde von den Autoren im Rahmen des MarNet-Projekts[1] die Kommunikationshäufigkeiten an Bord empirisch untersucht. Bislang ist nämlich tatsächlich über Einzelfallstudien hinaus wenig über die tatsächliche Häufigkeit von Kommunikation an Bord und inwiefern diese von Merkmalen wie einer geteilten Muttersprache abhängig ist bekannt. Um dieser Fragestellung nachzugehen wurden in einem Seamen's Club eines stark frequentierten deutschen Containerhafens Seeleute mittels eines Fragebogens befragt. Seamen's Clubs befinden sich üblicherweise auf dem Hafengelände und stehen allen sich im Hafenbereich befindlichen Personen offen zum Besuch. In ihnen stehen den Seeleuten eine Bar und Internetzugang zur Verfügung und sie haben die Möglichkeit zum sozialen Austausch. Die Befragten sollten auf einem Fragebogen angeben, wie häufig sie mit anderen Personen an Bord während ihrer Arbeitszeit und in ihrer Freizeit kommunizieren. Die Gesprächshäufigkeit zu jedem anderen Besatzungsmitglied wurde dabei mittels einer fünfstufigen Skala erfasst. (Wie oft reden Sie üblicherweise mit XY [hier werden die Rollen an Bord abgefragt, also Kapitän, Koch, Matrose etc.]? Nie, einmal wöchentlich, mehrmals wöchentlich, einmal täglich, mehrmals täglich). Darüber hinaus wurde erfragt, ob die jeweiligen Zielpersonen die gleiche Muttersprache sprechen wie der Ausfüllende.

Aus einer ersten Erhebung mit diesem Fragebogen liegen die Einschätzungen von 70 in der internationalen Handelsschifffahrt beschäftigten Seeleuten hinsichtlich ihrer Kontakthäufigkeit vor, die in Abbildung 2 exemplarisch für die Häufigkeit der

---

[1]   Die im folgenden aufgeführten Untersuchungen wurden im Rahmen des durch das BMWi geförderte Projekt MarNet (03SX322D) realisiert. Die Autoren danken den beteiligten Personen und Organisationen für die umfassende Unterstützung des Forschungsvorhabens.

Kontakte zum Kapitän während der Arbeitszeit und in **Abbildung 3** für die Häufigkeit der Kontakte zum Kapitän während der Freizeit aufgeführt werden.

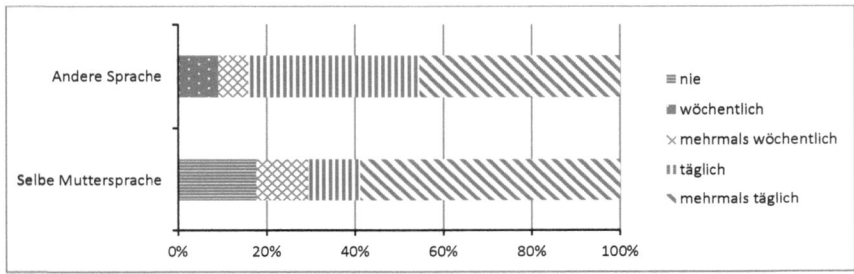

Abbildung 2: Kommunikationshäufigkeit mit dem Kapitän während der Arbeitszeit

In Abbildung 2 wird ersichtlich, dass sich die Zahl der kommunikativen Kontakte der Seeleute mit dem Kapitän ihres Schiffs während der Arbeitszeit leicht unterschiedlich darstellt, je nachdem, ob Kapitän und Befragter dieselbe oder eine andere Muttersprache sprechen. Obwohl während der Arbeitszeit die Auswahl an Gesprächspartnern durch das Schichtsystem an Bord sowie die unterschiedlichen Arbeitsbereiche begrenzt ist, scheint ein Zusammenhang zwischen Muttersprache und Kommunikationshäufigkeit zu bestehen. Unterschiedliche Muttersprachen können so eventuell auch Auswirkungen auf die seemännischen Tätigkeiten haben – soweit für deren Ausübung überhaupt Kommunikation erforderlich ist.

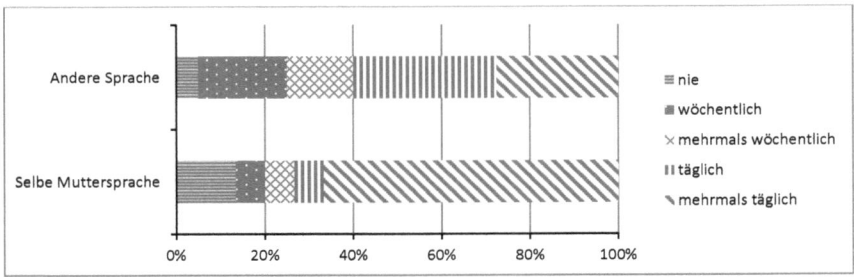

Abbildung 3: Kommunikationshäufigkeit mit dem Kapitän während der Freizeit

Deutlicher wird die Rolle der Muttersprache bei den Kommunikationshäufigkeiten während der Freizeit, die in Abbildung 3 dargestellt sind: In der Freizeit besteht, zumindest theoretisch, eine größere Freiheit hinsichtlich möglicher Gesprächspartner, da an Deck sowie im Maschinenraum feste Arbeitszeiten mit einem einigermaßen geregelten Feierabend gelten. Diese Freiheit zeigt sich auch in den selbstberichteten Kommunikationshäufigkeiten mit dem Kapitän: Sprechen Kapitän und Befragte dieselbe Muttersprache, reden sie in 66% der Fälle „mehrmals täglich" miteinander, bei ungleicher Muttersprache nur in 28% der Fälle. Sprechen die Befragten eine andere Muttersprache als ihr Kapitän, haben sie also deutlich weniger engen Kontakt mit diesem.

Geht man davon aus, dass der informelle Austausch innerhalb von Arbeitsteams, also auch Schiffsbesatzungen, eine Grundlage für die Entstehung belastbarer sozialer Strukturen darstellt, die zur Bewältigung außergewöhnlicher Situationen und Lösung von Problemen beitragen können (Sennett 2012), ist anzunehmen, dass diese Strukturen im Fall des Kapitäns hierfür eher ungeeignet sind. Eine derartige Einschränkung sozialer Kontakte zu Personen, die eine gewisse Ähnlichkeit hinsichtlich Herkunft oder Muttersprache aufweisen, ist keinesfalls nur auf Schiffsbesatzungen beschränkt, in der Soziologie ist dieses Phänomen unter dem Begriff Homophilie weithin bekannt (McPherson/Smith-Lovin/Cook 2001). Die besondere Relevanz dieses Phänomens im Bereich der Seefahrt liegt jedoch in der Beschränktheit möglicher Kontakte: Bei Besatzungsgrößen von zumeist 18 Personen mit sehr unterschiedlicher nationaler Herkunft haben einzelne Besatzungsmitglieder häufig Schwierigkeiten sozialen Anschluss zu finden, wenn keine Person mit derselben Muttersprache anwesend ist (Sampson/Thomas 2003b): Sie vereinsamen und werden so auch zu einem Sicherheitsrisiko für den Schiffsbetrieb (Horck 2005).

Einige weitere Ergebnisse aus dieser noch laufenden Studie mit mehreren Erhebungszeitpunkten deuten – bei aller gebotenen Vorsicht der Interpretation – in eine ähnliche Richtung:

Die Abhängigkeit der Kommunikationshäufigkeit von der Muttersprache gilt nicht nur für den Kapitän, sondern setzt sich ebenso innerhalb der übrigen Besatzung fort. In der Freizeit findet eine enge Kommunikation sehr viel häufiger mit Personen derselben Muttersprache statt. Bei einer Analyse über alle Befragten und Rollen hinweg zeigt sich dies ebenfalls als Trend für die Arbeitszeit: Auch hier findet Kommunikation eher seltener statt, wenn Besatzungsmitglieder verschiedene Muttersprachen haben. Sollte sich dies bestätigen, muss die Frage gestellt werden, ob Sprachunterschiede von vornherein die Weitergabe auch dienstlicher Informationen unwahrscheinlicher werden lassen.

Es herrscht insgesamt offenbar keine sehr hohe Kontaktdichte der von uns befragten Personen auf den Schiffen. Mit einem bedeutenden Anteil der Besatzung scheinen die Befragten überhaupt keinen oder kaum Kontakt zu haben. Insbesondere gilt dies für die oben skizzierten Hierarchieebenen zwischen Offizieren und Mannschaftsmitgliedern, zwischen denen auch in der Freizeit insgesamt sehr wenig Austausch stattfindet.

3.2 Kommunikation in kritischen Situationen

Mangelnde kommunikative Vertrautheit und geringe sprachliche Schnittmengen haben aber nicht nur die eben angedeuteten sozialen Konsequenzen, sondern sind auch sicherheitsrelevant. Zahlreiche Erfahrungsberichte und Forschungsergebnisse zeigen, dass Fehler in der Kommunikation *zwischen* Schiffen, die fast ausschließlich von Offizieren über Funk geführt wird, eine der Hauptursachen für Kollisionen darstellt (MARCOM 1999): Insbesondere wenn Nichtmuttersprachler sich mittels der englischen Sprache verständigen müssen, steigt das Gefahrenpotenzial sowie die Wahrscheinlichkeit für die fehlende oder fehlerhafte Weitergabe von Informationen innerhalb eines Schiffs. Insbesondere in kritischen Situationen, also solchen Situationen, die nicht den alltäglichen Routinen entsprechen, scheinen die Sprachkompetenzen vieler Offiziere nicht ausreichend zu sein (Horck 2004, Sampson/Zhao 2003).

Im Rahmen einer Simulator-Übung konnten wir den Umgang mit einer solchen kritischen Situation beobachten:

Studierende einer englischsprachigen internationalen Universität mit dem Schwerpunkt Seefahrt nahmen im Rahmen eines Seminars zu den Grundlagen des Umgangs mit Notfällen an Bord an einer Simulator-Übung zur Bekämpfung eines Brandes auf einer Fähre teil. Alle teilnehmenden Studierenden verfügten über zumeist langjährige Erfahrung in der Seefahrt. Das Übungssetting umfasst drei miteinander vernetzte Computerstationen (Schiffsbrücke und zwei Brandbekämpfer), zwischen denen via

Headsets kommuniziert wird. Die Studierenden in der Rolle der Brandbekämpfer bewegen an ihrem Computer jeweils den Avatar eines Brandbekämpfers über eine detailgetreu nachgebildete Fähre; Wegstrecken und diverse in der Simulation vorgesehene Handlungen nehmen also in etwa so viel Zeit ein wie in der Realität.

Die kritische Situation, die es für die Studierenden zu bewältigen gilt, besteht im Ausbruch eines Feuers auf dem Auto-Deck der Fähre. Dieses Feuer führt dazu, dass verschiedene Handlungsschritte zwischen den beteiligten Stationen kommuniziert und koordiniert werden müssen, wobei sich die Situation in Abhängigkeit von den Maßnahmen der Übenden weiter entwickelt. Die verbale Kommunikation der Teilnehmer wurde während der 30-minütigen Simulation aufgezeichnet. Da während der Simulation mehrere Personen an den einzelnen Stationen saßen, die zudem von Ausbildern der Universität bei der Bewältigung der Aufgabe unterstützt wurden, lassen die Ergebnisse und Aufzeichnungen der Simulation nur bedingt Rückschlüsse auf das konkrete Verhalten einer Besatzung im Brandfall zu. Einige Faktoren, die bei der Bekämpfung eines Brandes von Bedeutung sein können, lassen sich dennoch anhand der Übung gut illustrieren:

Während eines Stör- oder Notfalles wird an Bord eines Schiffes eine Vielzahl von akustischen und optischen Alarmen ausgelöst. Obwohl die Kommunikation via Headset deutlich weniger störanfällig und von Nebengeräuschen belastet ist als der üblicherweise an Bord verwendete Funk, sind weite Teile der Kommunikation während der Simulation von Alarmen überlagert und somit für die Kommunikationspartner unverständlich. Für die Auswertung bedeutet dies, dass Teile der Kommunikation nicht analysiert werden können. Übertragen auf ein reales Schiff spricht dies für eine drastische Zunahme an Verständnisproblemen durch störende Hintergrundgeräusche.

Die Teilnehmer absolvieren einen englischsprachigen Masterstudiengang zu dessen Zulassungsbedingungen auch das erfolgreiche Bestehen eines international anerkannten Sprachtests zählt. Doch trotz ihrer guten Englischkenntnisse haben die Teilnehmer große Schwierigkeiten in der Kommunikation untereinander: Vokabeln werden falsch verwendet und es gibt sehr viele Sprechpausen, in denen die Teilnehmer um Worte ringen, etwa um ihre momentane Position auf dem Schiff anzugeben. Die eigentlich gebotene (und gelehrte) „Funkdisziplin" wird in keiner Weise gewahrt:

So blockiert etwa einer der Brandbekämpfer mit seinen 30 Sekunden währenden Rufen nach dem Kapitän die Funkverbindung anstatt auf eine Antwort des Kapitäns zu warten, die nur in den Funkpausen erfolgen könnte:

Captain! Captain!

Captain!

Captain… Can you read me.

Captain, can you read me?

Captain! Captain!

Captain can you read me, there is no pressure on the pipe!

There is no pressure on the pipe.

Captain! Captain, can you read me?

Captain! Captain can you read me?

Darüber hinaus werden wichtige Informationen nur sehr zögerlich weitergegeben: Der Brandbekämpfer muss mehrmals vom Ausbilder aufgefordert werden, den Brand an die Brücke zu melden und hat auch dann noch Probleme, die passenden Worte zu finden. Über die Ausmaße des Feuers erfahren die Personen an der Brückenstation nichts, obwohl sie im Zweifel die Evakuierung des Schiffes einleiten müssten.

Auch wenn diese Beobachtungen an Land während einer Notfall-Simulation zu Ausbildungszwecken gemacht wurden, so finden sich durchaus zahlreiche ethnographische Beschreibungen, die ähnliche sprachliche Probleme an Bord schildern (MARCOM 1999, Kahveci/Lane/Sampson 2002, Sampson/Zhao 2003). Betrachtet man die bislang dargestellten Resultate vor dem Hintergrund der vielerorts dargestellten Problematik der fehlerhaften Kommunikation an Bord, zeichnet sich ein ernüchterndes Bild der Kommunikation auf Schiffen mit multinationalen Besatzungen ab: Es wird wenig miteinander gesprochen und wenn dies dann doch geschieht, haben die Gesprächspartner in den meisten Fällen mit größeren Sprachproblemen zu kämpfen (vgl. dazu Strohschneider/Brüggemann/Klemp 2011).

4 Lösungsansätze in der Praxis

In der IMO nimmt man diese Schwierigkeiten sehr ernst und sucht nach Lösungen: Zum einen sollen die Situationen, in die mehrere Schiffe involviert sind, durch eine Standardisierung der Kommunikation in diesen Situationen entschärft werden, zum anderen soll der Problematik der hierarchiebedingten besatzungsinternen Kommunikationsschwierigkeiten mit proaktiven Maßnahmen des Ressourcen-Managements begegnet werden. Auf diese Lösungsansätze soll im Folgenden eingegangen werden.

4.1 Die Standardisierung der Kommunikation

Um die Verständigung vor allem zwischen Schiffen sowie zwischen Schiff und Land zu erleichtern, wurde eine Sammlung stark vereinfachter, standardisierter englischer Phrasen, die Standard Maritime Communication Phrases (SMCP) entwickelt. Mit den SMCP wird das Ziel verfolgt, Kommunikation eindeutiger und verständlicher zu gestalten, um so die Sicherheit im Schiffsverkehr zu erhöhen. Diese Phrasen sollen in der Kommunikation verwendet werden, sobald an der Kommunikation Personen beteiligt sind, die keine gemeinsame Muttersprache haben oder diese auf einem entsprechenden Niveau beherrschen. Für Offiziere auf der Brücke gehört der sichere Umgang mit den SMCP zur Ausbildung; es wird von ihnen verlangt, dass sie die Phrasen auswendig beherrschen (Gerstenberger/Welke 2004). Hierzu wird ihnen ein recht umfangreiches Dokument von mehr als 70 Seiten zur Verfügung gestellt, in dem die Phrasen entsprechend den Situationen und Anwendungsbereichen in denen sie verwendet werden sollen geordnet sind (IMO 2001). Diese umfassen Phrasen für:

- Die operative Schiffsführung: Kommunikation auf der Brücke, ggf. mit einem Lotsen.
- Die Kommunikation innerhalb des Schiffs (z.B. vom Maschinenraum zur Brücke).
- Die externe Kommunikation, also Kommunikation zwischen Schiff und Verkehrszentralen oder Häfen sowie Kommunikation zwischen Schiffen.
- Die Sicherheit an Bord, also auch Kommunikation in Notfällen.
- Den Umgang mit Fracht.
- Den Umgang mit Passagieren.

Ein zentraler Bestandteil der SMCP sind dabei so genannte Message Marker. Message Marker sind mit dem Konzept der Sprechakte (Austin 1962, Searle 1971) vergleichbar: Ein Signalwort klassifiziert unmissverständlich die sprachliche

Handlungsabsicht der nachfolgenden Äußerung. In den SMCP werden acht verschiedene Message Marker definiert, die in Tabelle 1 dargestellt sind.

1. INSTRUCTION
   This indicates that the following message implies the intention of the sender to influence others by a Regulation.

   Example: "INSTRUCTION. Do not cross the fairway."

2. ADVICE
   This indicates that the following message implies the intention of the sender to influence others by a Recommendation.

   Example: "ADVICE. (Advise you) stand by on VHF Channel six nine."

3. WARNING
   This indicates that the following message implies the intention of the sender to inform others about danger.

   Example: "WARNING. Obstruction in the fairway."

4. INFORMATION
   This indicates that the following message is restricted to observed facts, situations, etc..

   Example: "INFORMATION. MV [Motor Vessel] Noname will overtake to the west of you."

5. QUESTION
   This indicates that the following message is of an interrogative character.

   Example: "QUESTION. (What is) your present maximum draft?"

6. ANSWER
   This indicates that the following message is the reply to a previous question.

   Example: "ANSWER. My present maximum draft is zero seven metres."

7. REQUEST
   This indicates that the following message is asking for action from others with respect to the vessel.

   Example: "REQUEST. I require two tugs."

8. INTENTION
   This indicates that the following message informs others about immediate navigational action intended to be taken.

Example: "INTENTION. I will reduce my speed."

Tabelle 1: Acht SMCP Message Marker. Aus: IMO (2001, S. 46-47)

So weit ist dies alles in den offiziellen Resolutionen der IMO zu finden. Im Rahmen des MarNet-Projekts haben die Autoren die Frage nach der tatsächlichen Anwendung der SMCP an Bord gestellt. Zur Beantwortung dieser Frage ist zunächst einmal der Zugang zu Audioaufnahmen von Kommunikation notwendig. Da Mitschnitte der Kommunikation im Rahmen von Forschungsreisen der Autoren nicht möglich waren, wurden Unfallberichte als Zugang zur Analyse gewählt: In diesen Berichten werden die Abläufe und Ursachen von Seeunfällen von Experten herausgearbeitet und Lösungs- sowie Verbesserungsvorschläge zur Erhöhung der Sicherheit in der Seefahrt gemacht. Im Rahmen der maritimen Sicherheitsforschung wird häufig auf diese Berichte zurückgegriffen, sie gelten weithin als zuverlässige Quellen (Allianz 2012, Goulielmos/Lathouraki/Giziakis 2012). In der Untersuchung über die Verwendung von SMCP auf der Schiffsbrücke wurden sämtliche zum Januar 2013 öffentlich verfügbaren Unfallberichte der deutschen Bundesstelle für Seeunfalluntersuchungen (BSU 2013) sowie des US-amerikanischen National Transportation Safety Boards (NTSB 2013) verwendet. Insgesamt lagen mehr als 250 Unfallberichte vor, von denen nur neun Berichte Audioprotokolle der Kommunikation auf der Brücke beinhalten. Letztendlich stehen 14 authentische Audioprotokolle für die Analyse zur Verfügung, da bei einigen dieser neun Unfallberichte Audiodaten aus mehreren Quellen vorliegen. In einigen Berichten sind Audioprotokolle sowohl des UKW-Funkverkehrs als auch des Voyage Data Recorders (VDR, vergleichbar mit der „Blackbox" bei Flugzeugen) aufgeführt (siehe Tabelle 2).

Unfallda-tenbank	Berichts-nummer	Sprache	UKW-Protokolle	VDR-Audio-Protokoll
BSU	179/02	Deutsch	Kanal 21, Kanal 60, Kanal 68	
BSU	198/02	Englisch		VDR
BSU	213/02	Deutsch	Kanal 5, Kanal 61, Kanal 68	
BSU	54/03	Deutsch	Kanal 7	
BSU	305/06	Deutsch	Kanal 14, Kanal 74	
BSU	250/08	Englisch, Deutsch	Kanal 67	
BSU	168/09	Deutsch	Kanal 7	
NTSB	MAR 801	Englisch		VDR
NTSB	MAR 802	Englisch		VDR

Tabelle 2: Übersicht der zur Analyse verwendeten Audioprotokolle

Wie in Tabelle 2 aufgeführt, wurde in den meisten Fällen Kommunikation in deutscher Sprache aufgezeichnet, was eine Suche nach der Verwendung der oben aufgeführten Message Marker nicht möglich macht. In den vier Protokollen, in denen Englisch als Kommunikationssprache verwendet wird, konnte nach der Verwendung von SMCP Message Marker gesucht werden. Drei dieser Protokolle basieren auf den Aufzeichnungen des VDR, sie geben vor allem die Kommunikation zwischen Personen auf der Brücke wieder. Starke Hintergrundgeräusche sowie die schlechte Qualität der Funkverbindungen resultieren in unvollständigen Protokollen der Schiff-zu-Schiff bzw. Schiff-zu-Land Kommunikation aus den in der Quellen der VDR (BSU 2013). Dies ist problematisch für die Untersuchung von Message Markern, da die IMO diese in den SMCP zwar vorschreibt, die interne Brückenkommunikation hiervon jedoch ausnimmt – mit dem wenig überraschenden Resultat, dass in diesen drei Protokollen Message Marker nicht ein einziges Mal verwendet werden. Es bleibt lediglich die Schiff-zu-Schiff-Kommunikation in Protokoll 250/08, die sowohl deutsch- als auch englischsprachige Anteile enthält; hier sollten der IMO Resolution zufolge also Message Marker verwendet werden. Doch auch in diesem Protokoll konnte kein einziger Message Marker gefunden werden. In einem weiteren Schritt wurden die deutschsprachigen Protokolle einer Analyse unterzogen, in deren Rahmen nach SMCP-ähnlichen Sprachmustern und der Verwendung von Signalworten zur Einleitung von Sprachäußerungen gesucht wurde. Auch hier konnten keine Signalworte oder andere der Verwendung der SMCP entsprechenden Muster entdeckt werden.

Nun ist die Frage zu stellen, ob die negativen Befunde hinsichtlich der SMCP aufgrund der verwendeten Quellen zu erklären sind: Die IMO verspricht sich durch die SMCP eine Erhöhung der Sicherheit, die untersuchten Unfallberichte sind das Ergebnis unsicherer Handlungen – ist also eventuell die fehlende Verwendung von SMCP eine der Unfallursachen und werden diese im Normalfall verwendet? Die Ergebnisse großangelegter Feldstudien widersprechen dieser Interpretation: Während mehrerer hunderter Tage unfallfreier Mitfahrten an Bord aller Art von Schiffen konnte die Anwendung der SMCP nicht ein einziges Mal beobachtet werden (Sampson/Zhao 2003, Kahveci/Lane/Sampson 2002). Dies deckt sich mit den Feldbeobachtungen der Autoren, die ebenfalls zu dem Schluss kommen, dass SMCP in der Praxis nicht verwendet werden (Brenker/Möckel/Strohschneider 2013).

4.2 Ressourcenmanagement

Wie oben dargestellt, herrscht in der Seefahrt ein starkes Hierarchiegefälle zwischen Offizieren und einfachen Mannschaftsmitgliedern: Es ist auf vielen Schiffen für Mannschaftsmitglieder unüblich, einem vorgesetzten Offizier zu widersprechen oder überhaupt Kontakt zu diesem zu haben (Gerstenberger/Welke 2004). In einem anderen Arbeitsfeld hat man sich in der Vergangenheit mit ähnlichen Problemen auseinandergesetzt: Probleme in der Kommunikation und ein starres Hierarchieverständnis wurden auch in der Luftfahrt als erhebliche Risiken und Mitursachen zahlreicher Unfälle ausgemacht (Sexton/Thomas/Helmreich 2000, Tajima 2004, Shappell/Detwiler/Holcomb/Hackworth/Boquet/Wiegmann 2007). Ein Lösungsansatz, der sich für diese Problematiken in der Luftfahrt als sehr effektiv erwiesen hat, ist das Crew Resource Management (CRM), in dessen Rahmen nicht-technische Fertigkeiten der Besatzungen gezielt angesprochen werden: Eine verbesserte interpersonale Zusammenarbeit soll zu einer Risikoreduktion beitragen (Helmreich/Merritt/Wilhelm 1999). Die konkreten Themenbereiche des CRM umfassen dabei in der Regel Führung, Kommunikation, Kooperation und

Entscheidungsverhalten. Infolge von CRM ist das Hierarchiegefälle innerhalb von Flugzeugbesatzungen deutlich flacher geworden; die Crew wird nunmehr als ein Team verstanden, in dem jeder Mitverantwortung für die Sicherheit des Flugzeugs trägt (Ginnett 1993). CRM gilt weithin als Erfolgsfaktor zur Verbesserung der Sicherheit in der Luftfahrt (O'Connor et al. 2008), auf den man auch in anderen Arbeitsfeldern aufmerksam geworden ist: So werden in der Medizin CRM-Prozesse eingeführt, um die Zusammenarbeit im Operationssaal (Pizzi/Goldfarb/Nash 2001) oder auf der Intensiv-Station zu verbessern (Lingard/Espin/Evans/Hawryluck 2004).

Auch in der Schifffahrt hat man die Potenziale von CRM-Prinzipien anerkannt und sich verpflichtet, diese auch auf See umzusetzen: Im Jahr 2011 verabschiedete die IMO eine Erweiterung der STCW, die darauf abzielt, dem CRM verwandte Prozesse und Inhalte in die Ausbildung von Wachoffizieren zu integrieren (IMO 2011). Unter dem Titel Maritime Resource Management (MRM) oder Bridge Resource Management (BRM) werden gezielte Aus- und Weiterbildungskurse angeboten, um die Arbeit auf der Brücke gemäß den CRM-Prinzipien effektiver gestalten zu können (Hernqvist 2011). Die Umsetzung des CRM in der Seefahrt stößt dabei jedoch auf erhebliche Kritik: Die strikte Trennung von Offizieren und der übrigen Schiffsbesatzung wird nicht notwendigerweise kritisch hinterfragt (Horck 2005). Gleichzeitig ist die rechtliche Situation auf See in vielen Fällen ungeklärt, sodass im Falle eines kritischen Ereignisses immer der Kapitän als Schuldiger präsentiert wird, was diesen nicht unbedingt dazu motiviert, Verantwortung abzugeben (Perrow 1992). Darüber hinaus bestehen zwischen der Luft- und der Schifffahrt erhebliche Unterschiede (van Erve/Bonnor 2006), die einer simplen Übertragbarkeit von CRM in die maritime Domäne im Weg stehen. Einer dieser Unterschiede besteht darin, dass die Arbeit auf dem Schiff sehr stark in räumlich getrennten Arbeitsbereichen stattfindet: Im Maschinenraum ist bislang wenig von den Prinzipien des CRM angekommen, obwohl auch hier mittlerweile Kurse im Engineroom Resource Management angeboten werden (Wu/Miwa/Makoto 2014). Letztendlich mag diese voneinander losgelöste Anwendung des Ressourcenmanagements auf Brücke und im Maschinenraum nur ein weiterer Beleg für die starke Trennung zwischen den Arbeitsbereichen an Bord sein, die eine bereichsübergreifende Weitergabe von Informationen erschwert. Die für die Bewältigung kritischer Situationen entscheidende Zusammenarbeit der gesamten Besatzung als Team (Weick/Sutcliffe, 2007) findet an Bord kaum statt.

5 Fazit

Die gegenwärtige multinationale Zusammensetzung von Besatzungen stellt die internationale Handelsschifffahrt vor Herausforderungen, die nicht allein durch eine Rückbesinnung auf die Traditionen der Seefahrt bewältigt werden können: Die lingua franca Englisch, die lange Zeit als Lösung für vielfältige Kommunikationsprobleme gehandelt wurde, wird nicht ausreichend beherrscht und verhindert sogar Kommunikation in kritischen Situationen. Dies hat nicht nur zu einer weitgehenden Sprachlosigkeit an Bord geführt, sondern auch zu immensen sozialen Kosten. Starre hierarchische Strukturen, die zu einer Zeit etabliert wurden als die Besatzungen der Schiffe noch deutlich größer und zugleich sehr viel homogener waren, sind durch eine veränderte globalisierte Wirtschaft, die sich durch ein hohes Maß an wechselseitigen Abhängigkeiten und flexiblen Prozessen auszeichnet, infrage zu stellen.

Die Lösungsansätze, die seitens der IMO entwickelt wurden, versuchen dieser neuen Realität Rechnung zu tragen, jedoch mit größtenteils unklaren Erfolgsaussichten: Die SMCP, die Sicherheit in kritischen Verkehrssituationen erhöhen sollen, finden offenbar in der Praxis keinerlei Anwendung. Konzepte wie CRM werden mit großer Skepsis betrachtet und sind in der Praxis der Seefahrt noch nicht angekommen. Ob sie dies jemals wirklich werden und ob ihnen dann Erfolg beschienen sein wird, ist noch offen.

Die internationale Handelsschifffahrt stellt als Arbeitswelt sicherlich einen Sonderfall dar, aus dem jedoch Lehren in Bezug auf die Zusammenarbeit in multinationalen Teams gezogen und in andere Arbeitswelten übertragen werden können: Eine gemeinsame Sprache festzulegen ist wichtig und dem Erfolg einer Zusammenarbeit sicherlich zuträglich. Diese gemeinsame Sprache muss dann aber auch von allen beherrscht werden, ansonsten erschwert sie die Zusammenarbeit gar. Sie suggeriert ein nur scheinbares Verständnis, das ein Hinterfragen und Nachfragen bei eventuellen Missverständnissen erschwert. Die Standardisierung von Kommunikationsprozessen ist eine Möglichkeit, die in Betracht gezogen werden kann: Sie muss jedoch auch die Lebenswirklichkeit der Betroffenen mit einbeziehen: Viele Seefahrer lehnen die Verwendung von SMCP ab, da sie deren Nutzen offenbar anzweifeln: Viele empfinden die Standards als unhöflich (Bruno/Lützhöft 2010) und als nicht brauchbar für das soziale Zusammenleben an Bord (Kahveci/Lane/Sampson 2002).

Aus einer interkulturellen Perspektive ist die Seefahrt durch diese Prozesse sowie ihre jahrhundertelange Historie ein hochinteressantes Feld, sowohl für die interkulturelle Forschung als auch für die interkulturelle Praxis: Ein dermaßen internationalisiertes Feld gibt es kaum ein zweites Mal auf der Welt (Sampson 2013). Die herausragende wirtschaftliche Bedeutung der internationalen Handelsschifffahrt kann nicht stark genug hervorgehoben werden (George 2013). Es handelt sich also um ein äußerst relevantes Feld, das bislang von interkulturell orientierten Forschern und Praktikern eher wenig beachtet wurde.

Dies zeigt sich etwa in den Vorgaben der Ausbildungskurse, wonach auf die Thematik der Zusammenarbeit mit Menschen aus anderen Kulturen exakt 1,7 Zeitstunden entfallen sollen (Horck 2003), die dann auch zumeist auf einem fragwürdigen Kulturverständnis basieren (Knudsen/Froholdt 2009). Verbesserungspotenziale aus interkultureller Perspektive drängen sich im Austausch mit Seefahrern und Vertretern der maritimen Branche quasi von selbst auf. Viele der Beteiligten sind sich der Problematiken an Bord bewusst und an Lösungen zur Verbesserung der interpersonalen Kommunikation interessiert. Fraglich ist, welche Form von interkultureller Vorbereitung und welche konkreten Inhalte dem Arbeitsfeld der Handelsschifffahrt angemessen sind: „Klassische" kulturspezifische Trainings, die etwa vor der Entsendung von Expatriats durchgeführt werden, können der kulturellen Vielfalt der Handelsschifffahrt vermutlich nicht gerecht werden. Stattdessen erscheinen Ansätze vielversprechend, die auf der Ebene der Zusammenarbeit ansetzen und grundlegendes Wissen über Führung und Führungserwartungen in multinationalen Teams sowie praktische Kompetenzen etwa im Bereich des Teambuildings vermitteln (Brenker/Möckel/Strohschneider 2014). Darüber hinaus dürfen die sprachlichen Probleme selbstverständlich nicht ignoriert werden; eine Verbesserung des Englisch-Niveaus stellt einen wichtigen ersten Schritt dar (Kahveci/Lane/Sampson 2002, Lützhöft/Grech/Porathe 2011), ohne den die genannten Maßnahmen auf wenig fruchtbaren Boden fallen werden.

Literatur

Allianz (2012): Safety and Shipping 1912-2012 From Titanic to Costa Concordia. Hamburg: Allianz Global Corporate & Specialty.

Austin, J. L. (1962): How to do things with words. Oxford: Clarendon Press.

BIMCO / ISF (2010): Highlights from the Manpower 2010 Update - The worldwide demand for and supply of seafarers.

Blackmore, David (2009): The Seafaring Dictionary: Terms, Idioms and Legends of the Past and Present. Jefferson, North Carolina: McFarland.

Brenker, Michael / Möckel, Sarah / Strohschneider, Stefan (2013): Die ganze Welt in einem Boot: Der Alltag an Bord von Handelsschiffen. In: Wirtschaftspsychologie aktuell, 4/2013, 61-68.

Brenker, Michael / Möckel, Sarah / Strohschneider, Stefan (2014): The Value of Nontechnical Skills: Generic Comptences in Seafaring. In: Proceedings of the International Conference on Human Factors in Ship Design & Operation. London, UK: The Royal Institution of Naval Architects.

Bruno, Karl /Lützhöft, Margareta (2010): Virtually being there: Human aspects of shore-based ship assistance. In: WMU Journal of Maritime Affairs. 9, 81-92.

Dörner, Dietrich (1998): Bauplan für eine Seele. Reinbek, Rohwolt.

George, Rose (2013): Ninety Percent of Everything: Inside Shipping, the Invisible Industry That Puts Clothes on Your Back, Gas in Your Car, and Food on Your Plate. New York City: Henry Holt.

Gerstenberger, Heide / Welke, Ulrich (2004): Arbeit auf See: Zur Ökonomie und Ethnologie der Globalisierung. Münster: Westfälisches Dampfboot.

Ginnett, Robert C. (1993): Crews as groups: Their formation and their leadership. In: Wiener, Earl L. / Kanki, Barbara G. / Helmreich, Robert L. (Hg.): Cockpit resource management. San Diego, CA, US: Academic Press.

Goulielmos, Alexandros M. / Lathouraki, Giorgia / Giziakis, Costas (2012): The quest of marine accidents due to human error, 1998-2011. In: International Journal of Emergency Services. 1, 39-70.

Helmreich, Robert L. / Merritt, Ashleigh C. / Wilhelm, John A. (1999): The Evolution of Crew Resource Management Training in Commercial Aviation. In: The International Journal of Aviation Psychology. 9, 19-32.

Hernqvist, Martin (2011): Campaign to obtain more members as MRM licensees. The Swedish Club Triton. 2, 4-5.

Horck, Jan (2003): International maritime legislation and model courses. In: IAMU Journal. 2, 33-39.

Horck, Jan (2004): An analysis of decision-making processes in multicultural maritime scenarios. In: Maritime Policy & Management. 31, 15-29.

Horck, Jan (2005): Getting the best from multi-cultural manning. BIMCO 100 years and GA. Copenhagen, Denmark.

IMO (2001): Resolution A.918(22): IMO Standard Marine Communication Phrases. London, United Kingdom: International Maritime Organization.

IMO (2011): The international Convention on Standards of Training, Certification and Watchkeeping (STCW). London, United Kingdom: International Maritime Organization.

Kahveci, Erol / Lane, Tony / Sampson, Helen (2002): Transnational seafarer communities. Cardiff, Wales: Seafarers International Research Centre.

Knudsen, Fabienne / Froholdt, Lisa (2009): The consequences of "culture's consequences": A critical approach to culture as collective programming applied to cross-cultural crews. In: WMU Journal of Maritime Affairs. 8, 105-121.

Lingard, Lorelei / Espin, Sherry / Evans, Cathy / Hawryluck, Laura (2004): The rules of the game: interprofessional collaboration on the intensive care unit team. In: Critical Care. 8, 403-408.

Lützhöft, Margareta / Grech, Michelle R. / Porathe, Thomas (2011): Information Environment, Fatigue, and Culture in the Maritime Domain. In: Reviews of Human Factors and Ergonomics. 7, 280-322.

Mack, John 2013. The sea: A cultural history. London, UK: Reaktion Books.

MARCOM Konsortium (1999): The MARCOM Project: The Impact of Multicultural and Multlingual Crews on MARitime COMmunication, Projektbericht. [online: http://www.transport-research.info/web/projects/project_details.cfm?ID=488, 29.04.2014]

McPherson, Miller / Smith-Lovin, Lynn / Cook, James M (2001): Birds of a feather: Homophily in social networks. In: Annual Review of Sociology. 415-444.

O'Connor, Paul / Campbell, Justin / Newon, Jennifer / Melton, John / Salas, Eduardo / Wilson, Katherine A. (2008): Crew Resource Management Training Effectiveness: A Meta-Analysis and Some Critical Needs. In: The International Journal of Aviation Psychology. 18, 353-368.

Perrow, Charles (1992): Normale Katastrophen: Die unvermeidbaren Risiken der Großtechnik. Frankfurt am Main: Campus.

Pizzi, Laura / Goldfarb, Neil I / Nash, David B (2001): Crew Resource Management and its Applications in Medicine. In: Shojania, Kaveh G / Duncan, Bradford W / McDonald, Kathryn M /Wachter, Robert M (Hg.): Making health care safer: A critical analysis of patient safety practices. Rockville, MD, USA: U.S. Agency for Healthcare Research and Quality, 511-519.

Progoulaki, Maria / Roe, Michael (2011): Dealing with multicultural human resources in a socially responsible manner: A focus on the maritime industry. In: WMU Journal of Maritime Affairs. 10, 7-23.

Roberts, Stephen (1998): Occupational Mortality among Merchant Seafarers in the British, Singapore and Hong Kong Fleets. Cardiff: Seafarers International Research Centre, Cardiff University.

Ryan, Richard M / Deci, Edward L (2000): Self-determination theory and the facilitation of intrinsic motivation, social development, and well-being. In: American Psychologist. 55, 68-78.

Sampson, Helen (2004): Romantic rhetoric, revisionist reality: The effectiveness of regulation in maritime education and training. In: Journal of Vocational Education & Training. 56, 245-267.

Sampson, Helen (2013): International seafarers and transnationalism in the twenty-first century. Manchester, UK: Manchester University Press.

Sampson, Helen / Thomas, Michelle (2003a.): Lone Researchers at Sea: Gender, Risk and Responsibility. In: Qualitative Research. 3, 165-189.

Sampson, Helen / Thomas, Michelle (2003b): The social isolation of seafarers: Causes, effects, and remedies. In International maritime health. 54, 58-67.

Sampson, Helen / Zhao, Minghua (2003): Multilingual crews: communication and the operation of ships. In: World Englishes. 22, 31-43.

Searle, J.R. (1971): Sprechakte: Ein sprachphilosophischer Essay. Frankfurt am Main: Suhrkamp.

Sennett, Richard (2012) Zusammenarbeit. Berlin: Hanser.

Sexton, J. Brian / Thomas, Eric J. / Helmreich, Robert L. (2000): Error, Stress, and Teamwork in Medicine and Aviation: Cross Sectional Surveys. In: British Medical. 320, 745-749.

Shappell, Scott / Detwiler, Cristy / Holcomb, Kali / Hackworth, Carla / Boquet, Albert / Wiegmann, Douglas A. (2007): Human Error and Commercial Aviation Accidents: An Analysis using the Human Factors Analysis and Classification System Human Factors. In: The Journal of the Human Factors and Ergonomics Society. 49, 227-242.

Strohschneider, Stefan / Brüggemann, Ulrike / Klemp, Kerstin (2011): Technisierung auf der Schiffsbrücke: Einige Einsichten aus dem DGON-Bridge-Projekt. In: Hansa International Maritime Journal. 1, 62-66.

Tajima, Atushi (2004): Fatal miscommunication: English in aviation safety. In: World Englishes. 23, 451-470.

Van Erve, Patrick / Bonnor, Norman (2006): Can the Shipping-Aviation Analogy be used as an Argument to decrease the need for Maritime Pilotage? In: The Journal of Navigation. 59, 359-363.

Weick, Karl E. / Sutcliffe, Kathleen M. (2007): Managing the Unexpected: Resilient Performance in an Age of Uncertainty. San Francisco, CA, USA: Jossey-Bass.

Williams, Kipling D. (2007): Ostracism. In: Annual Review of Psychology. 58, 425-452.

Wu, Yanbin / Miwa, Takashi / Makoto, Uchida (2014): Development of quantitative evaluation method of team performance regarding ERM. In: Proceedings of the International Conference on Human Factors in Ship Design & Operation. London, UK: The Royal Institution of Naval Architects.

Kirsten Nazarkiewicz

Kulturreflexivität als systematische Herangehensweise in interkulturellen Arbeitssituationen und Berufsfeldern

1 Einleitung

An der Notwendigkeit von interkultureller Kompetenz für die Arbeits- und Lebenswelt besteht heute kaum noch ein Zweifel. *„Wer in der Einwanderungsgesellschaft nicht interkulturell arbeitet, arbeitet nicht professionell",* [1] betont Hubertus Schröer, langjähriger Leiter des Jugendamtes der Stadt München, Fachbuchautor und inzwischen Leiter des Instituts für Interkulturelle Qualitätsentwicklung, der sich schon lange um die Qualität der kultursensiblen Beratungsarbeit bemüht. Im Alltag eines Dienstleistungsunternehmens für Personalentwicklungsmaßnahmen im Profit- und Nonprofitbereich drückt sich das gestiegene Bewusstsein für die neue Schlüsselqualifikation in meist landeskulturell orientierten Anfragen nach Beratungen, Trainings oder Coachings aus. Dieser Fortschritt beim Beachten kultureller Differenzen ist zugleich eine Crux. Vor dem Hintergrund der voranschreitenden wissenschaftlichen Diskurse um Interkulturalität und interkulturelle Kompetenzentwicklung ist das alltagsweltlich verbreitete und essentialistische Verständnis von Kultur verkürzt und aus professioneller Sicht unzureichend. Da Organisationen zu Recht von interkulturellen Dienstleistern Unterstützung und Inspiration auf der Höhe der Zeit und der Debatten erwarten, ist zu überlegen, wie die Komplexität des Themen- und Kompetenzfeldes Interkulturalität für die Beratung und Begleitung handhabbar gemacht werden kann.

Den Qualitätsanspruch von Schröer weiterzudenken, heißt m. E. in interkulturellen Arbeitssituationen und Berufsfeldern heute: Wer beim interkulturellen Arbeiten nicht *systematisch kulturreflexiv* vorgeht,

- vernachlässigt mögliche erweiternde Perspektiven,
- ignoriert bedeutsame Entwicklungen und die vielfältigen Teildiskurse des interkulturellen Paradigmas,

---

[1] Zitiert nach Gari Pavkovic (o. J.). Siehe dazu auch Schröer 2007.

- bleibt unterhalb der wissenschaftlich möglichen Reflexionsebenen,
- riskiert unterkomplexes Interpretieren und Handeln

und hinkt schließlich der mannigfaltigen Praxis einer zunehmend transkulturell verfassten Gesellschaft (Welsch 1999) hinterher, statt sie zu befruchten.

Im Folgenden wird entwickelt, was unter *systematischer Kulturreflexivität* zu verstehen ist. Wenn man die eigenen Assoziationsketten überprüft, die beim Begriff „interkulturelle Kompetenz" entstehen, so konnotiert man auch als Wissenschaftlerin eher das alltagsweltliche Verständnis von „andere Länder, andere Sitten". Möchte man jedoch die vielfältigen wissenschaftlichen Diskurse berücksichtigen, so ist mit verschiedenen Kulturbegriffen zugleich zu arbeiten, welche Kulturen u. a. auch als Konstruktion von Netzwerken oder Ergebnis machtvoller Aushandlungsprozesse begreifen. Die hier verwendeten Termini Kulturreflexivität und -sensibilität rekurrieren daher in unterschiedlicher Art und Weise auf die kollektive Einflussgröße „Kultur". Diese wird auf einer Metaebene methodologisch auf mehrfache Weise in den Blick genommen und entzieht sich daher in der Formulierung dem Risiko, an ein verkürztes Alltagsverständnis anzuschließen. Die These ist, dass die Herausforderungen in interkulturellen Arbeitssituationen und Berufsfeldern nur auf der Basis der Reflexion und „Anwendung" mehrerer Perspektiven und Kulturbegriffe *gleichzeitig* erschlossen und verändert bzw. gelöst werden können. Dieses Vorgehen bezeichne ich als kulturreflexiv.

Zunächst wird an typischen Anfragen aus dem Praxisfeld gezeigt, wie das Thema Kultur im Arbeitsalltag als Herausforderung erscheint (2). Mit Hilfe von drei orientierenden Metakonzepten (interkulturell, multikulturell und transkulturell) wird anschließend erläutert, wie unterschiedlich der Wirkfaktor „Kultur" jeweils aufgefasst, aufgegriffen und als Ressource eingesetzt werden kann (3). Der Systematisierungsvorschlag mit Hilfe der drei kulturreflexiven Konzepte berücksichtigt neben verschiedenen Kulturbegriffen auch die davon ableitbaren Qualitäten für die professionelle Begleitung, wie die Herangehensweise, die dafür erforderlichen Kompetenzen sowie Methoden und Techniken. Zuletzt werden die Stärken, Risiken und Grenzen der jeweiligen Perspektiven bilanziert. An einem abschließenden Fallbeispiel wird demonstriert, wie alle drei Konzepte gleichermaßen zum Einsatz kommen können, um eine umfassende Berücksichtigung von interkultureller Kompetenz im Sinne von systematischem kulturreflexivem Vorgehen zu praktizieren (4).

2 Herausforderungen bei der interkulturellen Kompetenzunterstützung

Im Berufsfeld Coaching, Training, Beratung bildet sich die Inter- oder Multikulturalität in der Arbeitswelt unmittelbar ab. In den Anfragen mit der Bitte um Unterstützung und Begleitung werden Herausforderungen formuliert, wie sie für eine globalisierte Zusammenarbeit oder das Leben in der Einwanderungsgesellschaft alltäglich und typisch sind. Problemformulierungen für Dienstleistungen mit interkultureller Expertise lauten beispielsweise: [2]

- Wir sind eine Kindertagesstätte, in der 50% der Kinder aus Migrantenfamilien mit unterschiedlichen kulturellen Hintergründen stammen. Auch in unserem 4-köpfigen Team arbeitet eine Migrantin. Wir haben Konflikte mit den Eltern, innerhalb der Elternschaft sowie im Team und es geht dabei oft um die unterschiedlichen Erziehungsvorstellungen.

- Wir entsenden demnächst einen unserer Mitarbeiter in die Vereinigten Arabischen Emirate (nach Hongkong, Pune …) Können Sie ihn auf die Zielkultur und auf seine Aufgabe vorbereiten?

Unterstellt wird in den hier beispielhaft genannten Problemlagen in der Regel, dass Kultur(en) eine gewichtige Rolle spielen, und zumeist werden diese – wie im alltagsweltlichen Verständnis gewohnt – als Landeskulturen aufgefasst und mit „Nationen" gleichgesetzt. Will man diesen Anfragen und Arbeitssituationen mit professioneller interkultureller Expertise begegnen, so ergeben sich neben den Fragen, die in jeder Auftragsklärung gestellt werden, folgende Überlegungen mit Blick auf die kulturellen Referenzen:

- Welche Erwartungsbrüche werden im Alltag erlebt und wie werden sie gedeutet?
- Wo und wie greifen Kunden, Auftraggeber, Beteiligte das Thema Kultur auf?

---

[2] Alle Fallbeispiele sind typischen Anfragesituationen entnommen und haben mehrfach in dieser oder ähnlicher Form stattgefunden. Aus Vertraulichkeits- und Anonymisierungsgründen wurden leichte Verfremdungen vorgenommen.

- Welche Vorannahmen und Hypothesen seitens der Auftraggeber gibt es bezüglich des Einflusses und der Wirkungsweise von Kultur(en)?
- Welche Methoden und Formate werden gewünscht und was ist voraussichtlich aus Expertensicht ratsam?

So erfreulich die inzwischen weit verbreitete Berücksichtigung kultureller Besonderheiten in der Arbeitswelt ist, insofern kulturelle Einflussfaktoren bedeutsam sein sollten, so bedenklich sind Vorannahmen in Form kulturalisierender Verkürzungen. Erläuterungen im Hinblick auf die (landes-)kulturellen Hintergründe der Beteiligten erscheinen zu schnell als einzige Erklärung und zudem wären die daraus abzuleitenden Lösungsschritte komplexer als meist angenommen. Aus der Perspektive unmittelbaren Handlungs- und Problemdrucks heraus wünschen sich die Beteiligten aus nachvollziehbaren Gründen leichte Einsichten, unkompliziert anzuwendendes Wissen und praktikable Lösungen. Aus Expertensicht können ggf. unzutreffende kulturelle Zuschreibungen indes mehr schaden als nützen. Die typischen, in den Begleitmaßnahmen zu überbrückenden Spannungsfelder liegen nach meinen Erfahrungen in folgenden Diskrepanzen:

- Angefragte Maßnahmen zur interkulturellen bzw. kulturspezifischen Kompetenzentwicklung beinhalten die Suggestion, dass definierbare Wissens- und Kompetenzbestände die Komplexität und Unsicherheit im Alltagshandeln rasch reduzieren könnten, während tatsächlich der Umgang mit Unwägbarkeiten, Erwartungsbrüchen und Unvorhersehbarem geübt werden müsste. Anders gesagt, entstammen viele der kulturbezogenen Anfragen und Anliegen ethnozentrischen Perspektiven, wohingegen zur Bewältigung der Herausforderungen ethnorelative soziale Kompetenzen benötigt würden.[3] Aufgrund der Kürze oder Begrenztheit der meisten angefragten Maßnahmen (kurze Workshops, Trainings, punktuelle Coachings) ist die Entwicklung der benötigten ethnorelativen Strategien erschwert.

---

[3] Die Begriffe ethnozentrisch und ethnorelativ beziehen sich auf das Modell von Milton Bennett, Development Model of Intercultural Sensitivity (DMIS). In diesem Phasenmodell interkultureller Kompetenzentwicklung wird zwischen drei ethnozentrischen Strategien (Denial, Defense, Minimization) und drei ethnorelativen Strategien (Acceptance, Adaptation, Integration) unterschieden (vgl. z. B. Bennett 2001). Man kann an Äußerungen und Reaktionen der Rezipienten und Lernenden erkennen, in welcher Phase sie sich befinden (Bennett o. J.).

- Kultur(en) im Sinne von Wertegemeinschaften zu berücksichtigen ist nur eine Art der situativen Erschließung von Situationen und dem Handeln beteiligter Personen. Weitere machtvolle Faktoren wie Teilhabe an den jeweiligen Dominanzverhältnissen, z. B. das Verhältnis von Mutter- zu Tochtergesellschaften, von schwarzer und weißer Hautfarbe, von Entwicklungsgeldempfänger und - geber usw., sind im Kulturbegriff zu berücksichtigen. Die Berücksichtigung politischer und struktureller Verhältnisse hat sich eher im Bereich sozialer Arbeit durchgesetzt als in der Wirtschaft, sie birgt in jedem Fall die Herausforderung, dass Mitglieder der Dominanzkultur unter „Generalverdacht" stehen.[4] Die Frage nach der eigenen privilegierten sozialen Positionierung stellt besondere Herausforderungen an die Didaktik im interkulturellen Lernen, da sie auf der Interaktionsebene für die Beteiligten potenziell gesichtsbedrohlich ist.

- Die interkulturellen Dienstleistungen (Training, Beratung, Organisations-entwicklung, Coaching etc.) erscheinen aufgeteilt. *Entweder* wird in interkulturellen Maßnahmen unkritisch Wissen über „andere" Kulturen vermittelt, *oder* der Fokus wird auf die selbst- und herrschaftskritische Selbstreflexion gelegt, demgegenüber kulturspezifisches Deutungswissen als kulturalisierend kritisiert wird.

- Zugleich ist der Hiatus zwischen Wissenschaft und Praxis groß. Die interkulturelle Kompetenzdebatte ist schon lange unübersichtlich geworden (Rathje 2006). Das alltagsweltliche Kulturverständnis ist essentialistisch, zu bedenken wären aber die vielfältigen Herangehensweisen, die sich im interkulturellen Paradigma herausgebildet haben (Haas 2008), sowie die Weiterführungen in der Begriffs- und Theorieentwicklung unterschiedlicher Disziplinen.

Es ist vor diesem Hintergrund hilfreich, die kursierenden Kulturverständnisse selbst als Konstrukte zu handhaben und pragmatisch zu verknüpfen. Bei einem Dienstleister, der auf interkulturelle Fragen spezialisiert ist, darf man zu Recht erwarten, dass

---

[4]   Der „Generalverdacht" entsteht, wenn die sozialen Identitäten bedroht sind, welche die Beteiligten in der Interaktion als Fremd- und Selbstkategorisierungen in Anspruch nehmen. Das Thematisieren von Machtverhältnissen in Beratungs- und Trainingsformaten erfordert daher sprach- und interaktionsreflexive Strategien, um förderlich zu sein (vgl. dazu genauer Nazarkiewicz 2010, Kap 4.4).

die wissenschaftlichen Entwicklungen rezipiert und berücksichtigt werden. Diese er-
strecken sich allerdings über viele verschiedene Disziplinen, die Debatten sind
inkohärent, enthalten Ungleichzeitigkeiten und sind begrifflich wenig aufeinander
bezogen.[5] Die Ansprüche an die erfolgversprechende Entwicklung der sogenannten
interkulturellen Kompetenz sind daher hoch. Die professionellen interkulturell orientierten Personalentwickler benötigen eine breite Literaturkenntnis über
Makrotheorien, empirische Studien und methodologische Herangehensweisen, die sie
in die Interaktions-, Beratungs- oder Trainingssituation herunterbrechen und anschlussfähig machen müssen. Aufgrund der Maßnahmenkürze ist zudem erforderlich,
mit effektiven und reflexiven didaktischen Strategien individuelle und kollektive
Lernhürden zu überwinden (vgl. dazu Nazarkiewicz 2013a). Verschiedene und sich
bisweilen ausschließende Begrifflichkeiten sind zu jonglieren und zu integrieren. All
das macht eine interkulturelle Dienstleistung auf der Höhe der Zeit anspruchsvoll und
komplex, während man in der Beratungspraxis klare Strukturen benötigt, mit denen
man kulturkompetent analysieren, reflektieren und handeln kann. Um keine der wesentlichen Herangehensweisen an das Thema Kultur zu vernachlässigen, werden von
uns Metakonzepte eingesetzt, welche verschiedene Blickwinkel, Haltungen, Kulturverständnisse und Interventionsmöglichkeiten systematisieren.

3 Kulturreflexivität durch drei Metakonzepte

Die folgenden Metakonzepte sind ein Versuch, das wissenschaftsgestützte kulturreflexive Arbeiten mit mehreren Kulturbegriffen für die Praxis zu berücksichtigen und
handhabbar zu machen. Dazu wurden unterschiedliche Theorieansätze, Wissensbestände und methodische Herangehensweisen rezipiert, reduziert und gruppiert. Ziel
ist, die aus der Praxis resultierenden Erwartungen der Kunden aufgreifen zu können
und zugleich eine hinreichende Komplexität bei der wissens- und wissenschaftsge-
stützten Berücksichtigung kultureller Einflussfaktoren im Auge zu behalten.

---

[5] Während beispielsweise in der interkulturellen Managementtheorie die inzwischen stark kriti-
    sierten kulturvergleichenden Studien von Hofstede an den Hochschulen gelehrt werden und in
    den Lehrbüchern von Studiengängen für International Management oder International Business
    die landeskulturelle Perspektive zum Standard gehört (vgl. z. B. Hill 2009), gilt dieses Vorge-
    hen in anderen Disziplinen als unterkomplex. So wird beispielsweise in der Soziolinguistik der
    Globalisierung statt zwischen Kulturen zwischen Zentrum und Peripherie unterschieden und
    argumentiert, dass Sprache und Kommunikation neu konzipiert werden müssen (z. B. Blom-
    maert 2010).

Unterschieden werden dafür drei Konzepte oder auch Blickwinkel der kulturreflexiven und -sensiblen Begleitung. Der Begriff Kulturreflexivität bzw. -sensibilität wurde gewählt, weil er sich vom alltagsweltlichen interkulturellen Kompetenzbegriff absetzt, welcher allzu rasch Landeskulturen assoziieren lässt, und weil er darüber hinaus die methodologische Metaebene antizipiert. Die Reduktion auf drei von mehreren möglichen Herangehensweisen ergab sich aus dem Umgang mit dem „Wissen" über den Einfluss von Kultur sowie aus dem wissenschaftlichen Verständnis von Kultur(en). Als interkulturell spezialisiertes Dienstleistungsunternehmen in der globalisierten Wissensgesellschaft, von dem erwartet wird, dass dass es in diesem Kontext analysiert, auswählt und berät, lag dieser Bezug nahe. Unterschieden werden drei wissensorientierte Umgangsweisen: 1. Das Arbeiten mit Begriffen erster Ordnung, 2. das Reflektieren mit Begriffen zweiter Ordnung und 3. das Handeln aus ideologiekritischer Sicht. Die Idee dahinter ist einfach: So, wie wir als interkulturelle Dienstleister erwarten, dass die Teilnehmenden der Maßnahmen u. a. die Perspektive wechseln können (um z. B. eine Situation aus deutscher oder chinesischer Kulturbrille zu dechiffrieren), so gilt es auch für uns auf einer Metaebene, die (wissenschaftlichen) theoretischen Blickwinkel zu wechseln und die daraus jeweils folgenden Konsequenzen im Blick zu haben. Keine der Perspektiven ist „die wahre", es handelt sich um Welterschließungskonzepte mit dem gleichen Anspruch auf Geltung. Die Perspektiven beanspruchen keine Vollständigkeit oder „Reinheit" in Form von Trennschärfe, sondern dienen im interkulturellen Arbeitsalltag als Heuristiken. Die erläuterten Metakonzepte sind also idealtypisch zu verstehen. Die Übergänge sind fließend, doch die Vorgehensweise gleicht einem Kaleidoskop, es genügt eine „Drehung" und die einzelnen Facetten einer Situation werden in einer anderen Konstellation wahrgenommen, gedeutet und je verschiedene Handlungsweisen werden ableitbar.

1. „Interkulturell"

Das erste Metakonzept folgt der natürlichen Weltanschauung und nimmt / begreift Kultur als das gegebene (unhinterfragte) Wissen über „andere Kulturen" an, wie es im Alltag verstanden wird. Hier erleben wir Kulturen als eine mit

Sprachgemeinschaften oder Landesgrenzen verbundene Kategorie und erklären uns
die Welt auf der Basis geographischer und geopolitischer Gegebenheiten.[6]

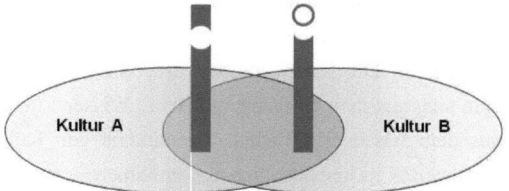

Abbbildung 1: Interkulturalität

Mit diesem Verständnis schließt man tendenziell an den essentialistischen und
alltagsweltlichen Kulturbegriff an. Kultur ist aus dieser Perspektive eine verbindende
und verbindliche Grammatik, besteht aus gemeinsamen und geteilten Symbolen,
Praktiken, Artefakten und Institutionen. Wenn man davon ausgeht, dass verschiedene
Kulturen relevante Einflussgrößen für die Interaktion darstellen können, werden
Lebensweisen bzw. die Orientierung an unterschiedlichen Kulturdimensionen zu
bedeutsamen Differenzfaktoren. Es begegnen sich Menschen, welche die Situation
auf der Basis anderskultureller „Hintergründe" betrachten und dadurch zunächst An-
laufschwierigkeiten haben, sich zu verständigen oder eine gemeinsame neue Kultur
auszuhandeln. Fremd ist das, was einem unbekannt ist, und in der interkulturellen
Kommunikation spricht man von der Gefahr der Missverständnisse durch

---

[6]   Diese Perspektive basiert auf der „natürlichen Weltanschauung" (Schütz/Luckmann 1979), bei
       der sich unser Denken und Sprechen in alltagsweltlichen „Kategorien erster Ordnung" und
       „primären Rahmen" (Goffman 1993, Original 1980) vollzieht. Rahmen geben laut Goffman
       Hinweise für die jeweils kontextsensitive Sinndeutung, also für das situative Erfassen und Ver-
       stehen, was hier eigentlich vor sich geht. In der „Rahmen-Analyse" (1993) untersucht
       Goffman, auf welchen Organisationsprinzipien unsere Situationsinterpretationen basieren. In
       Anlehnung an Bateson definiert er den Terminus „Rahmen" als die Form der Erfahrungsorga-
       nisation, die unseren Erlebnissen Sinn verleiht (ebd.: 19). Die grundlegendsten
       Interpretationsschemata bezeichnet er als „primäre Rahmen" (Goffman 1993: 31ff). Zu den
       zwei großen Klassen primärer Rahmen gehören „natürliche Rahmen", welche die Geschehnis-
       se auf physikalische und „natürliche" Ursachen zurückführen, und „soziale Rahmen", welche
       den Verständnishintergrund für voluntaristische Handlungen bilden. Man tendiert laut Goff-
       man dazu, die Ereignisse im Sinne primärer Rahmen zu beschreiben, diese bilden den
       Hauptbestandteil der Kultur einer sozialen Gruppe (ebd.: 27), mit der sie sich die Welt erklärt.
       Genau genommen sind die primären Rahmen unhintergehbar, da „allgemein die sehr bedeut-
       same Annahme gemacht [wird], dass alle Ereignisse – ohne jede Ausnahme – in das
       herkömmliche Vorstellungssystem hineinpassen und mit seinen Mitteln bewältigt werden kön-
       nen. Man nimmt das Unerklärte hin, aber nicht das Unerklärliche" (ebd.: 40).

Fehlinterpretationen aufgrund unterschiedlicher Deutungs- und Sinnsysteme der Interagierenden. Entsprechend kann das Verständnis von individueller Identität je nach Theorieansatz variieren zwischen einem engen Begriff einer mentalistisch verstandenen Prägung und einem weiteren, dem der Orientierung an Kulturstandards. Angenommen wird der wesentliche Einfluss der jeweiligen kollektiven Kontaktgruppe. In der die Kulturen berücksichtigenden Literatur orientiert man sich im Wesentlichen an „fremdkulturellen" Zielgruppen wie Migranten, ausländischen Studierenden oder Patienten (vgl. dazu z. B. Esser 2010, Rezapour/Zapp 2011) und trägt Hinweise zum Umgang mit den kulturellen Einflussfaktoren zusammen. In Anlehnung an die enge Verbindung von interkultureller Kompetenz mit dem Lernen über andere Kulturen wurde diese Perspektive „interkulturell" genannt. Referenzautoren für diese Perspektive sind beispielsweise die Kulturanthropologen Hofstede (1997) und Trompenaars (1993) oder der Psychologe Thomas (1996).

2. „Multikulturell"

Die zweite Herangehensweise ist systemtheoretisch inspiriert und sieht Kultur als Begriff zweiter Ordnung. Kultur ist aus diesem konstruktivistischen Verständnis heraus ein vielschichtiges Kommunikationssystem mit einer semantischen Dimension hinter der sozialen Kommunikation, basierend auf Selbst- und Fremdreferenzen sowie deren Beobachtung. Indem wir andere als „anders" beschreiben, schauen wir quasi in einen Spiegel und werden uns durch die Irritation der eigenen Erwartungen bewusst. Eingedenk der Möglichkeit, dass mehrere Systeme und Subsysteme relevant sein können (aber nicht müssen), hinsichtlich derer man nur über begrenztes oder gar kein Wissen verfügt, geht es bei diesem Fokus im Wesentlichen darum, mit dem sogenannten konstruktiven Nicht-Wissen zu arbeiten. Das heißt, Hypothesen werden gebildet oder verworfen, um Lösungen zu erarbeiten, welche die Erwartungsbrüche überwinden helfen. Es geht stets um die Thematisierung der Ausschnitthaftigkeit der eigenen Perspektiven. Fremdheit ist daher das Optionale, Kontingente, dem eigenen System Äußerliche und die Herausforderung interkultureller Kommunikation zeigt sich in Form von „Störungen" der Selbststeuerung. Identität wird systemtheoretisch als psychisches System oder Bewusstseinssystem verstanden, das sich selbstreferentiell organisiert und durch fremde „Spielregeln" irritiert werden kann. Referenzautoren mit systemtheoretischem Kulturverständnis sind beispielsweise

Baecker (2000) in der Tradition von Luhmann sowie Colli (2004) und Reinhardt (2005); Letztere lesen die Systemtheorie kritisch und machen sie interkulturell anschlussfähig. Als Praktikerinnen, die sich im Behandlungs- oder Beratungskontext mit interkultureller Kompetenz auf die Systemtheorie beziehen, sind z. B. Hegemann/Oesterreich (2009), Clement (2011) oder Pirmoradi (2012) zu nennen.

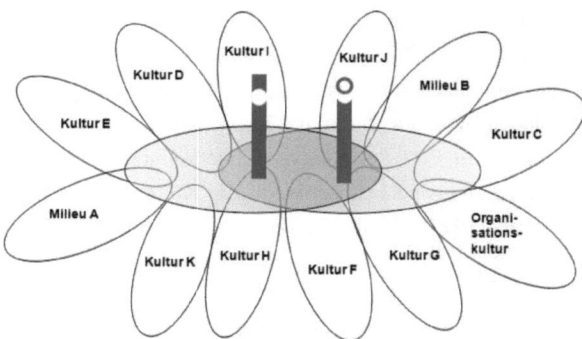

Abbildung 2: Multikulturalität

Um die Berücksichtigung mehrfacher Perspektiven zu betonen, wurde das Konzept „multikulturell" genannt, wobei hier ein erweiterter Kulturbegriff zugrunde liegt, der auch selbstreferentielle Kollektive wie Organisationen, Milieus, Abteilungs- oder Professionskulturen berücksichtigen kann. Letztlich geht es um *jede Konstruktion von Differenz*, welche für die Akteure bedeutsam sein könnte, sowie um deren lösungsorientierte Überwindung.

3. „Transkulturell"

Das dritte Metakonzept fokussiert die Rolle, welche unterschiedliche Machtfaktoren spielen können. Damit antizipiert diese Perspektive die in den Wissensstrukturen eingelassenen Machtkonstellationen der Dominanzkultur (Rommelspacher 1995) sowie identitätsstiftende Diversityaspekte und Identitätskonstruktionen und versucht, diese zu antizipieren und ideologiekritisch zu dekonstruieren.[7] Kultur ist in diesem

---

[7]   Das Konzept der Dominanzkultur wurde von Birgit Rommelspacher Mitte der 90er Jahre entwickelt. Es geht davon aus, dass unterschiedliche Machtdimensionen das Zusammenleben in

Verständnis eine Konflikt- und Kampfarena, in der interessengeleitet um Zugehörigkeiten, Mitbestimmung, Anerkennung und Privilegien in Form von Definitions- und Deutungsmacht gerungen wird. Kollektive und historisch gewachsene Dynamiken bewirken Asymmetrien, wirken auf die Handelnden ein und bilden eine Vorentscheidung hinsichtlich ihrer soziale Positionierungen.[8] Je nach Theoriehintergrund wird das Identitätkonzept auch als „hybrid" oder „kreolisch" bezeichnet, stets auch mit dem Ziel, die Konstruktionsleistung, Einzigartigkeit und Vielfältigkeit hervorzuheben.[9]

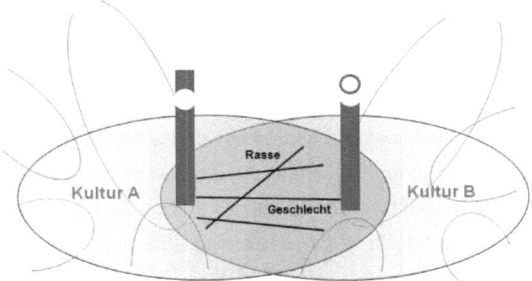

Abbildung 3: Transkulturalität

[8] einer Gesellschaft bestimmen, welche im Sinne eines Dominanzgeflechts miteinander verwoben sind. Sie betont, dass diese Machtverhältnisse sich nicht eindeutig auf Herrschaftsstrukturen beziehen lassen, sondern lehnt sich an Norbert Elias Gedanken an, dass es bei den wechselnden und dynamischen Asymmetrien um symbolische Grenzziehungen geht. Kultur ist dabei das Medium, Überlegenheitsansprüche durchzusetzen und Positionen in der Gesellschaft geltend zu machen.

Identitäten sind hier in ihrer Fremd- und Selbstzuordnung zu reflektieren. Wolf (1999) argumentiert in ihrem gesprächsrhetorischen Konzept der „sozialen Positionierung", dass die Gesprächsteilnehmer über ihre Aktivitäten der sozialen Zuordnung ihre Handlungsbedingungen zu kontrollieren suchen, indem sie sich über die Zuordnung zu sozialen Kategorien bestimmte Eigenschaften zuweisen. Über die soziale Positionierung stellen sie quasi Informationen bereit, welche die Interpretationen und Folgeaktivitäten der GesprächspartnerInnen beeinflussen können.

[9] Neben der Dekonstruktion von Machteinflüssen auf die sozialen Positionierungen sind auch die Konstruktionsleistungen insbesondere von Individuen mit mehrkulturellen Erfahrungen hervorzuheben. In allen Erzählungen über das Selbst werden Erfahrungen verknüpft und Differenzen ausgehandelt. Hybridität verweist auf mehrfache Identifikationen, schillernde Selbstbilder, multiple Lebensstile und Traditionen, zwischen denen die Subjekte „navigieren" (Hein 2006, S. 397ff.).

Referenzautorinnen für dieses Metakonzept sind beispielsweise Vertreterinnen der Ungleichheitsforschung, der Cultural Studies, des Diversityansatzes oder der Kritischen interkulturellen Kommunikation wie z. B. Nakayama/Halualani (2010) oder Sorrells (2013). Auf den Supervisions- und Beratungskontext übertragen diese Überlegungen z. B. Abdul-Hussain und Baig (2009). In Anlehnung an das Gesellschaftskonzept von Welsch (1999) sowie an das in der deutschen Debatte im medizinischen und Pflegebereich verwendete kritische Verständnis von „interkultureller Kompetenz" wurde diese Herangehensweise „transkulturell" genannt.

Ziel ist nicht, die in der Praxis erlebten und in Kapitel 2 exemplarisch genannten Herausforderungen den jeweiligen Metakonzepten zuzuordnen, sondern ein und dieselbe Situation bzw. Anfrage oder Problemkonstruktion aus drei unterschiedlichen Perspektiven zu beleuchten. Mit Blick auf die Problemlage in der Kita beispielsweise, in der 50% der Kinder einen Migrationshintergrund haben, könnte es die Beteiligten durchaus unterstützen, verschiedene kulturelle Werte, Erziehungsstile und -ideale zu kennen (interkultureller Fokus). Vielleicht sind nicht alle notwendigen Wissensbestände verfügbar und weitere Einflussgrößen (z. B. Stadtteilkulturen, Milieus) müssen konstruktiv und lösungsorientiert berücksichtigt werden (multikultureller Fokus), und vor allem ist zu fragen, woran Unterschiede und Fremdheitserfahrungen sowie Erwartungsbrüche festgemacht werden. Was vordergründig auf Kultur zurückführbar scheint, kann andere Ursachen haben. Daher ist zentral, die Irritationswahrnehmungen und Erwartungsbrüche sorgfältig in ihrem Kontext zu betrachten. Und selbst wenn man keine Ursachen findet, ist zu fragen, wie eine gemeinsame Lösung gestaltet werden könnte (systemisch-konstruktivistischer bzw. multikultureller Fokus). Schließlich ist zu bedenken, wie die Dominanz-verhältnisse untereinander vorstrukturiert sind, ob die interkulturelle Öffnung der Institution erfolgt ist oder wie Diversityfaktoren wie beispielsweise Geschlecht und Religion bewertet werden (transkultureller Fokus). Wer hat eine Stimme und kam zu Wort und wer nicht? Welche Sprachen werden gesprochen, welche nicht? Erst wenn von der Auftragsklärung über die empfohlene Maßnahme bis hin zu den wechselnden Haltungen der Experten alle drei Konzepte eingesetzt werden, so die These, ist „Kultur" hinreichend reflexiv und sensibel auf der Basis der wesentlichen wissenschaftlich erarbeiteten Perspektiven berücksichtigt worden. Erst dann kann überlegt und verhandelt werden, welche Wissensbestände (falls nötig) hinzugezogen werden, welche Erwartungsbrüche wie gelöst werden könnten und welche Identäts- und Machtfaktoren gegebenenfalls auch strukturell zu berücksichtigen sind, welche Kompetenzen und Perspektiven die professionellen Begleiter benötigen und wie die Maßnahme schlussendlich aufgebaut werden sollte.

Mit Hilfe der drei Perspektiven können nun die interkulturellen Arbeitssituationen, das Berufsfeld, die Anfrage o. Ä. erschlossen werden. Auch die Rolle der begleitenden Experten verändert sich je nach gewählter und genutzter Herangehensweise. Abhängig vom jeweils angewendeten Konzept der Kulturreflexivität unterscheiden sich Haltungen, die erforderlichen Kompetenzen sowie die benötigten Methoden.

1. Aus interkultureller Sicht ist, wie für das Deuten mit der natürlichen Weltanschauung gewohnt, die Arbeit mit als gegeben angenommenen Unterschieden üblich und es erscheint das als fremd, was man (noch) nicht kennt und was einem unvertraut ist. Die Rolle der professionellen Begleiter ist – so die Erwartung – die von „wissenden" Experten mit besonderen inhaltlichen Kenntnissen und Erfahrungen, die sie vermittels Beratung oder Training übermitteln. Ungewohntes oder missverstandenes Verhalten wird dann auf der Basis erworbenen Wissens und Verständnisses sinnhaft und interpretierbar. Entsprechend hilfreich ist es, zusätzliches kulturpezifisches oder -übergreifendes Wissen zu erwerben und das eigene Handlungsrepertoire um die vieldiskutierte interkulturelle Kompetenz zu erweitern. Typische Methoden von Experten wie Dienstleistungsnehmern sind das Referieren von Deutungswissen, das Einüben von Perspektivenwechseln und andere erfahrungsorientierte didaktische Methoden, die Vermittlung von Selbst-reflexionsstrategien und das Einüben von adaptivem Handlungsrepertoire.

2. Aus systemisch-multikultureller Perspektive gesprochen sind all diese interkulturell vielleicht einleuchtenden Interpretationen und Handlungsmuster zum einen unverbindliche Hypothesen, zum anderen können weitere Faktoren eine Rolle spielen, die vielleicht unbekannt sind und bis zu einem gewissen Grad auch bleiben. Die Umwelt ist kontingent und multioptional, es ist offen, welche Aspekte die Bewusstseins- und Organsationssysteme weiterbringen

werden. Die professionellen Begleiter bieten eine weitere Beobachterinstanz und ermöglichen mit systemischen Methoden Hilfe zur Selbsthilfe. Dazu gehören z. B. die Ermittlung von Vorlieben, eigenen Werten und Erwartungen oder Vorannahmen. Der Umgang mit Heterogenität wird nun nicht durch „anzuwendendes Wissen" bestimmt, sondern stützt sich vor allem auf offene Fragen, eine explorierende Haltung sowie ein Vorgehen nach Versuch und Irrtum. Methodisch helfen in der systemischen kulturreflexiven Herangehensweise Modelle, welche die Beteiligten unter anderem dabei unterstützen, ihre eigenen Präferenzen zu ermitteln oder mit Ambivalenzen und Ambiguitäten umzugehen.[10] Eine weitere methodische Grundlagen sind das Repertoire systemischer offener und lösungsorientierter Fragestellungen.

3. Aus der transkulturellen Perspektive ist stets bei allen Beteiligten und Situationen zu beachten, wer mit welcher gesellschaftlichen Positionierung und Stimme zu wem spricht. Normalitätsvorstellungen ist zu misstrauen. Verschiedene Ungleichheitsdimensionen aus dem Diversity-Ansatz (Thomas/Ely 1996) (wie z. B. Alter, sexuelle Orientierung, körperliche Befähigungen, Geschlecht, Religion) und Herrschaftsverhältnisse, wie sie im Intersektionalitätsansatz erfasst sind (Winker/Degele 2009), werden mit Blick auf die – dynamischen, sich im Verlauf der Interaktion situativ ändernden – Machtkonstellationen hinterfragt.[11] Da aus dieser Perspektive alle Beteiligten in die ideologischen Diskurse verstrickt sind, ist auch die Position der Begleiter kritisch zu reflektieren. Sie sind weder neutral noch unbefangene Experten, sondern eingebunden in die Dynamiken und Mitgestalter – mit allen Konsequenzen. Methodisch erforderlich sind Dekonstruktionen, z. B. vermittels Prämissenreflexion, ausgleichendes Arbeiten, um Augenhöhe zu gewährleisten, strukturelle Maßnahmen und die Beteiligung aller Stakeholder.

---

[10]   Für eine ausführlichere Darstellung von möglichen Methoden im Bezug auf die Konzepte vgl. Nazarkiewicz/Krämer (2012a).

[11]   Der Intersektionalitätsansatz fokussiert aus herrschaftskritischer Perspektive die mehrdimensionale Überschneidung verschiedener verwobener Kategorien und deren Wechselwirkung. Ob die Beteiligten aus einer gutsituierten Familie stammen und gute Bildungsressourcen hatten (Klasse), eine weiße oder schwarze Hautfarbe haben (Rasse), männlich oder weiblich sind (Geschlecht), fit und durchtrainiert sind oder nach üblichen Normen unvorteilhaft aussehen (Körper), ist nicht unerheblich und wirkt sich auf Wertigkeitshierarchien und Zugangschancen aus. Intersektionalität ist die Analyse der Differenzen als Ungleichheitsdimensionen mit mindestens vier maßgeblichen Strukturkategorien: Klasse, Geschlecht, Rasse und Körper (Winker/Degele 2009).

Am Beispiel der multikulturellen Kindertagesstätte weitergeführt, könnten die Fremdheitserfahrungen, welche als „kulturell ungewohnt" etikettiert werden, mit Hilfe von Wissen aus den betreffenden Kulturkreisen aufgegriffen und erläutert werden. Zugleich werden die Beteiligten geltend machen, dass man nicht alle kulturellen Hintergründe gleichermaßen berücksichtigen kann und eher zu überlegen ist, wie ein gemeinsames Lernen, Spielen und Essen in einer multikulturellen Zusammensetzung ermöglicht werden kann. Es gilt eine Lösung zwischen chamäleonartiger Anpassung an eine dominante Leitkultur oder Distanzierung von ihr, also eine Form bewusster Orienterung und Gestaltung von kulturellen Varianten zu finden. Das Argument, man sei schließlich in Deutschland, ist mit der machtreflexiven transkulturellen Herangehensweise dekonstruierbar. Es ist bekanntermaßen ein Unterschied, ob man einen deutschen Pass besitzt und damit alle rechtlichen Optionen zur Verfügung hat sowie ohne Sprachprobleme handeln kann, oder ob man einen Flüchtlingshintergrund hat, von Abschiebung bedroht ist und neben der Familien- oder Muttersprache weitere Sprachen erwerben muss. Es ist zu fragen, wie die strukturelle Beteiligung und Integration von Personen mit Migrationshintergrund im Team, in der Leitung und der gesamten Institution gestaltet ist. Möglicherweise kann es hilfreich sein, die Eltern zu beteiligen, ein bikulturelles Beratungsteam zu bilden oder die Maßnahme von einer Expertin mit Migrations-hintergrund durchführen zu lassen.

Die Tabelle gibt noch einmal eine zusammenfassende Übersicht über die drei Metakonzepte.

Konzepte für kulturreflexive Begleitung	Deuten mit der natürlichen Welt-anschauung	Systemisch – Konstruktivistische Perspektivenvielfalt	Machtreflexive Praxis
Besonderer Fokus	Berücksichtigung von kulturüber-greifendem und - spezifischem Wissen „interkulturell"	Mehrperspektivischer lösungsorientierter Blick (konstruktives Nicht-Wissen) „multikulturell"	Berücksichtigung von Makroeinflüssen auf die Identitätsfaktoren und Interaktionen „transkulturell"
Kulturbegriff	Essentialistisch: Lebensweisen, „Län-der"	Systemisch: „Spielregeln", Muster, Sinnattraktoren	Kohäsiv: ideologie- und macht-kritisch, Differenz- und Diversity-orientiert
„Fremdheit"	Unbekannt	Kontingent	Ausgeschlossen
Interkulturelle Kommunikation	„Missverständnisse"	„Störungen"	„Ideologie"
Heran-gehensweise	Arbeit mit Vorannah-men Wissen erwerben und anwenden	Arbeit mit dem Nicht-Wissen Selbstreflexiv und lö-sungsorientiert: Bilden und Verwerfen von Hy-pothesen	Arbeit an Voraussetzun-gen Wer spricht zu wem? Dekonstruktion und (Re-)Konstruktion
Grenzen	Überschätzung von kulturellen Ein-flussfaktoren	Fehlende interkulturelle Expertise	Begrenzter individueller Einfluss

Abbildung 4: Übersicht

Die drei Herangehensweisen können einander ergänzen oder auch ausschließen, die Unterstützung durch die Metakonzepte lebt von ihrer Systematik und dem bewussten Einsatz und Wechsel der Metaebenen. Jede der Herangehensweisen hat ihre Stärken, Risiken und Grenzen.

1. Die Anerkennung kultureller Faktoren in der interkulturellen Perspektive ist ein bedeutsamer Schritt, sofern man diese nicht überschätzt. In der pragmatisch orientierten Anwendungserwartung riskiert das interkulturelle Lernen weitere Fehldeutungen und Verkürzungen, wenn Kulturen mit Landeskulturen gleich-

gesetzt sowie keine erweiterten Perspektiven berücksichtigt werden. Ihre Stärke hat sie in der Vereinfachung und Anschlussfähigkeit an die
Alltagsvorstellungen sowie der Erweiterung und Reflexion der eigenen Per-
spektive(n).

2. Die systemisch-konstruktivistische Herangehensweise vervielfältigt Perspektiven und hat ihre Stärke in ihrer konstruktiven Offenheit und Lösungs-
orientierung. Ohne interkulturelle Expertise gerät sie jedoch rasch an ihre
Grenze. Die Systemik und die mit ihr verbundenen Methoden suggerieren –
kulturreflexiv betrachtet – eine Neutralität, die nicht gegeben ist. Schon so
simple Techniken wie offene Fragen können in einer interkulturellen Situation
fehlschlagen. Wenn mein Gesprächspartner persönlichen Kontakt sucht, erhalte
ich vielleicht keine Antwort oder eine, die ich nicht einordnen kann. Oder ich
werde missverstanden, weil die offene Frage z. B. als Übergriff oder Erwar-
tungsbruch interpretiert wird, wenn die Person Rat oder eine Empfehlung von
Autoritäten gewohnt ist. Im praktischen Alltag ist allein schon die Etablierung
eines konstruktivistischen Weltbildes eine Herausforderung und eine Hürde im
Kontext interkulturellen Lernens (vgl. Nazarkiewicz 2010, Kap. 4). Benötigt
wird also eine interkulturell aufgeklärte systemische Methodik.

3. Die machtreflexive und ideologiekritische Vorgehensweise berücksichtigt zwar
soziale Positionierungen und Identitäten und sucht nach einem potenziellen
Ausgleich, riskiert aber Erwartungsbrüche und Frustrationen durch die Politi-
sierung der Situation. Gute Absichten können ins Leere laufen, der individuelle
Einfluss bei gesellschaftlichen Machtkonstellationen ist per definitionem möglich, aber begrenzt. Die Stärke des Konzepts ist die radikale Reflexion der
Prämissen jeglichen Deutens und Handelns sowie die konsequente Gleich-
heitsorientierung und Ausrichtung an sozialer Gerechtigkeit.

Schließlich muss ergänzt werden, dass es bei den geschilderten Situationen noch
Faktoren jenseits von Kultur geben kann, welche die wahrgenommene Problemlage
beeinflussen oder erzeugen können. Unter Umständen gibt es in der Kita schlichtweg
ein Führungsproblem und die vermeintlich kulturellen Hürden erweisen sich als
weniger relevant als vermutet. In die tägliche Praxis fließen idealiter alle drei Perspektiven oder Metakonzepte als Blickrichtungen und Heuristiken ein. So ist

gewährleistet, dass Kultur weder unter- noch überschätzt, aber stets berücksichtigt wird.

4 Kulturreflexives Vorgehen: ein Fallbeispiel

Bei kulturbezogenen Anfragen aus der Berufspraxis für unterstützende Personalentwicklungsmaßnahmen wie Beratung, Coaching oder Training wird – so wurde argumentiert – zumeist dann Bezug auf Kultur genommen, wenn verschiedene Landeskulturen im Spiel sind und die Differenzerfahrungen diesen zugeschrieben werden. Dieses voranalytische Vorgehen ist allerdings auch in der Wissenschaft zu beobachten (Földes 2009). Umso bedeutsamer ist es, in der Praxis kulturreflexiv vorzugehen.

Fallbeispiel: Interkulturelles Coaching
Ein Klinikum in einer größeren Stadt in Deutschland hat sich aufgrund langjähriger Forschungstätigkeiten und Behandlungserfolge einen Namen in der Herzchirurgie gemacht. Vermittels guter Kontakte wurde ein Beratungsprojekt in die Vereinigten Arabischen Emirate (V.A.E.) verkauft. Ziel ist der Aufbau eines Kardiologiezentrums vor Ort und der Transfer der Expertise von Deutschland in die V.A.E. Dafür werden regelmäßig Ärzte, Physiotherapeuten und Pflegekräfte für mehrere Wochen oder Monate zum Kooperationspartner entsandt. Ein junger Assistenzarzt wurde innerhalb des Projekts zum Leiter des Teams ernannt und sollte in seiner neuen Position den Chefarzt in Dubai vertreten. Sein Auftrag zur Zeit der Anfrage war, das deutsche Team von Spezialisten zu führen und die Station zu leiten, ein interkulturelles Training zu den V.A.E. hatte er bereits besucht. Unter seinen Mitarbeitern war auch ein erfahrener älterer Oberarzt, der die nun vom Coachingpartner bekleidete Führungsposition entgegen eigenem Wunsch nicht erhalten hatte.
Da der Chefarzt die Herausforderungen vor Ort aus eigener Erfahrung kannte, beauftragte er ein „Interkulturelles Coaching". Das Coaching begann wie so oft kurz vor der Entsendung und die Ziele waren: eine Unterstützung bei der Klärung, dem Einnehmen und Wahren der neuen Führungsrolle zu erhalten, mit den interkulturellen Herausforderungen vor Ort konstruktiv umzugehen, mögliche Konflikte anzugehen und zu bewältigen sowie die Förderung der nach außen spür- und sichtbaren Führungskompetenzen. Mit einem Stundenbudget von 12 Stunden begann das Coaching

vor der Abreise, wurde während der Kurzzeitentsendung virtuell weitergeführt und nach der Entsendung, also mit der Rückkehr des Coachingpartners, abgeschlossen. Da es die erste Führungsposition für den jungen Arzt war und er zudem einen älteren und ranghöheren Kollegen im Projekt zu führen hatte, bereitete er sich im Rahmen des Coachings vor der Abreise vor allem auf seine Führungsrolle und -aufgabe vor. Zunächst begann das Coaching also wie vergleichbare Führungscoachings mit zahlreichen systemischen (vor allem offenen) Fragen und Skalenfragen[12] und unterstützte den Coachingpartner dabei, ein eigenes Führungsleitbild zu entwickeln. Da diese Rollenausgestaltung mit Werten einhergeht, war zu prüfen, ob seine selbst definierten Zielvorstellungen hinsichtlich der Führungsrolle im multikulturellen Umfeld hinreichend kompatibel waren. Während der Phase der virtuellen Coachingsitzungen und seiner Zeit in Dubai stand im Zentrum, Ereignisse, Situationen oder Herausforderungen, vor die der Coachee gestellt war, mit allen drei Perspektiven zu betrachten. Als interkulturelle Differenz (natürliche Weltanschauung) war für den Coachingpartner auffällig, dass die Patienten vor Ort ein anderes Verständnis von Krankheiten und den Rollen im medizinischen Kontext hatten, was u. a. das erwartete Verhalten von Ärzten, Patienten und Angehörigen im Krankheitsfall berührte. Zwar war das Thema im interkulturellen Training, das er besucht hatte, angesprochen worden, es hatte jedoch die Zeit gefehlt, Verhaltens- und Handlungskonzepte zu entwickeln. Zugleich musste er in der Kommunikation stärker von der Sachebene auf die Beziehungsebene umfokussieren. Er trainierte sein Kommunikationsverhalten zu variieren, weniger zu argumentieren und stattdessen mehr Empathie, Autorität und Fürsorge zu zeigen. Aus deutscher und berufsständischer Perspektive heraus erschien ihm diese Art des Sprechens zunächst als „inkompetent". Nur über die Erläuterung von Hintergründen und das Verstehen kulturgebundener Wissensbestände, was diese Sprechakte dem Gegenüber bedeuten, wie damit „Compliance", also   das für den Arzt so notwendige kooperative Verhalten hergestellt wird, konnte bei ihm die Bereitschaft dafür erzeugt werden. Dazu wurden exemplarisch auch einzelne kommunikative Elemente und Formulierungsvarianten in Englisch eingeübt, welche diese Haltung in die Interaktion

---

[12]   Skalen- bzw. Skalierungsfragen reduzieren Komplexität. Sie ermöglichen, subjektive Wahrnehmungen, Einschätzungen und andere weiche Faktoren zu operationalisieren und damit „messbar" zu machen. Der Coachingpartner wird beispielsweise gebeten, auf einer Skala von 1 bis 10 einzuschätzen, wie konkret er sich bereits in seiner Führungsrolle angekommen sieht, oder eine Führungskraft wird gefragt, wie weit sie den Umfang ihres Führungsrepertoires einschätzt etc.

umsetzen. Zugleich übte der Coachingpartner damit, sich mehr an die Rollenerwartungen der Patienten und Angehörigen anzupassen.

Die Arbeit in einem sehr heterogenen Umfeld und Team machte aber auch eine Weiterführung der systemisch-konstruktivistischen Perspektivenvielfalt notwendig. Der Coachingpartner hatte vor Ort mit Personen aus verschiedenen Professionskulturen und aus vielen verschiedenen (National-)Kulturen zu tun, über deren Besonderheiten beide Coachingpartner nicht immer etwas wussten oder in Erfahrung bringen konnten. Immer wieder tauchten Irritationen und Konfliktlagen auf, die sich vor allem in Erwartungsbrüchen beim Coachingpartner äußerten. Auch umfassendere Deutungswissensbestände hätten hier vermutlich nur wenig geholfen. Über Präferenzermittlungen, die Beantwortung lösungsorientierter Fragen (durch den Coachingpartner selbst), wie mit der Situation im Hinblick auf die eigenen Ziele am besten umzugehen sei, sowie das kognitive Durchspielen verschiedener Szenarien fand der Coachingpartner heraus, was zu ihm passte, und konnte die Situationen in der Praxis auch für sich selbst zufriedenstellend lösen.

Bedeutsam waren im Verlauf des Coachings auch die zu berücksichtigenden Machtpositionen. Mehrere Hierarchieachsen und wechselseitige Abhängigkeiten kreuzten sich. Es gab die Beziehung zwischen Kunde, Geld- und Auftraggeber mit dem Coachingpartner als Vertreter der Auftragnehmerseite. Zugleich hatte hier der Auftragnehmer – und damit er selbst – eine besondere Expertise hinsichtlich der Fachkompetenz und damit Deutungsmacht inne. Im Klinikalltag spielten die zugeschriebenen sozialen Hierarchien zwischen den Kulturen und ihren Repräsentanten ebenso eine Rolle wie machtvolle politische Funktionen und Verbindungen einiger der Protagonisten. Bei der Teambildung und -leitung waren relevante Alters- und Erfahrungsunterschiede zu berücksichtigen und schließlich hatte der Coachingpartner auch den (deutschen) Oberarzt zu führen. In dessen Selbstverständnis und Verhalten blieb der Anspruch auf die eigene Führungstätigkeit stets präsent, was für den Coachingpartner eine Herausforderung im Hinblick auf die soziale Positionierung bedeutete.

Erwähnt werden muss, dass es darüber hinaus auch stets Bereiche gibt, bei denen (sub-)kulturelle Überlegungen und Einflüsse zunächst keine zentrale Rolle spielen. In diesem Coachingfall betraf dies die Entwicklung einer persönlichen Führungshaltung und Autorität für den Coachingpartner. Diese Aufgabe war als eigenes

Entwicklungsfeld in der gegebenen Situation weder abhängig von der Professions-
kultur noch von beteiligten Landeskulturen, wenngleich deren kulturspezifischen
Erwartungen zu berücksichtigen waren. Auch im Binnenverhältnis zwischen den
Coachingpartnern spielten weder Diversitykategorien noch kulturelle Hintergründe
eine maßgebliche Rolle. Einzig die Alters-, Wissens- und Erfahrungsunterschiede
mussten – wie letztlich bei jedem Coaching – ausgeglichen werden, damit keine den
Coachingpartner schwächende Beratungssituation entstand und der Coachingpartner
seine eigenen Lösungen generieren konnte. Dies ist eine Standardsituation im
Coaching, und der Rollenwechsel zwischen verschiedenen Sprechpositionen wie
z. B. Berater/in, Trainer/in, Mentor/in, Begleiter/in etc. und Coach (als Ausgangs-
und Zielposition des Coaches) sollte von jedem professionell arbeitenden Coach
kommunikativ kompetent gesteuert werden können, sodass das Arbeiten auf Augenhöhe erhalten bleibt.[13] Im kulturreflexiven und speziell im trainingsnahen
interkulturellen Coaching bleibt dies jedoch eine besondere Herausforderung, da immer wieder Expertenwissen vonnöten ist.

5 Ausblick: Kulturreflexivität als immanenter Faktor aller Dienstleistungen

Die dargelegten kulturreflexiven Metakonzepte für die professionelle Personalentwicklung mit interkultureller Expertise richten sich vor allem an interkulturell
arbeitende Multiplikatoren wie Trainer der Personalentwickler und zielen auf die
Systematisierung und Erweiterung ihres professionellen Handlungsrepertoires. Sie
wurden speziell für Einzelsettings wie Coaching und Therapie ausführlich erschlossen (Nazarkiewicz/Krämer, 2012a/b, 2013), können aber auch in Gruppensituationen
wie Workshops oder unmittelbar in beruflichen Feldern und Settings (ohne Experten-
begleitung) genutzt werden. Kurzfristiges Ziel ist die Dynamisierung der
professionellen Perspektiven auf Kultur im interkulturellen Feld einerseits und die
systematische Nutzung verschiedener Ansätze andererseits. Die Fallbeispiele zeigen
jedoch auch, dass es sich bei den Aufgaben (Coaching, Mediation, Teamentwicklung)
um klassische Formate handelt, für die Wissensbestände aus den Konzepten zur interkulturellen Orientierung hinzugenommen werden, als seien Erstere selbst
kulturneutral ohne Bias. Eines unterscheidet das kulturreflexive Vorgehen jedoch

---

[13]   Zur Rollenvielfalt im Coaching siehe Vogelauer 2002.

grundsätzlich von Anfragen ohne Kulturbezug: die (Prämissen-)Reflexion auf geteilte bzw. möglicherweise nicht geteilte Praktiken und Werte und deren Bewertung – hinsichtlich aller Inhalte und auch hinsichtlich der methodischen Vorgehensweisen. Daher ist als Ausblick zu überlegen, was eine systematische kulturreflexive Berücksichtigung verschiedener kultureller Einflussfaktoren für die Formate, alle Methoden und natürlich die vermittelten weit verbreiteten Standardinhalte bedeuten könnte. Konsequent weitergedacht müssen Inhalte und klassische Themen und Schlüsselqualifikationen wie Projektmanagement, Führung oder Kommunikation, aber auch die methodischen Vorgehensweisen auf ihren kulturellen Bias untersucht werden und Kultur muss als immanenter Faktor stets mitbedacht werden (vgl. dazu ausführlicher Nazarkiewicz 2013b). Dies hätte einen entscheidenden Perspektivenwechsel zur Folge: Interkulturalität und Kulturreflexivität würden weitverbreitete Standards und Modelle sowie deren Letztbegründungen wie Menschenbild, implizite Werte etc. kritisch hinterfragen. Die „Black Box Interkulturalität" (Földes 2009) ist in ihrem Potenzial noch lange nicht erschlossen.

Literatur

Abdul-Hussain, Surur / Baig, Samira (Hg.) (2009): Diversity in Supervision, Coaching und Beratung. Wien: Facultas.

Baecker, Dirk (2000): Wozu Kultur? Berlin: Kadmos.

Bennett, Milton (o. J.): A developmental model of intercultural sensitivity. URL: http://www.library.wisc.edu/edvrc/docs/public/pdfs/SEEDReadings/intCulSens.pdf (Stand 10.6.2014).

Bennett, Milton J. (2001): Developing intercultural competence for global leadership. In: Reineke, Rolf-Dieter / Fussinger, Christine (Hg.): Interkulturelles Management. Konzeption – Beratung – Training. Wiesbaden: Gabler.

Blommaert, Jan (2010): The sociolinguistics of globalization. Cambridge u. a.: Cambridge University Press.

Clement, Ute (2011): Kon-Fusionen. Über den Umgang mit interkulturellen Business-Situationen. Heidelberg: Carl-Auer.

Colli, Christian (2004): Mit der Kultur gegen die Kultur. Chancen und Grenzen des Kulturbegriffs bei Niklas Luhmann. (Duisburger Beiträge zur soziologischen Forschung Nr. 6/2004). URL: https://www.uni-due.de/imperia/md/content/soziologie/dubei_0604.pdf (Stand 10.6.2014).

Esser, Bernhard (2010): Kultursensitive Beratung und Dialog. Arbeit und Begegnung mit ausländischen Studentinnen und Studenten. Schwalbach/Ts.: Wochenschau-Verlag.

Földes, Csaba (2009): Black Box „Interkulturalität": Die unbekannte Bekannte (nicht nur) für Deutsch als Fremd-/Zweitsprache. Rückblick, Kontexte und Ausblick. In: Wirkendes Wort 59, Heft 3, 503–525.

Goffman, Erving (1993): Rahmen-Analyse. Ein Versuch über die Organisation von Alltagserfahrungen. 3. Auflage (Originalausgabe: 1980), Frankfurt am Main: Suhrkamp.

Haas, Helene (2008): Das interkulturelle Paradigma. Passau: Karl Stutz.

Hein, Kerstin (2006): Hybride Identitäten. Bastelbiografien im Spannungsverhältnis zwischen Lateinamerika und Europa. Bielefeld: transcript.

Hegemann, Thomas / Oesterreich, Cornelia (2009): Einführung in die interkulturelle systemische Beratung und Therapie. Heidelberg: Carl-Auer.

Hill, Charles W. L. (2009): International Business. Competing in the global market-place. Boston: McGraw-Hill/Irwin.

Hofstede, Geert (1997): Lokales Denken, globales Handeln. Interkulturelle Zusammenarbeit und globales Management. München: dtv.

Nakayama, Thomas K. / Halualani, Rona Tamiko (Hg.) (2010): The handbook of critical intercultural communication (Handbooks in communication and media). Chichester, West Sussex, U.K. ; Malden, MA: Wiley-Blackwell.

Nazarkiewicz, Kirsten (2010): Interkulturelles Lernen als Gesprächsarbeit. Wiesbaden: VS Verlag für Sozialwissenschaften.

Nazarkiewicz, Kirsten (2013a): Hürden und Lösungen in interkulturellen Settings. In: von Helmolt, Katharina / Berkenbusch, Gabriele / Jia, Wenjian (Hg.): Interkulturelle Lernsettings. Konzepte – Formate – Verfahren. Stuttgart: Ibidem, 43–84.

Nazarkiewicz, Kirsten (2013b): Interkulturalität als immanenter Faktor in Coaching und Training – konzeptionelle Überlegungen. In: Interculture Journal 12 (20), 47–68.

Nazarkiewicz, Kirsten / Krämer, Gesa (2012a): Handbuch interkulturelles Coaching. Konzepte, Methoden und Kompetenzen kulturreflexiver Begleitung. Göttingen: Vandenhoeck & Ruprecht.

Nazarkiewicz, Kirsten / Krämer, Gesa (2012b): "Denken ohne Grenzen - Kulturreflexives Coaching". In: managerSeminare, Heft 171, Juni 2012b.

Nazarkiewicz, Kirsten / Krämer, Gesa (2013): Interkulturell, multikulturell, transkulturell: Kultur(en) in Begleitprozessen systematisch berücksichtigen, in: Kontext – Zeitschrift für Systemische Therapie und Familientherapie, Jg. 44, Nr. 1, 22–40.

Pavkovic, Gari (o. J.): Von Integration zu Diversity? Die Stadt Stuttgart auf dem Weg zu einer Diversitätspolitik. URL: http://heimatkunde.boell.de/2008/07/01/von-integration-zu-diversity-die-stadt-stuttgart-auf-dem-weg-zu-einer-diversitaetspolitik (Stand 24.6.2014).

Pirmoradi, Saied (2012): Interkulturelle Familientherapie und -beratung: Eine systemische Perspektive. Göttingen: Vandenhoeck & Ruprecht.

Rathje, Stefanie (2006): Interkulturelle Kompetenz – Zustand und Zukunft eines umstrittenen Konzepts. Zeitschrift für Interkulturellen Fremdsprachenunterricht, 11 (3), URL: http://zif.spz.tu-darmstadt.de/jg-11-3/beitrag/Rathje1.htm (Stand 10.6.2014).

Reinhardt, Jan Dietrich (2005): Niklas Luhmanns Systemtheorie interkulturell gelesen. Nordhausen: Traugott Bautz.

Rezapour, Hamid / Zapp, Mike (2011): Muslime in der Psychotherapie. Ein kultursensibler Ratgeber. Göttingen: Vandenhoeck & Ruprecht.

Rommelspacher, Birgit (1995): Dominanzkultur. Texte zu Fremdheit und Macht. Berlin: Orlanda-Frauenverlag.

Schröer, Hubertus (2007): Interkulturelle Orientierung und Öffnung: Ein neues Paradigma für die Soziale Arbeit. In: Archiv für Wissenschaft und Praxis der sozialen Arbeit, Heft 1, S. 80-91. URL: http://www.i-iqm.de/dokus/Interkulturelle_Orientierung%20_oeffnung.pdf (Stand 10.6.2014).

Schütz, Alfred/Luckmann, Thomas (1979): Strukturen der Lebenswelt. Frankfurt am Main: Suhrkamp.

Sorrells, Kathryn (2013): Intercultural communication. Globalization and social justice. London: Sage.

Thomas, Alexander (1996): Handlungswirksamkeit von Kulturstandards. In: Alexander Thomas (Hg.): Psychologie interkulturellen Handelns Göttingen: Hogrefe, 107–136.

Thomas, David A. / Ely, Robin J. (1996): Making differences matter. A New paradigm for managing diversity. In: Harvard Business Review, September-October 1996.

Trompenaars, Fons / Hampden-Turner, Charles (1993): Riding the waves of culture. Understanding cultural diversity in business. London: Nicholas Brealey.

Vogelauer, Werner (2002): Coaching-Praxis. Führungskräfte professionell begleiten, beraten und unterstützen (4. erw. und überarb. Aufl.). Neuwied u. a.: Luchterhand.

Welsch, Wolfgang (1999): Transculturality – the puzzling form of cultures today. In: Featherstone, Mike / Lash, Scott (Hg.): Spaces of Culture: City, Nation, World. London: Sage, 194–213

Winker, Gabriele / Degele, Nina (2009): Intersektionalität. Zur Analyse sozialer Ungleichheiten. Bielefeld: Transcript.

Wolf, Ricarda (1999): Soziale Positionierung im Gespräch. In: Deutsche Sprache 27, 69–94.

Steuerung kultureller Vielfalt
durch Management und Personalauswahl

Astrid Podsiadlowski, Daniela Gröschke

Ansätze zum strategischen Management organisationaler Diversität – Beispiele aus Österreich und Deutschland

1 Einleitung

Dieser Beitrag berichtet über unsere Forschungsarbeiten zum Thema organisationale Diversität und geht folgenden Fragen nach: Wie gehen Organisationen in Österreich und Deutschland mit kultureller Diversität um? Welche Ansätze sind am häufigsten vertreten? Welche Effekte einzelner Diversity-Strategien lassen sich in Organisationen identifizieren? Wir berichten von mehreren empirischen Studien und fassen zentrale Erkenntnisse aus unseren Projekten zusammen. Der Aufbau des Beitrages ist daher eher beschreibend als analytisch deduktiv. Ziel des Beitrages ist es, einen konzeptionellen Überblick über verschiedene Ansätze zum strategischen Management von Diversität in Organisationen zu geben und anhand erster Ergebnisse aus quantitativen Befragungen in Österreich und Deutschland diese Ansätze zu diskutieren und vergleichend darzustellen. Der in unseren Arbeiten zugrunde liegende Diversitätsbegriff bezieht sich auf kulturelle Vielfalt (z.B. Nationalität, Ethnie).

2 Strategisches Diversity Management

Für Unternehmen gewinnt der strategische Umgang mit Diversität an Bedeutung. Auch in der Forschung besteht breite Übereinstimmung über die Notwendigkeit, in Organisationen aktiv mit Vielfalt umzugehen sowie Vor- und Nachteile für die beteiligten Akteure zu identifizieren (z.B. Kochan/Bezrukova/Ely 2003). Diversity ist ein bekanntes und gut erforschtes Konzept sowohl in Nordamerika als auch in Europa. Bisherige Untersuchungen weisen jedoch auf die Komplexität eines strategischen Diversity Managements hin und beruhen hauptsächlich auf Einzelfallstudien, sodass der Forschungsstand insbesondere hinsichtlich der Effekte eines Diversity Managements als fragmentiert angesehen werden kann.

Über ein *Diversity Management* sollen Potenziale personaler Vielfalt genutzt und kulturelle Probleme reduziert werden. Ein Diversity Management bietet damit „einen konzeptionellen Rahmen zum strategischen Umgang mit personeller Vielfalt" (Vedder 2003:26). Strategische Ansätze des Diversity Managements können entlang eines Kontinuums von einem reaktiven, vermeidenden Umgang mit Diversität hin zu einem proaktiven, wertschätzenden Management von Diversität eingeordnet werden (vgl. Abbildung 1). Die Ansätze beziehen sich auf die normativen Überzeugungen und Erwartungen von Organisationsmitgliedern hinsichtlich der Fragestellungen, warum oder warum nicht Diversität in Organisationen relevant ist und welchen Wert kulturelle Diversität in Organisationen hat.

Thomas und Ely (1996) unterscheiden drei Paradigmen hinsichtlich des strategischen Umgangs mit Diversität in Organisation: (a) Anti-Discrimination and Fairness Paradigm, (b) Access and Legitimacy Pradigm, (c) Learning and Effectiveness Paraidgm. Dass und Parker (1999) ergänzen eine vierte Perspektive: Resistance Paradigm (Reinforcing Homogeneity). Damit vervollständigen sie in Anlehnung an Roosevelt (1995) mögliche Reaktionen auf Vielfalt. Diversität kann somit inkludierend oder exkludierend wirken, kann verleugnet und nivelliert werden und kann zu Assimilierungs-, Adaptions-, Unterdrückungs- oder Isolierungstendenzen führen. Podsiadlowski, Otten und van der Zee (2009) re-analysierten die von Ely und Thomas (2001) genannten Fallbeispiele und identifizierten eine fünfte Dimension: Colour-Blind. Die einzelnen Perspektiven/Strategien werden nachfolgend vorgestellt und erörtert.

Organisationen mit einer *Reinforcing Homogeneity-Perspektive* (bzw. einem Resistance-Ansatz) streben nach Homogenität und sind gegenüber kultureller Diversität resistent. Diesem Ansatz liegt die Annahme zugrunde, dass Organisationen und ihre Mitglieder auf natürliche Weise Gleichheit und Ähnlichkeit der Organisationsmitglieder suchen, denn die Auseinandersetzung mit „dem Anderen", „dem Fremden" wirkt als Bedrohung und auch als Kostenfaktor. Diversität wird demzufolge als wenig wertvoll betrachtet, sodass ein Diversity Management nicht implementiert ist.

Kulturelle Unterschiede finden in Organisationen mit einer *Colour-Blind Perspektive* keine Berücksichtigung, d.h. kulturelle Diversität wird weder anerkannt noch verleugnet. Es wird davon ausgegangen, dass alle Menschen gleich sind und anhand ihrer Kompetenzen beurteilt werden (sollten). Mitarbeiter werden ausgewählt und befördert, wenn sie aufgrund ihrer Kompetenzen und Qualifikation am besten für eine Position geeignet sind. Die Unternehmen sind nicht aktiv darum bemüht, kulturell diverser zu werden.

In Organisationen mit einer *Fairness-Perspektive* wird versucht, Chancengleichheit herzustellen und Diskriminierung zu vermeiden. Es bedarf spezifischer Maßnahmen, um kulturelle Minderheiten (z.B. Personen anderer Nationalität) in Organisationen zu unterstützen und gleichberechtigt an betrieblichen Prozessen (z.B. Beförderung) zu beteiligen. Diversität ist somit ein Kostenfaktor. Die Gleichbehandlung wird aufgrund gesetzlicher Anforderungen (z.B. Affirmative Action; Allgemeines Gleichbehandlungsgesetz) forciert, weitere spezifische Vorteile durch Diversität werden hingegen nicht erwartet.

Organisationen mit einer *Access-Perspektive* erkennen kulturelle Diversität als wertvolle Ressource in Unternehmen an, um Marktzugangsvorteile über eine heterogene Belegschaft zu generieren. Diversität (bzw. die kulturelle Zugehörigkeit) von Mitarbeitern wird als Potenzial begriffen, neue Märkte und Marktsegmente auszuschöpfen, aber auch Kundenbedarfe zu erkennen. Es wird nicht zwingend in Diversitätsmaßnahmen investiert, da die kulturelle Zugehörigkeit als gegebenes Merkmal aufgefasst wird, das zur Generierung von Wettbewerbsvorteilen genutzt werden kann.

In Organisationen mit einer *Integration & Learning-Perspektive* wird Diversität als strategische Ressource gesehen, die organisationale Lernprozesse unterstützt und damit zu Synergien, Innovationen und höherer Mitarbeiterbindung führen kann. Dazu ist es notwendig, kulturelle Vielfalt durch geeignete Maßnahmen und Instrumente zu inkludieren und damit den Wertschöpfungsbeitrag einer kulturell diversen Belegschaft zur Unternehmensleistung zu verdeutlichen (vgl. Podsiadlowski et al. 2013). Dieser Ansatz wird häufig als Ideal eines Diversity Managements beschrieben.

Abbildung 1: Diversity Management Kontinuum

3 Empirische Evidenz strategischer Ansätze des Diversity Managements in Österreich

Zur Analyse der fünf Diversity-Perspektiven haben wir einen Fragebogen entwickelt und validiert (Podsiadlowski et al. 2013). Die Entwicklung des *Diversity Perspective Questionnaires* (DPQ) basiert auf zwei Studien: einer Interviewstudie und einer Validierungsstudie. In der Interviewstudie wurden 29 Interviews mit Diversity Managern in Unternehmen in Österreich durchgeführt und danach gefragt, wie Diversität in Organisationen wahrgenommen wird, welche Gründe für die Implementierung eines Diversity Managements existieren und welchen Wert Diversität für die Organisation darstellt. In den Interviews wurde deutlich, dass organisationale Faktoren wie Größe der Organisation, die geographische Lage des Unternehmens und die internationale Marktposition beeinflussen, welcher Wert Diversität zugeschrieben und wie mit Diversität im Unternehmen umgegangen wird. Insbesondere für Unternehmen in urbanen Regionen stellt die Rekrutierung von qualifiziertem Personal eine Herausforderung dar, wodurch Organisationen zum Überdenken ihrer Diversitäts-Annahmen gezwungen werden. Fragt man nach dem Grund für die Implementierung eines Diversity Managements, favorisieren die Befragten die Access-Perspektive: mithilfe eines Diversity Managements sollen Marktzugänge aber auch Zugänge zu qualifiziertem Personal generiert werden. Die Integration & Learning-Perspektive wird am zweithäufigsten genannt, gefolgt von der Colour-Blind sowie der Fairness-Perspektive. Drei Organisationen gaben auch an, Diversität reduzieren und Homogenität fördern zu wollen.

Diversity Management ist in allen befragten Organisationen kein systematisch gelebter Ansatz, eher werden Diversity-Initiativen episodisch eingesetzt. Auch fehlen Monitoring-Instrumente zum Management von Diversität in den befragten Organisationen. Diese Ergebnisse sind kongruent zu den Ergebnissen von Pircher und Kollegen (2005), die herausarbeiten, dass das Diversity-Management in österreichischen Organisationen noch in den Kinderschuhen steckt. Erste Initiativen sind aber vorhanden, um für das Thema Diversity zu sensibilisieren.

Die Ergebnisse aus der Interviewstudie wurden, begleitet durch einen Experten-Workshop, in Items und Vignetten für eine standardisierte Befragung überführt. Vignetten sind ein Erhebungsinstrument aus der interkulturellen/kulturvergleichenden Psychologie. Die Vignetten beschreiben ein kurzes Szenario, das für eine spezifische strategische Perspektive steht. Erfragt wird dann sowohl der IST-Zustand, also wie werden die strategischen Ansätze in den Organisationen gelebt („Inwieweit passt diese Beschreibung zu Ihrer Organisation?"), als auch der SOLL-Zustand, also der Wert, der mit einem strategischen Ansatz verbunden wird („Für wie wünschenswert halten Sie diese Beschreibung für Ihre Organisation?"). Dieses Vorgehen hat den Vorteil, dass Entwicklungstendenzen abgebildet und Aspekte kultursensibel erfasst werden können. Die Vignetten werden auf einer fünfstufigen Ratingskala beantwortet (könnten aber auch in eine Rangfolge gebracht werden).

Der Fragebogen wurde an 150 Personen aus 113 multinationalen Organisationen (64% große, 20% kleine, 15% mittlere multinationale Organisationen) getestet. Multinational bedeutet hierbei, dass die Organisationen entweder über mehrere Tochtergesellschaften im Ausland verfügten oder selbst von einem ausländischen Mutterkonzern geleitet wurden. Die Organisationen gehörten hauptsächlich zur Finanz-, Forschungs- und Weiterbildungsbranche. In der Datenanalyse haben wir mögliche Unterschiede zwischen privatwirtschaftlichen und öffentlichen Einrichtungen kontrolliert, konnten hier aber keine Effekte finden. Die Hälfte der befragten Personen hatte Führungsverantwortung und ist männlich. Der Altersdurchschnitt lag bei 37 Jahren.

Im Ergebnis konnten wir zeigen (ausführlich in Podsiadlowski et al. 2013), dass die fünf Perspektiven unterschiedliche Ansätze zum Umgang mit Diversität repräsentieren. So wird in Organisationen mit einer Reinforcing Homogeneity-Perspektive kulturelle Diversität als kostenintensiv, nicht vorteilhaft und wenig wertschätzend wahrgenommen. Auch auf der Gruppenebene, also in den Arbeitsteams, wird Diversität als bedrohlich betrachtet. Konträr zu unseren theoretischen Annahmen zeigt Colour-Blind eher proaktive Diversity-Tendenzen: Kulturelle Diversität wird als wertvoll, vorteilhaft und kaum kostenintensiv beschrieben. Dieses Ergebnis erscheint zunächst verwunderlich, da beide Perspektiven eher als reaktive Strategien aufgefasst werden, wonach auf kulturelle Diversität innerhalb der Organisation allein reagiert wird und kulturelle Diversität nicht proaktiv gefördert wird. Allerdings muss hinsichtlich des Ansatzes Colour-Blind auch berücksichtigt werden, dass erstens Kompetenzen und Fähigkeiten als eine Diversitäts-Dimension, nicht jedoch als kulturelle Diversitäts-Dimension aufgefasst werden, und zweitens aktuelle Managementansätze eine Kompetenzorientierung in Organisationen empfehlen (z.B. Gmür/

Thommen 2006). Damit zeugt Colour-Blind von einem sensiblen Umgang mit Diversität, jedoch eher im Sinn von funktionaler Diversität (Kompetenzen und Qualifikationen), nicht jedoch hinsichtlich kultureller (national-kultureller bzw. ethnischer) Diversität.

Die Fairness-Perspektive stellt einen neutralen Ansatz dar. Kulturelle Diversität wird in diesen Organisationen weder wahrgenommen noch wertgeschätzt noch als vorteilhaft oder kostenintensiv wahrgenommen. Kulturelle Fairness scheint damit eine Grundvoraussetzung in Organisationen zu sein, ohne dass kulturelle Diversität als Ressource aufgefasst wird. In Organisationen mit einer Access-Perspektive wird Diversität zwar wertgeschätzt, jedoch werden Vorteile oder Kosten nicht als Argumentationsgründe genannt. Ähnliche Effekte finden wir hier auch auf der Gruppenebene. Die Integration & Learning Perspektive zeigt hingegen eindeutige Effekte. Kulturelle Diversität wird in diesen Organisationen und in den Arbeitsgruppen wertgeschätzt, Vorteile von Diversität werden wahrgenommen und genutzt. Diese Wertschätzung und Anerkennung kultureller Unterschiede nivelliert die Kosten, die mit einem Diversity Management verbunden sein müssten.

Da in der Diversity-Forschung davon ausgegangen wird, dass Diversität zu besserer Problemlösefähigkeit in Gruppen und Organisationen und damit zu mehr Innovationen führen kann (Jehn/Northcraft/Neal 1999; Pelled/Eisenhardt/Xin 1999), haben wir in einer Folgestudie die Diversity Perspektiven in Relation zu organisationaler Innovationsfähigkeit gesetzt (Gröschke/Podsiadlowski in Begutachtung). 395 Befragte nahmen an dieser Studie teil. Als Ergebnis wird deutlich, dass Organisationen, die sensibel mit dem Thema Diversität umgehen, eine höhere Innovationsfähigkeit berichten als Organisationen, die nach Homogenität streben. Interessanterweise haben Colour-Blind und Fairness einen höheren Einfluss auf die organisationale Innovationsfähigkeit als Integration & Learning. Dies kann zum einen daran liegen, dass stärker Maßnahmen und Praktiken der Colour-Blind-Perspektive in Unternehmen umgesetzt sind als Maßnahmen zur Integration von und zum Lernen aus Diversität. Zum anderen zeigt sich auf der Teamebene, dass funktionale Diversität (im Sinne von Colour-Blind) die Innovationsfähigkeit von Teams erhöht (z.B. Lovelace/Shapiro/Weingart 2001).

4 Empirische Evidenz strategischer Ansätze des Diversity Managements in Deutschland

In Deutschland hinkt die Implementierung eines strategischen Diversity Managements im internationalen Vergleich hinterher (Köppel et al. 2008) und wird eher als Lippenbekenntnis denn als ressourcenorientiertes Management verstanden (Klaffke 2008). Mithilfe der Analyse der Homepages der DAX-30 Unternehmen zeigt Köppel (2012), dass zunehmend „Diversity Manager" bzw. „Officer" als Ansprechpartner benannt, Diversity Abteilungen eingerichtet, über Diversität sowohl unternehmensintern als auch -extern kommuniziert und Kontrollinstrumente eingesetzt werden. Weiter haben 23 der DAX-30 Unternehmen die Charta der Vielfalt als Selbstverpflichtungserklärung unterschrieben (Köppel 2012).

Es ist jedoch bisher kaum systematisch untersucht, wie Unternehmen in Deutschland tatsächlich mit Diversität umgehen, welchen strategischen Ansätzen sie folgen und welche Effekte spezifische Perspektiven aufweisen. In Kooperation mit der Unternehmensberatung SIERS & Collegen haben wir daher eine Unternehmensbefragung im November 2012 durchgeführt (ausführlich in Gröschke/Podsiadlowski 2013). Die Befragung sollte Antworten darauf geben, inwieweit Unternehmen in Deutschland eher reaktive oder proaktive Diversity-Strategien einsetzen und anstreben und welche Effekte der einzelnen Strategien auf unterschiedliche Ergebnisgrößen wahrgenommen werden. Als Ergebnisgrößen wurden die Innovationsfähigkeit, die Veränderungsfähigkeit, die Attraktivität des Unternehmens und die emotionale Bindung der Mitarbeiter mit je einem Item erfasst. Die Befragung nutzte die Vignetten des Diversity Perspective Questionnaires (DPQ). Eine Faktorenanalyse bestätigte die Unterscheidung in reaktive (Reinforcing Homogeneity, Colour-Blind) und proaktive (Access, Fairness, Integration & Learning) Ansätze. 75 Unternehmen haben an der Befragung teilgenommen. 87% der Befragten gehörten zur Geschäftsführung bzw. ersten Führungsebene. Da die Implementierung von Diversity Management als Top-Down-Prozess erfolgt, konnten damit die zentralen Entscheidungsträger befragt werden.

Die zentralen Entscheidungsträger stimmen der Colour-Blind-Perspektive am höchsten zu. Damit liegt der aktuelle Fokus in den befragten Unternehmen eher auf Kompetenzen und Qualifikationen als auf der Förderung und Unterstützung kultureller Diversität. Integration & Learning als proaktive Strategie weist einen ähnlich hohen Zustimmungswert auf wie das Streben nach Homogenität. Am niedrigsten trifft die Fairness-Perspektive auf die Unternehmen zu. Ein Vergleich des IST- mit dem SOLL-Zustand weist jedoch auf einen Trend zum proaktiven Diversity Management hin. Die reaktiven Strategien (Colour-Blind und Reinforcing Homogeneity) werden zwar derzeit in den Organisationen gelebt, werden jedoch zukünftig zugunsten proaktiver Strategien (Fairness, Access, Integration & Learning) an Bedeutung verlieren. Am erstrebenswertesten wird die Implementierung einer Integration & Learning-Perspektive von den Befragten eingeschätzt.

Weiter verdeutlicht die Befragung, dass sich der strategische Umgang mit Diversity positiv auf organisationale Erfolgsgrößen auswirkt. So beeinflussen proaktive Diversity-Strategien signifikant die wahrgenommene Attraktivität, emotionale Bindung und die Veränderungsfähigkeit von Organisationen. Insbesondere Unternehmen mit einer Access- und einer Fairness-Strategie berichten eine höher eingeschätzte Attraktivität des Unternehmens und eine höhere emotionale Bindung der Mitarbeiter, während Unternehmen mit einer Integration & Learning-Perspektive höhere Ausprägungen hinsichtlich der emotionalen Bindung und Veränderungsfähigkeit berichten, nicht jedoch hinsichtlich einer höher wahrgenommenen Innovationsfähigkeit. Interessanterweise lässt sich kein signifikanter Zusammenhang zwischen proaktivem Diversity Management und Innovationsfähigkeit der Unternehmen abbilden. Dieses Ergebnis muss jedoch dahingehend eingeordnet werden, dass die organisationalen Erfolgsgrößen nur mit je einem Item gemessen wurden.

5 Diversity Perspektiven in Deutschland und Österreich – ein Vergleich

Das Datenmaterial erlaubt, die Zustimmungswerte der Vignetten zwischen Deutschland und Österreich zu vergleichen und zu explorieren, ob sich strategische Ansätze zum Management von Diversität in Österreich und Deutschland unterscheiden und inwieweit in beiden Ländern ein eher proaktives oder reaktives Diversity Management gelebt und angestrebt wird.

Eine deskriptive Statistik zu Mittelwerten und Standardabweichungen der Vignetten im Vergleich Österreich (vgl. Podsiadlowski et al. 2013) und Deutschland (vgl. Gröschke/Podsiadlowski 2013) zeigt Tabelle 1.

	Österreich		Deutschland	
	M	SD	M	SD
Reinforcing Homogeneity IST	2.71	1.00	2.83	2.30
Reinforcing Homogeneity SOLL	2.74	1.00	2.56	2.67
Colour-Blind IST	3.70	1.1	3.14	2.42
Colour-Blind SOLL	3.61	1.02	2.85	2.79
Fairness IST	3.15	.96	2.39	2.17
Fairness SOLL	3.59	.87	2.76	2.26
Access IST	3.30	.91	2.55	2.26
Access SOLL	3.63	.84	2.75	3.00
Integration & Learning IST	3.29	.91	2.70	2.61
Integration & Learning SOLL	3.75	.90	3.17	2.65

Tabelle 1: Deskriptive Statistik der Vignetten im Vergleich Österreich (N=150) und Deutschland (N=75)[1]

Die Zustimmungswerte zwischen Deutschland und Österreich unterscheiden sich signifikant hinsichtlich der Colour-Blind Perspektive (CB IST: p=.02, $F_{(1,223)}=5.50$; CB SOLL: p=.00, $F_{(1,222)}=8.67$) und den proaktiven Diversity-Strategien (Fairness IST $F_{(1,221)}=13.23$, p=.00; Fairness SOLL $F_{(1,220)}=12.37$, p=.00; Access IST $F_{(1,222)}=9.70$, p=.00, Access SOLL, $F_{(1,220)}=11.13$, p=.00; Integration & Learning IST $F_{(1,222)}=5.81$, p=.02; Integration & Learning SOLL $F_{(1,221)}=5.69$, p=.02). Es zeigen sich keine signifikanten Unterschiede zwischen Unternehmen in Deutschland und Österreich hinsichtlich des gelebten und gewünschten Strebens nach Homogenität (Reinforcing Homogeneity).

---

[1]   M=Mittelwert, SD=Standardabweichung, N=Stichprobengröße.

Für die befragten Organisationen in Deutschland und Österreich zeichnet sich die Entwicklung des Diversity Managements in eine ähnliche Richtung ab. Sowohl in deutschen als auch in österreichischen Unternehmen soll die Colour-Blind-Perspektive reduziert werden (T(1,224)=31.29, p=.00) und proaktive Diversity Strategien an Bedeutung gewinnen (Fairness T(1,222)=28.45, p=.00; Access T(1,223)=26.33, p=.00, Integration & Learning T(1,223)=27.27, p=.00). Abbildung 2 gibt dazu einen Überblick.

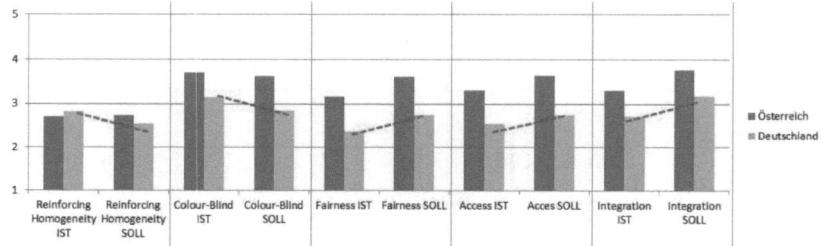

Abbildung 2: Trends der Diversity Perspektiven im Vergleich Deutschland-Österreich

So lässt sich festhalten, dass in österreichischen Unternehmen das Thema Diversität (kompetenzorientierte und kulturelle Diversität) deutlich mehr Aufmerksamkeit erfährt als in den befragten deutschen Unternehmen. Während in den österreichischen Organisationen das Streben nach Homogenität sowohl in der Gegenwart als auch in der Zukunft am wenigsten gewünscht und angestrebt wird, kann ein proaktiver Umgang mit Diversität in den befragten deutschen Unternehmen kaum abgebildet werden.

6 Diskussion und Ausblick

Die Ergebnisse verdeutlichen, dass Organisationen in Deutschland und Österreich eher reaktiv mit kultureller Diversität umgehen. Kulturelle Diversität findet kaum Berücksichtigung, dagegen stehen Kompetenzen und Qualifikationen im Vordergrund der Bewertungsmaßstäbe. Ein proaktives Diversity Management wird jedoch als wünschenswert eingeschätzt, sodass sich eine Trendwende zugunsten proaktiver Strategien abzeichnet. Damit existiert im deutschsprachigen Bereich (Österreich,

Deutschland) eine Sensibilität für die Wichtigkeit kultureller Diversität in Organisationen, jedoch folgt das Diversitätsverständnis eher einem nivellierenden, gleichmachenden Ansatz. Dies zeigt sich auch in anderen Studien, denen zufolge Diversity Management eher auf Gender-Themen (Bendl et al. 2010; Köppel 2012), zunehmend auch auf altersbezogene Aspekte abzielt. Diversity Management wird damit in beiden Ländern eher aus einer Geschlechterperspektive als über kulturelle Integrationsmaßnahmen in Organisationen umgesetzt. Damit wird ein Handlungsbedarf in Organisationen deutlich, für das Thema kulturelle Diversität sowohl zu sensibilisieren als auch Ressourcen zur Verfügung zu stellen, die es Mitarbeitern und Arbeitsgruppen ermöglichen, vorhandene kulturelle Diversität zu erkennen, wertzuschätzen und zu nutzen.

Unsere Forschungsarbeiten zeigen weiter, dass eine Differenzierung der strategischen Ansätze in fünf Perspektiven hilft, ein präziseres Bild zu skizzieren. Insbesondere Colour-Blind, eine häufig vernachlässigte Perspektive in der Diversity Management Literatur, scheint für den deutschsprachigen Raum relevant zu sein und sollte daher ebenso wie das Streben nach Homogenität (Reinforcing Homogeneity) in Untersuchungen zum Diversity Management integriert werden. Der Forschungsstand zum Thema Diversity Management wird häufig als schwammig und komplex kritisiert. Über eine Integration der reaktiven Strategien kann insbesondere für Unternehmen der Mehrwert der proaktiven Strategien verdeutlicht werden.

Insbesondere für qualitativ ausgerichtete Untersuchungen lässt sich aus unseren Ergebnissen empfehlen, den Blick auch auf reaktive Ansätze zu weiten. So haben Organisationen mit einer Reinforcing Homogeneity Perspektive beispielsweise Instrumente zum Monitoring von (beobachtbarer) Diversität implementiert, während Organisationen mit einer Integration & Learning-Perspektive darauf verzichten und über interkulturelle Trainings Diversity Issues steuern.

Für quantitativ ausgerichtete Untersuchungen ermöglicht der Einsatz des Diversity Perspective Questionnaires, Effekte strategischer Ansätze genauer zu analysieren und damit die fallstudienbasierten Annahmen des Diversity Managements genauer zu beleuchten. So findet sich beispielsweise in unseren Daten nur geringe Evidenz zum Zusammenhang zwischen dem Integration & Learning-Ansatz und höherer organisationaler Innovationsfähigkeit. Vielmehr wird deutlich, dass proaktive Diversity-Ansätze die „weicheren" Erfolgsgrößen einer Organisation wie emotionale Bindung und Attraktivität der Organisation erhöhen. Dies könnte zukünftig mit Blick auf den Fachkräftemangel und die Anforderungen der Generation Y ein entscheidender Wettbewerbsvorteil bei der Rekrutierung und Bindung von Talenten und Experten werden. Wichtig bleibt abschließend festzuhalten, dass es nicht um die eine ideale Strategie im Umgang mit Diversität gehen kann. Je nach Branche, Unternehmensziel, Aufgabe und strategischer Ausrichtung sollten Unternehmen einen proaktiven oder reaktiven Umgang mit Diversität definieren und zielführende Maßnahmen einsetzen. Unsere Daten legen nahe, dass die verschiedenen Diversity-Perpektiven zu unterschiedlichen Effekten in Organisationen führen. Verschiedene proaktive Diversity-Strategien können den Unternehmen ermöglichen, kulturelle Vielfalt als Wert zu verankern und zu leben und damit positive Effekte für die Organisation zu erzielen.

Literatur

Bendl, Regine, Hanappi-Egger, Edeltraut / Hofmann, Roswitha (2010): Austrian perspectives on diversity management – regulations, debates, practices and trends. In: Alain Klarsfeld (Ed.): International handbook on diversity management at work: country perspectives on diversity and equal treatment. Cheltenham: Edward Elgar Publishing.

Ely, Robin J. / Thomas, David A. (2001): Cultural diversity at work: The effects of diversity perspectives on work group processes and outcomes. Administrative Science Quarterly, 46, 229–273.

Dass, Parshotam / Parker, Barbara (1999): Strategies for Managing Human Resource Diversity: From Resistance to Learning. Academy of Management Executive, 13(2), 68–80.

Jehn, Karen. A., Northkraft, Gregory B. / Neal, Margaret A. (1999): Why Differences Make a Difference: A Field Study of Diversity, Conflict and Performance in Workgroups. Administrative Science Quarterly, 44, 741–763.

Gmür, Markus / Thommen, Jean.-Paul. (2006): Human Resource Management. Zürich: Versus Verlag.

Gröschke, Daniela / Podsiadlowski, Astrid (2013): Ansätze zum Management von Diversity in Unternehmen - Von Colour-Blind zu Colour-Full? Wirtschaftspsychologie aktuell. Schwerpunkt: Arbeitswelt der Vielfalt, 4, 28–34.

Gröschke, Daniela / Podsiadlowski, Astrid (in Begutachtung): Kompetenzen vs. kulturelle Diversität als Voraussetzung von Innovationen in Organisationen.

Klaffke, Martin (2008): Vielfalt strategisch nutzen. Personal, 12, 24–26.

Kochan, Thomas, Bezrukova, Katerina / Ely, Robin (2003): The effects of diversity on business performance: Report of the diversity research network. Human Resource Management, 42, 2–21.

Köppel, Petra (2012): Diversity Management in Deutschland (2011): Ein Benchmark unter den DAX 30-Unternehmen. Parsdorf. Verfügbar unter: http://www.synergie-durch-vielfalt.de/fileadmin/diverse_PDF/Benchmark_DM_2012.pdf [02.05.2014]

Köppel, Petra / Yan, Junchen / Lüdicke, Jörg (2008): Cultural Diversity Management in Deutschland hinkt hinterher. Gütersloh: Bertelsmann-Stiftung.

Lovelace, Kay, Shapiro, Debra L. / Weingart, Laurie R. (2001): Maximizing cross-functional new product teams' innovativeness and constraint adherence: A conflict communications perspective. Academy of Management Journal, 44(4), 779–793.

Pelled, Lisa Hope / Eisenhardt, Kathleen M. / Xin, Katherin. R. (1999): Exploring the Black Box: An Analysis of Work Group Diversity, Conflict and Performance. Administrative Science Quarterly 44, 1–28.

Pircher, Erika / Schwarz-Wölzl, Maria (2005): Managing diversity – Theoretische Herausforderungen und betriebliche (Lern-)Erfahrungen. SWS-Rundschau, 45, 553–576.

Podsiadlowski, Astrid / Otten, Sabine / van der Zee, Karen (2009): Diversity perspectives. In: Symposium on workplace diversity in Groningen, The Netherlands.

Podsiadlowski, Astrid / Gröschke, Daniela / Kogler, Marina, Springer, Cornelia / van der Zee, Karen (2013): Managing a culturally diverse workforce: Diversity Perspectives in Organizations. International Journal of Intercultural Research, 37(2), 159–175.

Raasch, Sybille / Rastätter, Daniela (2009): Die Anwendung des AGG in der betrieblichen Praxis. Projektbericht verfügbar unter: http://www.migration-boell.de/downloads/diversity/AGG_Projektbericht_09-02-18.pdf , [28.08.2013].

Roosevelt, Thomas R., Jr. (1995): A diversity framework. In Martin M. Chemers, Stuart Oskamp / Mark A. Costanzo (Hg.): Diversity in organizations. New perspectives for a changing workplace Thousand Oaks: Sage, 245–263.

Thomas, David. C. / Ely, Robin J. (1996): Making differences matter: a new paradigm for managing diversity. Harvard Business Review, September-October, 79–89.

Vedder, Günther (2003): Vielfältige Personalstrukturen und Diversity Management. In: Hartmut Wächter & Günther Vedder (Hrsg.), Personelle Vielfalt in Organisationen. München und Mehring: Rainer Hampp Verlag, 13–27.

Eckart Koch

Interkulturelles Management in transnationalen Unternehmen. Theoretische Ansätze und empirische Ergebnisse

1 Einleitung

Die Berücksichtigung kultureller und interkultureller Aspekte wird für Unternehmen zu einem immer wichtiger werdenden Erfolgsfaktor – sowohl für grenzüberschreitende Aktivitäten als auch für den Umgang mit unterschiedlichen kulturellen Gegebenheiten im eigenen Land. Im Rahmen eines wirkungsvollen interkulturellen Managements sollten daher alle Varianten ziel- und ergebnisorientierter Interaktionen in Unternehmen und Organisationen auf den "interkulturellen Prüfstand" gestellt werden.

In diesem Beitrag werden zunächst die Veränderungen der globalen ökonomischen Rahmenbedingungen thematisiert und anschließend ein theoretisches Gerüst für interkulturelles Management entwickelt. Aus den Ergebnissen der im Anschluss daran vorgestellten Unternehmensbefragungen wird deutlich, dass die Unternehmensvertreter sich der Relevanz dieser Thematik zwar grundsätzlich bewusst sind, eine systematische Berücksichtigung interkultureller Aspekte im Rahmen eines interkulturellen Managements jedoch extrem selten ist. Fragen nach konkreten interkulturellen Kompetenzen oder nach Praktiken und Instrumenten eines interkulturellen Managements werden meist nur ausweichend oder sehr allgemein beantwortet. Vielfach fehlen für eine (systematische) Berücksichtigung und Umsetzung notwendige theoretische Grundlagen und Kenntnisse, aber auch Erfahrungen und Instrumente. Daher stehen immer noch kurzfristig zu lösende Konflikte, individuelle Ansätze und ad hoc Lösungen im Vordergrund, allenfalls wird auf interkulturelle Kurztrainings verwiesen, deren Ziele jedoch häufig unscharf bleiben. Dies legen jedenfalls die Ergebnisse von regelmäßigen empirischen Untersuchungen nahe, die von Studierenden im Rahmen des Masterstudiengangs "Interkulturelle Kommunikation und Kooperation" durchgeführt wurden und deren kumulierte Ergebnisse vor dem Hintergrund des hier vorgestellten *Interkulturellen Managementmodells* diskutiert werden.

2 Hintergrund – Berufsfelder

Der von der Fakultät für Studium Generale und Interdisziplinäre Studien der Hochschule München 2003 ins Leben gerufene Masterstudiengang "Interkulturelle Kommunikation und Kooperation" soll seine Absolventen und Absolventinnen in einer durch Globalisierung geprägten Arbeitswelt für eine Tätigkeit im internationalen und multikulturellen Umfeld qualifizieren. Im Wesentlichen geht es hierbei um Mitarbeiter, Trainer und Berater[1] für interkulturelles Management in transnationalen Unternehmen, in Institutionen und Projekten der internationalen Entwicklungszusammenarbeit, in Internationalen Organisationen sowie im kommunalen Bereich für die Integrationsarbeit in einer multikulturellen Gesellschaft. Konkret sind dies Berufsfelder, die "Experten für interkulturelle Handlungsfähigkeit" benötigen, die neben ihrem Fachwissen interkulturelle Verständigungs- und Kooperationsprozesse erfolgreich gestalten und Mitarbeiter und Mitarbeiterinnen in dieser Hinsicht anleiten, beraten und fortbilden können.

Diese berufsspezifischen Themen werden u.a. im Rahmen von *Berufsfeldseminaren* gegen Ende des Studiums eingehender thematisiert. Hier sollen anhand von vorgestellten und analysierten Berufsfeldern die interkulturellen Kompetenzen und Interessen der Teilnehmer ins Blickfeld genommen und konkrete Möglichkeiten für einen späteren beruflichen Einsatz aufgezeigt werden. Dabei geht es auch darum, die *institutionelle* interkulturelle Kompetenz und die etablierten interkulturellen Verfahrensweisen der oben angesprochenen Institutionen zu analysieren und vor diesem Ergebnis die in der Praxis geforderten interkulturellen Kompetenzen und Anforderungen kritisch zu reflektieren. In Bezug auf das Thema dieses Beitrags kommt es daher darauf an, die Praxis des interkulturellen Managements in Unternehmen und die Einstellung der Unternehmen hierzu kennenzulernen, um dann in einem zweiten Schritt festzustellen, welche Arbeitsplätze interessierten Absolventen und Absolventinnen zur Verfügung stehen könnten.

---

[1]   Sofern in diesem Beitrag die grammatikalisch männliche Form verwendet wird, sind hier selbstverständlich Männer und Frauen gleichberechtigt eingeschlossen.

Das Berufsfeldseminar zum "Interkulturellen Management in transnationalen Unternehmen" ist daher forschungsorientiert ausgerichtet: Ausgehend von einer zu Anfang vermittelten theoretischen Grundlage befragen die Teilnehmer Führungskräfte in global orientierten Unternehmen zur interkulturellen Praxis ihres Unternehmens und werten die Ergebnisse dann gemeinsam aus.

3 Globalisierung – Was ist zu erwarten?

Wirtschaftliche Globalisierung lässt sich zu einem großen Teil durch folgende Entwicklungen beschreiben:[2]

- Das rasche Wachstum des internationalen Handels führte zur Entstehung eines Weltmarkts für Waren und Dienstleistungen. Die *Internationalisierung der Märkte für Güter und Dienstleistungen* ließ beispielsweise das Welthandelsvolumen für Güter und Dienstleistungen in den letzten fünfzig Jahren etwa doppelt so schnell ansteigen wie die Weltproduktion von Gütern und Dienstleistungen – auf inzwischen rund 25 Bio US$ (2013).

- Die zunehmenden Absatzmöglichkeiten im Ausland führten zu einer *Internationalisierung der Produktion*. Dies zeigt sich u.a. in einem raschen Anstieg der grenzüberschreitenden Investitionen (Direktinvestitionen; Foreign Direct Investments FDI) und den damit steigenden weltumspannenden Produktionsaktivitäten der *transnationalen Unternehmen*. So belief sich beispielsweise der Bestand an Investitionen "im Ausland" 2013 auf etwa 24 Bio US$.

- Seit Beginn der 1990er Jahre verdreifachte sich zudem die Anzahl *der transnationalen Unternehmen* und deren Tochtergesellschaften, während sich gleichzeitig auch deren Umsatz auf 5 Billionen US$ verdreifachte.

- Ungleiche Entwicklungssituationen und -bedingungen in den verschiedenen Weltregionen und Ländern führten zu sehr ungleichen Arbeitsbedingungen: Hohe Arbeitslosigkeit auf der einen und Arbeitskräftemangel auf der anderen Seite beschleunigen die *internationale Migration* und führen zur Entstehung *internationaler Arbeitsmärkte*. Dabei konzentriert sich die grenzüberschreitende Mobilität von Arbeitskräften im Wesentlichen auf tendenziell eher gering

---

[2] Vgl. zu diesem Kapitel: Koch (2014: 27 ff.) und die dort angegebenen Quellen.

qualifizierte Arbeitskräfte aus Niedriglohnländern sowie auf hochqualifizierte Arbeitnehmer und Spezialisten (vgl. Koch 2010).[3]

- *Die Internationalisierung der Finanzmärkte* zeigt sich schließlich in dem sprunghaften Wachstum grenzüberschreitender Finanztransaktionen, deren Volumen sich trotz mehrerer internationaler Finanzkrisen in den letzten 15 Jahren inzwischen auf 5,3 Bio US$ täglich (!) und damit auf weit über eine Billarde US$ pro Jahr – eine Zahl mit 15 Nullen – beläuft. Die Steigerungsraten liegen bei etwa 15% p.a. und weisen damit auch das größte Wachstum aller Wirtschaftsindikatoren auf.[4] Abbildung 1 gibt einen Überblick über die wichtigsten Globalisierungsindikatoren:

Globalisierungsindikatoren	1990	2000	2010	2012
Grenzüberschreitender Handel: Güter und Dienstleistungen (in Billionen US$) [1)]	4	5	19	21
Internationale Devisentransaktionen: pro Tag (!) (in Billionen US$) [2)]	1	2	4	5 [4)]
Direktinvestitionen (FDI): Bestand im Ausland (in Billionen US$) [3)]	2	19	21	24
Migration: Menschen im Ausland lebend (in Millionen) [5)]	154	175	216	232
Transnationale Unternehmen (in Klammern: Tochterunternehmen) (in Tausend) [6)]	38 (250)	60 (508)	80 (800)	--
Zum Vergleich: Weltsozialprodukt (in Billionen US$) [7)]	23	32	63	72

Hinweis: Die beiden großen Welt-Finanz- und Wirtschaftskrisen 2001/2002 und 2007-2009 führten insbesondere in der Periode 2000 bis 2010 zu erheblichen Rückgängen der quantitativen Entwicklung, die in den Folgejahren jedoch wieder aufgeholt wurden.

1) WTO: International Trade Statistics, div. Jahre;   2) BIZ: Jahresberichte, div. Jahre;
3) UNCTAD : World Investment Report (WIR); div. Jahre;   4) 2013;
5) esa.un.org/unmigration/wallchart2013.htm ; UN Department of Social and Economic Affairs;
6) UNCTAD: WIR 2009 / 2011, 1990: (Zahlen von 1993), 2000 (von 1999), 2010 (von 2008)
7) CIA World Factbook

Abbildung 1: Entwicklung wichtiger Globalisierungsindikatoren

---

[3] Dies gilt zumindest für Migrationsbewegungen zwischen Ländern, die nicht Mitglieder der gleichen Regionalintegration, wie etwa der Europäischen Union oder der Nordamerikanischen Freihandelszone NAFTA, sind.

[4] Vgl. Bank for International Settlements (BIS): Triennial Central Bank Survey 2013: http://www.bis.org/publ/rpfx13fx.pdf (Abrufdatum: 31.01.2014).

Diese Entwicklungen haben Einfluss auf den sozio-kulturellen Wandel: Die an der Globalisierung beteiligten Gesellschaften werden dynamischer, die Mobilität der Menschen nimmt zu, durch bessere Bildung und Ausbildung bei wachsenden Bevölkerungsanteilen erhöhen sich die beruflichen Einsatzmöglichkeiten der Menschen. Dabei können sich Normen- und Wertesysteme der verschiedenen Gesellschaften und Kulturen durchaus einander annähern. Weite Bereiche und insbesondere der innere Kern an Werten und Normen der nationalen und subnationalen Kulturen der einzelnen Länder ändern sich jedoch nicht oder nur langfristig und bestimmen nach wie vor in weiten Bereichen das Verhalten und vor allem die Verhaltenserwartungen der Menschen. An der Oberfläche scheinen Kulturen daher häufig ähnlicher, als sie es tatsächlich sind bzw. sind unterschiedlicher als sie scheinen. Gleichzeitig werden kulturelle Grenzen durch Migration und neue grenzüberschreitende Impulse unschärfer, so dass neue komplexere *multikulturelle* Räume entstehen. Dies ist nicht nur international, sondern auch intranational zu beobachten. Damit zwingt Globalisierung die Unternehmen und insbesondere das Management weiterhin, sich mit den Besonderheiten unterschiedlicher Kulturen auf verschiedenen Ebenen auseinanderzusetzen. Die Berücksichtigung kultureller Besonderheiten wird so zu einem an Bedeutung immer weiter zunehmenden Erfolgsfaktor, sowohl für erfolgsorientierte grenzüberschreitende Tätigkeiten als auch für den Umgang mit unterschiedlichen Kulturen im eigenen Land.

Auch wenn sich erste Anfänge der Beschäftigung mit *interkulturellem Management* bis Mitte der 1960er Jahre zurückverfolgen lassen[5], so wird diese Thematik aber erst seit Ende der 1980er Jahre – und damit etwa zeitgleich mit dem Beginn der neuen Globalisierungswelle – zunehmend auch im deutschsprachigen Raum diskutiert. Dabei wird allerdings deutlich, dass sowohl in der Theorie als auch in der Praxis systematische Ansätze kaum erkennbar sind.[6] In beiden Bereichen werden interkulturelle Management-Themen meist problem- oder sektorbezogen behandelt. Wirkungsvolles interkulturelles Management umfasst aber letztlich alle Aspekte des managementbezogenen Umgangs mit Personen, mit Mitarbeitern und Vorgesetzten,

---

[5]   Nach Earley und Singh (1995: 328), markieren die 1966 publizierten Studien zu *managerial values* von Haire, Ghiselli und Porter den Beginn der Beschäftigung mit interkulturellem Management.

[6]   Vgl. stellvertretend zur Kritik an der Forschung zum interkulturellen Management im Allgemeinen Holzmüller (2009) und zum interkulturellen Personalmanagement Festing (2009), insbes. S. 532 ff..

Kunden und Lieferanten, Kooperationspartnern und Entscheidungsträgern auf unterschiedlichen Ebenen, sowohl in fremden Kulturen unter sehr unterschiedlichen Bedingungen und Zielsetzungen als auch mit Vertretern anderer Kulturen innerhalb der eigenen Kultur. In allen Fällen muss der interkulturell agierende Manager bestrebt sein, die Beteiligten mit kulturell adäquaten Verhaltensweisen und Methoden dazu zu veranlassen, seine bzw. die ihm gesetzten Ziele und Ergebnisse zu erreichen bzw. akzeptable Kompromisse auszuhandeln.

4 Interkulturelles Management

Schon bei der Suche nach einer tragfähigen Definition von "Interkulturellem Management" stoßen wir auf vielfältige Schwierigkeiten. Um nur einige zu nennen: *Management* wird sehr unterschiedlich definiert. Das der Tätigkeit inhärent große Spektrum von Ausgestaltungs- und Interpretationsmöglichkeiten führt dazu, dass der Begriff eher inflationär verwendet wird. Es ist somit schwierig mit nur einer Definition alle Spielarten und das gesamte Spektrum zu erfassen. Ähnlich verhält es sich mit dem Begriff der *Kultur*.[7] Wir haben es also aus doppelter Sicht mit keineswegs eindeutig bestimmten und bestimmbaren Begriffen zu tun, wobei die Hinzufügung der Vorsilbe "*inter*" dieses Vorhaben keineswegs erleichtert. Schließlich wird mit dem Begriff der Definition auch keineswegs eindeutig umgegangen. Geht es hier um eine alle relevanten Aspekte umfassende Deutung oder Beschreibung dieses Tätigkeitsbereichs oder um pragmatische aber dann auch zwangsläufig verkürzte Kurzformen?[8] Management beinhaltet letztlich immer die Gestaltung von Beziehungen zwischen Menschen, Sachen und Situationen. Personen sollen dazu gebracht werden, eigene, meist aber fremde Ziele möglichst effizient und effektiv und in überschaubaren Zeiträumen zu erreichen. Hierzu bedarf es neben Fach- und Führungswissen und der entsprechenden Erfahrung auch der Kenntnis der hierfür notwendigen Prozesse sowie deren Strukturierung und Gestaltung. Diese Prozesse werden sowohl mit Personen der *eigenen Organisation* als auch mit Vertretern des *Organisationsumfelds* gestaltet, wie Kunden, Vertrags- und Kooperationspartner, Mit-Wettbewerber oder Lieferanten

---

[7]   Man schaue sich hierzu nur die kulturwissenschaftliche, anthropologische und psychologische Literatur zu dieser Thematik an. So fanden Kroeber und Kluckhohn schon 1952 insgesamt 164 verschiedene Definitionen von Kultur bzw. culture: Kroeber/Kluckhohn (1952).

[8]   In der Literatur sind alle Variationen anzutreffen; vgl. hierzu die kleine Auswahl bei Koch (2012: 36f.).

und Logistikpartner. Hinzu kommen Wirtschaftsorganisationen (etwa Gewerkschaften oder Arbeitgeberverbände), relevante soziale und politische (Interessen-) Gruppen, wie Nicht-Regierungsorganisationen (NGOs) oder religiöse Gruppen, die "Öffentlichkeit" und die Medien sowie staatliche Instanzen, vorwiegend der Exekutive. Abbildung 2 gibt einen groben Überblick über das Spektrum der Managementbe-Managementbeziehungen in Unternehmen:

Abbildung 2: Managementbeziehungen

In Anlehnung an Ulrich (1984) soll daher folgende Managementdefinition Grundlage für die weiteren Überlegungen sein:[9]

> „Management ist die (laufende) (professionelle) zielorientierte Gestaltung, Steuerung und Entwicklung von (komplexen) Strukturen und Prozessen von Organisationen."

---

[9] Vgl. hierzu Koch (2012: 38f.); vgl. zu dem gesamten Teil 3 dieses Beitrags Koch (2012: 39-76).

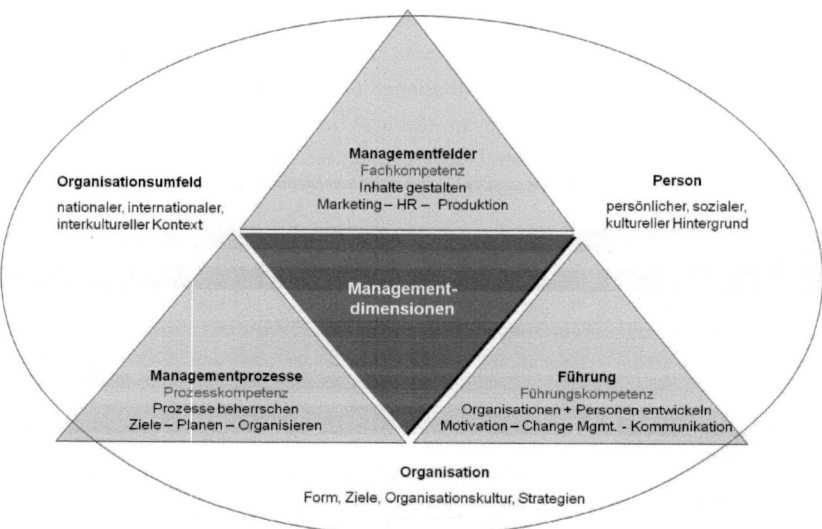

Abbildung 3: Managementdimensionen und Handlungskontext

Management vollzieht sich grundsätzlich in einem spezifischen *Handlungskontext*, der viele Handlungsvariablen in mehr oder weniger großem Umfang (mit-)bestimmt und modifiziert. Mindestens drei verschiedene Kontextbündel sind hier zu unterscheiden: zum einen handelt jede beteiligte *Person* auf der Grundlage ihres persönlichen, sozialen und kulturellen Hintergrunds, zum zweiten wirkt sich die jeweilige *Organisation*, in der Management stattfindet, insbesondere ihre Form und Kultur, auf die Möglichkeiten des Handelns aus und schließlich beeinflusst auch das *Organisationsumfeld*, der nationale, internationale und/oder interkulturelle Kontext, sowohl die Organisation als auch die Personen in ihren Prozessen und Handlungen. Hierdurch werden beispielsweise Interessen, Motivationen, Erwartungen, Interpretationen, Leistungsbereitschaft oder auch das Verständnis von Inhalten, Prozeduren oder Reaktionen beeinflusst. Abbildung 3 fasst diese Aspekte zusammen.

Der Managementerfolg hängt damit auch davon ab, in welchem Umfang der jeweilige Kontext, in dem "gemanagt wird", erkannt und berücksichtigt wird und damit auch, inwieweit handlungsrelevante Aspekte erkannt, antizipiert und umgesetzt werden. Im Rahmen eines erfolgreichen Managements werden diese Erkenntnisse verdichtet und das vorhandene Managementwissen, die Managementstandards und -instrumente sowie der eigene Managementstil reflektiert und ggf. modifiziert. Dies gilt konsequenterweise auch und in besonderem Maße dann, wenn kulturelle Aspekte bzw. interkulturelle Aspekte und Kontexte in die Überlegungen miteinbezogen werden müssen. Die obige Definition kann damit für Interkulturelles Management erweitert werden:

> Interkulturelles Management ist die (laufende) (professionelle) zielorientierte Gestaltung, Steuerung und Entwicklung von (komplexen) Strukturen und Prozessen von Organisationen – *in einem Kontext, der von dem Zusammentreffen von mindestens zwei unterschiedlichen Kulturen geprägt ist.*

Diese Definition trägt der Komplexität des Managements Rechnung. Sie umfasst Managementverantwortung auf unterschiedlichen Hierarchieebenen, kurz- und langfristig orientierte Vorgänge und verschiedene Sach- und Personenbereiche und bezieht sich selbstverständlich auch auf Zielsetzungsprozesse selbst. Die Klammerausdrücke berücksichtigen die Tatsache, dass Management im Normalfall ein permanenter Vorgang ist, der auch professionell gehandhabt werden sollte und sich im Regelfall auf eher komplexe Situationen bezieht. Es sind jedoch auch Managementsituationen vorstellbar, denen eines oder mehrere dieser Kennzeichen fehlen und die trotzdem von dieser Definition erfasst werden.

Für die weiteren Überlegungen sollen drei *Managementdimensionen* in den Mittelpunkt gestellt werden: Managementfelder, Managementprozesse und Führung (Leadership). Ein kompetenter Manager, so die Ausgangshypothese, muss damit über Fachkompetenz in Bezug auf die *Managementfelder*, in denen er sich bewegt, Prozesskompetenz in Bezug auf die *Managementprozesse*, die er regelmäßig handhaben muss und *Führungskompetenz* (Leadership-Kompetenz) verfügen. Art und Umfang sind dabei in hohem Maße organisations- und funktionsabhängig und variieren insbesondere mit der jeweiligen Managementebene.[10] Alle Managementdimensionen werden von kulturellen Aspekten beeinflusst. Diese kulturellen Einflussfaktoren sollten daher identifiziert, analysiert und durch die Wahl geeigneter Handlungsvariablen berücksichtigt werden.

---

[10] Abweichend hierzu beispielsweise Bolten (2002), der indirekt Fachkompetenz, strategische Kompetenz, soziale und individuelle Kompetenz unterscheidet oder Stender-Monhemius (2006), die berufliche Kompetenz als Fach-, Selbst-, Methoden- und soziale Kompetenz beschreibt.

4.1 Managementfelder und Fachkompetenz

Fachkompetenz ist im Regelfall Grundlage für die Fähigkeit fundierte Entscheidungen für abgegrenzte Managementfelder zu treffen. Sowohl die Inhalte und Bedeutung der Managementfelder als auch der Umgang mit diesen und die daraus folgenden Konsequenzen können kulturell unterschiedlich ausfallen. Dies erfordert eine entsprechende Analyse und Berücksichtigung, um kulturell bedingte Fehlschlüsse und Verzögerungen zu vermeiden. So werden kulturelle Besonderheiten im *strategischen Management*, etwa bei der Entwicklung und Durchsetzung von Markteintrittsentscheidungen oder im Rahmen des *Marketingmanagements* bei der Gestaltung von Werbebotschaften und Definition von Zielgruppen eine Rolle spielen. Im *Supply-Chain-Management* sind kulturell differenzierte Verhandlungstechniken und vor allem die kultursensible Vermittlung und Durchsetzung von Qualitätsanforderungen gefragt und das *Netzwerkmanagement* sollte etwa auf die interkulturell kompatible Gestaltung der in- und -externen Unternehmenskommunikation Wert legen.

Grundsätzlich geht es dabei also darum, sich zunächst kulturspezifische Kenntnisse über Märkte und Marktteilnehmer zu verschaffen, um die jeweiligen Interessen, Erwartungen und Reaktionen angemessen einbeziehen zu können. Hierzu gehören etwa unterschiedliche Wertvorstellungen, deren managementrelevante Auswirkungen genau so antizipiert werden sollten, wie beispielsweise kulturell bedingte Erfolgs- und Konfliktpotenziale oder ein Überdenken eigener Einstellungen und Verhaltensweisen, etwa gegenüber der Bedeutung von Verbindlichkeit, der Akzeptanz von Innovationen, der Haltung gegenüber der Erbringung von Leistungen oder der Berücksichtigung von Risiken. Alle Aspekte könnten dann dazu beitragen, das Managementverhalten zu flexibilisieren, wobei der Art und Weise, wie Anforderungen, Erwartungen und Überzeugungen auf kulturangemessene Weise vermittelt werden können, eine besondere Rolle zufällt. Abbildung 4 zeigt eine Auswahl relevanter *Managementfelder* mit Beispielen von Teilbereichen, deren kulturelle Implikationen zusätzliche Anforderungen an die Fachkompetenz stellen und damit das Managementhandeln beeinflussen:[11]

---

[11] Bei einer im Rahmen einer Masterarbeit Ende 2010 durchgeführten Befragung von insgesamt 13 mittelständischen international agierenden Unternehmen (sog. "Hidden Champions") zeigte sich, dass bei allen der insgesamt 12 vorgeschlagenen Managementfeldern jeweils über 80% der Befragten interkulturelle Einflüsse zumindest teilweise konstatierten. Im weiteren Verlauf der Befragung wurde allerdings auch deutlich, dass diese Erkenntnis keineswegs bedeutete, dass hierauf adäquat und konsequent reagiert wird; vgl. Miedaner (2011: 79f.).

Abbildung 4: Managementfelder – interkulturell relevante Beispiele

4.2 Managementprozesse und Prozesskompetenz

Prozesskompetenz bezieht sich darauf, strategische sowie operative Managementprozesse, Projekte oder Leistungserbringungen, kompetent zu steuern.[12] Im Rahmen von Managementprozessen werden Ziele gesetzt und deren Umsetzung geplant und organisiert. Die Abläufe und Ergebnisse werden beobachtet und kontrolliert, Abweichungen werden analysiert und Entscheidungen gefällt. In einem interkulturellen Kontext werden hierbei zweckmäßigerweise kulturelle Aspekte bei der Wahrnehmung, der Interpretation und dem Verständnis der Teilschritte berücksichtigt, um das Managementhandeln auch hier erfolgreich und möglichst konflikt- und verzögerungsfrei gestalten zu können.

Das bedeutet, dass beispielsweise die kulturell unterschiedliche Bedeutung von Zielen und Zielvereinbarungen, insbesondere deren Verbindlichkeit im Hinblick auf die Erwartungen an Ergebnisse und Terminsetzungen berücksichtigt werden. Dies gilt ebenso für die Form und den Inhalt von Planungsprozessen oder für Entscheidungen, bei denen erwartet wird, dass das Senioritätsprinzip oder Partizipationsüberlegungen kulturangemessen berücksichtigt werden. Bei der Umsetzung von Entscheidungen

---

[12]   Vgl. zum Thema Prozesskompetenz: Rüegg-Stürm (2003: 69ff.).

geht es etwa darum, geforderte und erwartbare Flexibilität, Kreativität und Eigen-
ständigkeit miteinander zu vereinbaren; und schließlich erfordern sowohl die Gestal-
Gestaltung von Monitoring und Controlling als auch die Durchführung von Feedback
kulturangepasste Formen.

Voraussetzung hierfür ist, sich mit den kulturell-unterschiedlichen Bedeutungen, den
Erfahrungen und den Inhalten in Bezug auf die verwendeten Begriffe und Teilprozesse vertraut zu machen, um die damit einhergehenden Verbindlichkeiten realistisch
einschätzen zu können und entsprechend kultursensibel umgehen zu können. Notfalls
müssen einzelne Prozessschritte nachjustiert und auf anderer Ebene eine neue Übereinstimmung gefunden werden. Kurz gesagt geht es bei der "Interkulturalisierung"
der Managementprozesse im Wesentlichen um die Anpassung von *Inhalten, Verbind-
lichkeitsvorstellungen, Partizipationsnotwendigkeiten* und *Interpretationen von
Verantwortung* und *Vermittlungsprozessen.* Abbildung 5 zeigt die verschiedenen
Prozessschritte sowie Beispiele für Teilprozesse, die zusätzliche Anforderungen an
die Prozesskompetenz in einem interkulturellen Kontext stellen können:

	Prozessschritte	Beispiele für interkulturelle Relevanz
1	Ziele setzen	Fristigkeit, Form, Operationalisierung, Reichweite
2	Planen	Planungsschritte, Umfang, Detailliertheit, Termine
3	Entscheiden	Angemessene Berücksichtigung von Hierarchien
4	Organisation, Koordination der Durchführung	Flexibilität, Kreativität, Zusammenarbeit
5	Kontrollieren und monitoren	Häufigkeit, Art, Intensität
6	Feedback geben	Akzeptable Formen, Veränderungsprozesse

Abbildung 5: Prozessschritte – interkulturell relevante Beispiele

4.3 Führung und Führungskompetenz

Führung sorgt dafür, eine Organisation und ihre Mitarbeiter zielgerichtet in einem
Prozess dauerhafter (Weiter-)Entwicklung und Optimierung zu ihrer Höchstleistung
zu bringen oder verkürzt ausgedrückt, die richtigen Entscheidungen voranzubringen.
Führungskompetenz (Leadership) ist demnach die Fähigkeit, die Zukunftsfähigkeit
einer Organisation zu sichern, indem die Organisation und ihre Mitarbeiter mithilfe

geeigneter und den jeweiligen Umständen angepasster (Führungs-) Instrumente dazu gebracht werden, sich laufend neuen Entwicklungen anzupassen bzw. diese Entwicklungen (mit) zu bestimmen und die hierfür notwendigen Strukturen und Prozesse zu schaffen und optimieren.

Erfolgreiche Führung in einem interkulturellen Kontext hängt wesentlich davon ab, ob es gelingt, die Erfahrungen und Erwartungen der kulturanderen Mitarbeiter und Ansprechpartner mit den eigenen Zielen und Vorstellungen in Einklang zu bringen. Nur wenn dies gelingt, können beispielsweise die strategischen Ziele eine wirksame Gestaltungsgrundlage für die zukünftige Entwicklung der Organisation darstellen. Es bedarf damit also einer – unter Umständen erheblichen – Zusatzleistung, um eine Organisation auch in einem interkulturellen Umfeld dauerhaft weiterzuentwickeln.

So wird beispielsweise die Gestaltung und erfolgreiche Steuerung von *Organisationsentwicklungsprozessen* (OE) und Veränderungen (*Change Management*) maßgeblich beeinflusst von der – auch kulturell – bedingten Bereitschaft der Mitarbeiter, diese Prozesse zu akzeptieren und sie im Unternehmensalltag dann auch in angemessener Weise umzusetzen und zu vertreten. Die Entwicklung einer *Corporate Identity* (CI) und einer die verschiedenen kulturellen Lebenswirklichkeiten berücksichtigenden *Unternehmenskultur* dürfte nur dann erfolgreich praktiziert werden, wenn die unterschiedlich kulturell geprägten Werte und Grundsätze – evtl. durch die Integration von sog. Kulturbausteinen[13] – berücksichtigt werden. Die erfolgreiche Gestaltung der internen Personenbeziehungen, *Human Resource Management* und *Human Resource Development* (HRM und HRD) oder der externen Beziehungen zu Kooperationspartnern, Kunden und staatlichen Organen erfordert die Einbeziehung kultureller Besonderheiten etwa bei der Ausgestaltung der Anreizsysteme (*Incentives*) oder der Grundsätze für das Verhandlungsmanagement. Der Erfolg von *Informations-* und *Kommunikationsprozessen* in einem interkulturellen Kontext wird wiederum von kulturell geprägten Erwartungen mitbestimmt. Hier könnte ein Kommunikationsstil zum Einsatz kommen, der in einer möglichst großen Anzahl von kulturellen Kontexten akzeptiert werden kann.[14]

---

[13] Eine Strategie, die Motorola nach Recherchen des Autors bereits in den 1990er Jahren entwickelte.

[14] Diese Voraussetzung erfüllt beispielsweise der *Kommunikationsstil Süd*; vgl. hierzu Koch (2012: 131ff.).

Es geht hierbei also offensichtlich um die Sicherung von *Akzeptanz, Identifikation* und *Motivation* und damit um die angemessene Berücksichtigung unterschiedlicher *Einstellungen* zu zentralen Elementen von Organisationskultur und -strategie, wie *Innovationen* und *Änderungen, Kunden-* und *Qualitätsorientierung* oder *Verantwortung* und *Leistung.* Abbildung 6 zeigt zentrale Bereiche von *Führung* mit Beispielen die zusätzliche Anforderungen an die Führungskompetenz in einem interkulturellen Kontext stellen können:

Abbildung 6: Führung – interkulturell relevante Beispiele

5 Empirische Ergebnisse

Die "Praxis" betont zwar die Notwendigkeit des Interkulturellen Managements, setzt sich hiermit aber häufig eher sporadisch und zum Teil auch recht oberflächlich auseinander. Auch bei größeren Unternehmen und Organisationen wird bei Befragungen nach interkulturellen Kompetenzen oder nach Praktiken des interkulturellen Managements häufig nur ausweichend oder sehr allgemein geantwortet. Zwar wird stets die Wichtigkeit der Thematik betont, für eine systematische Auseinandersetzung fehlen jedoch offensichtlich entweder Kenntnisse oder das Instrumentarium, häufig auch das Problembewusstsein bzw. eine Einschätzung der hiermit verbundenen Erfolgspotenziale. In kleineren und mittleren Unternehmen werden Auslandskontakte häufig von überlasteten Eigentümern oder Geschäftsführern wahrgenommen, bei denen eine weitergehende interkulturelle Kompetenz nicht grundsätzlich vorausgesetzt werden kann. In Interviews und Befragungen werden sehr häufig kurzfristig zu lösende interkulturelle Probleme, auf die dann mit ad hoc Lösungsansätzen reagiert wird, genannt oder es wird auf interkulturelle (Kurz-)Trainings verwiesen, deren Ziele auch unscharf bleiben können und die sich zudem vielfach auf "Dos and Don'ts" beschränken.

Im Rahmen des eingangs erwähnten berufsfeldorientierten Seminars zum "Interkulturellen Management in transnationalen Unternehmen" wurden zwischen 2006 und 2013 rund 60 Manager von insgesamt 29 global orientierten Unternehmen aus dem Münchener Raum, also ein bis drei Führungskräfte pro Unternehmen, aus verschiedenen Managementebenen zur interkulturellen Praxis ihres Unternehmens befragt. Die befragten Unternehmen sind i.d.R. in mindestens 30 Ländern vertreten und haben mit wenigen Ausnahmen zwischen 10.000 und 300.000 Mitarbeiter, die aus bis zu 127 verschiedenen Nationen stammen.

Die Auswahl der Unternehmen erfolgte durch die Studierenden des Masterstudiengangs selbst, die häufig eine persönliche Beziehung zu den Unternehmen hatten. Dies erleichterte es für sie, Zugang zu Personen mit einer Affinität zu internationalen bzw. interkulturellen Themen und die zudem bereit für ein Interview auf vertraulicher Basis waren, zu erhalten. Die Interviewleitfäden wurden von den Studierenden auf der Grundlage des oben skizzierten theoretischen Gerüsts individuell oder in Kleingruppen erarbeitet. Ziel war es, herauszufinden, was in den jeweiligen Unternehmen unter interkulturellem Management verstanden wird, welche hiermit im Zusammenhang stehenden Maßnahmen ergriffen werden und wie interkulturelle Managementkompetenz erworben wird.

Dabei wurde lediglich vorgegeben, eine Frage zu "interkulturellen Basiskompetenzen" sowie weitere Fragen zu den verschiedenen oben näher dargestellten Managementdimensionen zu stellen.[15] Die Erstellung der Interviewleitfaden und die Befragung selbst oblag den Studierenden und war damit auch abhängig von deren Interessen, ihrem Hintergrundwissen und von ihrer Bereitschaft den relevanten

---

[15] Als "interkulturelle Basiskompetenzen" wurden drei aus einer Vielzahl unterschiedlicher sozialer Kompetenzen destillierte "übergeordnete" Kompetenzen bezeichnet, die als wichtige Voraussetzung für individuelle interkulturelle Kompetenz angesehen werden können. Hierbei geht es um *bewusste Offenheit*, als grundsätzliche Einstellung gegenüber Neuem und Fremdem, *intelligente Flexibilität* im Handeln sowie um *respektvolle Freundlichkeit* im Verhalten gegenüber kulturanderen Personen. Diese Kompetenzen können als Basiskompetenzen angesehen werden und ermöglichen es, sich adäquat und vergleichsweise schnell auf wechselnde kulturspezifische Herausforderungen einzustellen, um auch in solchen Kontexten erfolgreich als Manager agieren zu können; vgl. Koch (2012: 110ff.).

Fragestellungen auch wirklich nachzugehen. Auf diese Weise entstanden allerdings keine identischen Interviewleitfäden, so dass die Vergleichbarkeit der Ergebnisse einschränkt ist und auch nur begrenzt die Möglichkeit besteht, die Ergebnisse quantitativ zusammenzufassen. Die den Unternehmen zugesicherte Vertraulichkeit schließt zudem die Nennung der befragten Unternehmen aus. Die Erkenntnisse, die sich aus den Befragungen ableiten lassen, sind demnach uneinheitlich. Dennoch sind die Ergebnisse interessant und lassen Tendenzen erkennen, auf denen sich aufbauen lässt. Sie lassen sich wie folgt zusammenfassen:

(1) Praktisch alle befragten Unternehmen sind sich der interkulturellen Herausforderungen bewusst, aber nur sehr wenige verfügen über Konzepte für ein interkulturelles Management.

(2) Etwa die Hälfte der befragten Unternehmen ist der Auffassung, dass interkulturelle Kompetenz der Mitarbeiter und die Berücksichtigung interkultureller Aspekte wichtig sind.

(3) Ebenfalls etwa die Hälfte der Unternehmen bieten hierfür interkulturelle Trainingskurse an. Dieses Angebot unterscheidet sich jedoch sehr stark in seinen Inhalten und in der Anzahl der angebotenen Kurse, die i.d.R. für die Mitarbeiter nicht verpflichtend sind und meist auch nur von wenigen Mitarbeitern belegt werden.

(4) Praktisch alle befragten Personen stimmen der These zu, dass die oben näher beschriebenen sozialen Kompetenzen – bewusste Offenheit, intelligente Flexibilität und respektvolle Freundlichkeit – wichtige, zum Teil sogar die wichtigsten interkulturellen Basiskompetenzen für Manager darstellen. Diese grundsätzliche Zustimmung wurde durch zusätzliche persönliche Kommentare der Befragten erläutert und ergänzt.

(5) Nur in einer sehr kleinen Anzahl von Unternehmen (unter 10%) gibt es mehr oder weniger systematische Ansätze, sich mit der interkulturellen Thematik eingehender zu befassen oder sogar ganzheitliche interkulturelle Managementkonzepte umzusetzen.

(6) Schließlich vertrat die große Mehrheit (etwa 2/3) der Unternehmen direkt oder indirekt die Auffassung, dass bei der interkulturellen Managementkompetenz sehr stark auf die Eigeninitiative der Mitarbeiter gesetzt werden solle.

Diese Ergebnisse sind auch mit Ergebnissen anderer Studien vergleichbar. So fanden etwa Unruh und Cabrera (2013:94) bei Führungskräftebefragungen heraus, dass 76% der Meinung waren, es sei für ein Unternehmen wichtig, globale Führungskräfte aufzubauen, aber nur 1/3 der Unternehmen verfügen über Programme für internationale Führungskräfteentwicklung und sehen Eigeninitiative als wichtigste Voraussetzung an, um Aufgaben zu erhalten, die zu einer Erweiterung des internationalen Wissens beitragen. Wenn man zudem berücksichtigt, dass sich üblicherweise nur ein kleiner Teil der internationalen Programme auf interkulturelle Inhalte bezieht, und sich hierbei die meisten auf kurzfristige Trainings beschränken dürften, so wird deutlich, dass bei Zugrundelegung dieser Daten der Anteil der Unternehmen die mehr oder weniger systematische Fortbildung im Bereich des interkulturellen Managements wahrscheinlich noch erheblich unter den genannten 10% liegen dürfte.[16]

Da, wie erwähnt, eine weitere quantitative Auswertung durch die unterschiedlichen Fragestellungen und Vorgehensweisen erschwert ist, sollen im Folgenden ausgewählte beispielhafte Aussagen zu bzw. von Unternehmen zu verschiedenen Einzelthemen vorgestellt werden.[17] Die jeweiligen Zitate wurden den von den Studierenden angefertigten Befragungsberichten entnommen.

Unternehmen A

„Die Untersuchung hat bestätigt, dass A zwar international, aber nicht interkulturell arbeitet und dass das Bewusstsein für kulturelle Einflüsse sehr gering ist. Die Erkenntnis für die Notwendigkeit interkulturellen Managements scheint bei A momentan noch zu gering zu sein, um aktiv kulturübergreifendes Management einzuführen. [...] Solange allerdings das obere Management auf globaler Ebene keine Bemühungen zeigt, kulturelle Aspekte in der täglichen Arbeit zu berücksichtigen oder sogar zum Vorteil von A einzusetzen, ist es sehr schwierig für das mittlere Management Bestrebungen in dieser Hinsicht nachzugehen. Darüber hinaus mangelt es – u.a. wegen der fehlenden Schulungen – insgesamt an Kenntnissen über interkulturelles Management."

Unternehmen B

„In den Interviews wurde herausgefunden, dass kulturelle Unterschiede und deren potenzielle Auswirkungen dem Management bewusst sind. [...] Es fehlen jedoch konkrete Ansätze,

---

[16]   Wie die studentischen Befragungen zeigen, liegen diese Zahlen deutlich unter denjenigen, die realisiert werden würden, wenn Personalabteilungen ihre Vorstellungen in Bezug auf die interkulturelle Thematik umsetzen könnten.

[17]   Die jeweiligen Unternehmen sind anonymisiert.

Konzepte und Empfehlungen [...] zu interkulturellem Management. [...] Nichtsdestotrotz wird interkulturelles Management teilweise schon angewendet, jedoch nur auf individueller Ebene, wenn sich der Team- oder Projektleiter mit dem Thema beschäftigt oder individuelle Erfahrungen gesammelt wurden."

Unternehmen C

„Was gar nicht gemacht wird, ist z.B. die Mitarbeiter für das Amerikageschäft vorzubereiten, obwohl sie interessanterweise dort größere Probleme haben als bei der Zusammenarbeit mit Asiaten. Dafür fehlt im Unternehmen immer noch das Bewusstsein. Man unterstellt automatisch, dass die Kommunikation mit westlichen Kulturen besser funktioniert, was in der Realität leider nicht bestätigt werden kann. [...] Ob die Mitarbeiter bei ihren Arbeitseinsätzen im Ausland erfolgreich sind, kann nicht beantwortet werden, da keine Evaluation, Feedbackgespräche nach dem Auslandseinsatz oder Betreuung im Ausland praktiziert werden."

Unternehmen D+E

„Die untersuchten Unternehmen haben den dringenden Bedarf an Weiterbildungen im Bereich interkulturelle Kommunikation und Kompetenz nicht richtig erkannt. Daher ist die Mitarbeiterförderung der Unternehmen zum Thema Interkulturalität immer noch sehr mangelhaft, und die angebotenen Kurse werden von den Mitarbeitern kaum genutzt. [...] Der Erwerb von spezifischem Wissen über die eigene und andere Kulturen [...] ist immer noch kein zentrales Thema in diesen Unternehmen. [...] Einzelne Personen aus den [...] Unternehmen beschäftigen sich intensiv mit dem Thema Interkulturalität und möchten dazu beitragen, dass die Firmen für die sie tätig sind, sich mehr mit Fragen der Interkulturalität beschäftigen. [...] Die Weiterentwicklung der Firmen in dieser Richtung stößt nach Angaben der Gesprächspartnerinnen leider immer wieder auf zu viel Bürokratie und stellt einen Kostenfaktor dar, den sich die Unternehmen nicht leisten wollen."

Unternehmen E1 - E4

„In keinem der vier Unternehmen gibt es einen Mitarbeiter, der sich spezifisch mit interkulturellen Themen beschäftigt. [...] Die Unternehmen weisen völlig unterschiedliche Ansätze im Umgang und zur Förderung interkultureller Kompetenz im Personalbereich auf. Insgesamt gäbe es bei allen Unternehmen, Chancen, die interkulturellen Kompetenzen innerhalb des Unternehmens stärker in den Vordergrund zu stellen. Die Berücksichtigung interkultureller Kompetenz könnte zur Identifikation der Mitarbeiter mit ihrem Unternehmen und letztendlich zum Unternehmenserfolg beitragen."

Unternehmen F+G

„Es zeigt sich, dass F Bausteine des interkulturellen Managements einsetzt, aber meist nur, wenn sich der individuelle Manager aktiv darum bemüht. Das heißt es gibt keinen strukturierten, systematischen Ansatz, um den Erwerb von interkulturellen Managementkompetenzen zu fördern. Stattdessen wird vom Mitarbeiter erwartet, dass er interkulturelle Kompetenz und Flexibilität mitbringt, um sich an die doch stark standardisierten Werte und Vorgaben des Unternehmens anzupassen. [...] G überlässt es den jeweiligen Managern, interkulturelle Probleme zu lösen: es gibt kein Gesamtkonzept und keine langfristigen Maßnahmen."

Unternehmen H

„Der Stellenwert des interkulturellen Managements im Unternehmen H ist stark ausbaufähig. Es wird kein systematischer Ansatz verfolgt, es dominieren eher punktuelle Aktivitäten, allerdings sollen interkulturelle Aspekte in ein neues Leadership-Konzept ab 2014 integriert werden. [...] Grundsätzlich gibt es zwar Seminare für die Vorbereitung auf eine internationale Aufgabe, diese können doch aufgrund geringer Vorlaufzeit zwischen Entscheidung und Entsendung nicht immer besucht werden. Das notwendige Wissen wird dann später im Eigenstudium vor Ort nachgeholt. [...] Interkulturelle Kompetenz wird weitgehend mit den sozialen Basiskompetenzen gleichgesetzt, ergänzt um Schulungen im Rahmen einer Entsendung. Im Managementprozess dominiert die Aufgabendimension, bei der Mitarbeiterführung werden interkulturelle Aspekte i.d.R. vernachlässigt."

Diese zusammenfassenden Einschätzungen werden nun durch ausgewählte Aussagen zu den beiden Themen "Interkulturelle Trainings" und "Verstärkte Nutzung von Eigeninitiative" ergänzt:

Ausgewählte Aussagen zur Eigeninitiative

Ob interkulturell kompetent gehandelt wird, ist vom Wissen und den Erfahrungen der Mitarbeiter abhängig, diese handeln zum Teil intuitiv und unbewusst.

Es bleibt dem einzelnen Manager überlassen, wie er seine Mitarbeiter führt, auf globaler Ebene gibt es hierzu keine Vorgaben.

Von Einzelpersonen werden interkulturelle Unterschiede individuell berücksichtigt.

Der Schwerpunkt in F liegt auf einem informellen Austausch der Mitarbeiter außerhalb des Arbeitsplatzes.

G überlässt es den jeweiligen Managern interkulturelle Probleme zu lösen.

Aktionen zum interkulturellen Management beruhen meistens auf Initiativen von Einzelpersonen.

Ausgewählte Aussagen zu interkulturellen Trainings

Es gibt keine Maßnahmen, die die Mitarbeiter befähigen würden, interkulturelle Kompetenz zu erwerben.

Es gibt keine Schulungen, Unterlagen oder Verhaltensvorgaben für interkulturelles Team- und Projektmanagement.

Eine spezielle kulturelle Vorbereitung für Auslandseinsätze gibt es nicht.

Das Unternehmen bietet E-Learning Kurse zu interkultureller Kommunikation, ein anderes bei Bedarf Coaching an.

H bietet kein interkulturelles Trainingsprogramm an.

K stellte früher interkulturelle Trainings bereit, jetzt nicht mehr.

Bei F können allgemeine Trainings zu "Dos and Don'ts" besucht werden.

L bietet Workshops, Cultural Briefings und Trainings zu Intercultural Competence an und bereitet auf Auslandstätigkeit vor.

6 Fazit – Welche Fragen ergeben sich aus diesen Ergebnissen?

Die Ergebnisse werfen einige kritische Fragen auf, die hier zusammen mit kurzen Kommentaren aufgelistet werden:

(1) Benötigen die Unternehmen überhaupt interkulturelles Management?

Offensichtlich agieren die befragten Unternehmen erfolgreich als Global Player, sie könnten also auch weiter so verfahren wie bisher. Andererseits nimmt aber der globale Wettbewerb ständig weiter zu. Damit steigen die allgemeinen, aber auch die interkulturellen Herausforderungen für die Unternehmen beständig an. Dies und die Bedeutung interkultureller Aspekte wird von den Unternehmen durchaus wahrgenommen, aber anscheinend noch unzureichend in weiterführende Aktivitäten umgesetzt. Damit wird zwar möglicherweise die Bedeutung erkannt, aber mögliche Antworten und Reaktionen hierauf genießen offensichtlich keine hohe Priorität.

(2) Sind die derzeit angebotenen interkulturellen Managementansätze, Instrumente und Lösungen passend und attraktiv?

Möglicherweise gibt es noch zu wenige ausgereifte, praxistaugliche und vielseitig einsetzbare Modelle mit konkreten Umsetzungsvorschlägen für ein systematisches interkulturelles Management, die eine größere Spannbreite von sinnvoll nutzbaren interkulturellen Instrumenten bereitstellen – oder diese sind noch zu wenig bekannt. Daher finden – wenn überhaupt – eher gängige, leicht zugängliche und meist kürzer angelegte Trainingsansätze Verwendung, die sich zudem mehr auf "grundlegende" Aspekte, wie "awareness building" oder "Dos and Don'ts" oder auf entweder sehr spezielle oder sehr allgemeine interkulturelle Ansätze konzentrieren. Es ist allerdings sehr fraglich, ob diese wirklich die richtigen Antworten darstellen.

Der Bekanntheitsgrad von passenden praxisorientierten Ansätzen könnte durch direkte Kontakte mit Unternehmen gesteigert werden. Dies kann, wie Erfahrungen zeigen, beispielsweise schon durch Interviews zu dieser Thematik, wie oben beschrieben, oder gemeinsame Projekte zu interkulturellen Fragestellungen geschehen. Schon hierdurch können Unternehmen für neue Erkenntnisse und Möglichkeiten des interkulturellen Managements sensibilisiert werden. Verschiedene Antworten zeigen, dass die Befragten durch die Interviews angeregt wurden, verstärkt über Möglichkeiten einer systematischeren Vorgehensweise zu reflektieren.

(3) Bieten vorhandene Ansätze einen konkreten nachweisbaren Nutzen?
Neben dem Vorhandensein adäquater Modelle, ist dies in der Tat die Kernfrage. Nur das Vorhandensein eines deutlichen Mehrwerts, etwa belegt durch einen Kosten-Nutzen-Vergleich, wird Unternehmen dazu veranlassen, in entsprechende Maßnahmen zu investieren. Hier liegen kaum Erfahrungen vor. Diese Frage führt aber automatisch zu einer weiteren Frage. Kann der Nutzen derartiger Verfahren und Ansätze überhaupt gemessen und damit nachgewiesen werden? Tatsächlich ist ein solcher Nachweis derzeit nur sehr schwer möglich. Entsprechende Messverfahren sind praktisch nicht vorhanden. Erforschung und Entwicklung von Bewertungsmethoden, die ökonomische Begründungen für den Einsatz von interkulturellen Managementmethoden liefern, müssen daher unbedingt vorangetrieben werden.

(4) Welcher Vermittlungsansatz ist sinnvoll? Sollten und können Ansätze zur Unterstützung von Eigeninitiative gefördert werden?
Hier geht es um die Frage, auf welche Weise in einem Unternehmen ein höheres Niveau an interkultureller Managementkompetenz erreicht werden kann. Ist der von den Unternehmen anscheinend bevorzugte Ansatz, auf die Eigeninitiative der Mitarbeiter zu setzen, möglicherweise tatsächlich eine pragmatische, sinnvolle Möglichkeit? Ein entsprechendes Bewusstsein scheint bei vielen Mitarbeitern durchaus vorhanden zu sein. Solange Unternehmen daher noch keine Notwendigkeit sehen, interkulturelles Management als umfassendes, wettbewerbsrelevantes Konzept in die eigene Organisationskultur zu integrieren, könnte der Verweis auf die Eigeninitiative der Mitarbeiter tatsächlich zumindest ein temporär praktikabler Ansatz sein, soweit er praxisorientiert und theoriebasiert ist und Möglichkeiten zum Weiterlernen bietet.

Dafür ist es in jedem Fall sinnvoll, einen geeigneten Rahmen oder eine Struktur zur Verfügung zu haben. Dies gilt zum einen für den Kompetenzaufbau, der beispielsweise anhand eines *Stufenmodells* erfolgen könnte, das dem Lernenden einen Weg von dem Nachweis wichtiger Voraussetzungen, über kulturtheoretisches Wissen und interkulturelle Handlungskompetenz zur interkulturellen Managementkompetenz aufzeigen könnte.[18] Zum anderen können diese Strukturen durch die Bereitstellung unternehmensinterner "Räume" etwa für Diskussionsforen zum direkten Austausch interkultureller Erfahrungen, durch interkulturelles Wissensmanagement (vgl. Wiesbauer 2012) oder die Förderung von interkultureller Weiterbildung der Mitarbeiter unterstützt werden. Für die Bereitstellung entsprechender Lerninhalte, die neben Wissen auch Anwendungsmöglichkeiten, die Durchführung interkultureller Projekte und kritische Reflexionsmöglichkeiten bieten, sind tertiäre wissenschaftliche Bildungseinrichtungen besonders geeignet. Diese können hierzu durch immer besser auf die interkulturellen Weiterbildungsbedarfe der Mitarbeiter abgestimmte berufsbegleitende Kurse, Zertifikate und weiterbildende Studiengänge einen wichtigen Beitrag leisten.

(5) Was bedeuten diese Überlegungen für die "Interkulturellen Arbeitsplätze und Berufsfelder"?[19]

Ein wichtiges Ziel des oben genannten Studiengangs ist es, seine Absolventen und Absolventinnen für die Übernahme von Aufgaben in einem interkulturellen Umfeld zu qualifizieren. Allerdings kann offensichtlich nicht davon ausgegangen werden, dass die hier erworbenen überfachlichen interkulturellen Qualifikationen von den Unternehmen auch automatisch gesucht, gewürdigt oder honoriert werden. Derzeit scheint es in transnationalen Unternehmen noch keine klar definierten Berufsbilder oder eindeutigen "Andockpunkte" zu geben, durch die interkulturelle Kompetenzen systematisch und effektiv zum Nutzen des Unternehmens eingesetzt werden können.

Um dies zu erreichen müssten Unternehmen sich noch zielgerichteter und nachhaltiger über Möglichkeiten und Vorteile der stärkeren Nutzung von interkulturellem Wissen und interkultureller Kompetenz informieren. Wenn man den Befragungsergebnissen folgt, so scheinen die Personalabteilungen am aufgeschlossensten für

---

[18] Vgl. hierzu beispielsweise das 4-Stufen-Prozessmodell: Koch (2012: 101ff.).
[19] Vgl. hierzu das Thema des 10. Internationalen Tages, die Grundlage für die Herausgabe dieses Sammelbandes.

interkulturelle Initiativen zu sein. Allerdings sind sie bei der Durchsetzung meist abhängig von Entscheidungen auf höherer Ebene, vor allem, wenn es um eine breitere – und damit auch kostenintensivere – Einführung von Maßnahmen zur Steigerung der interkulturellen Kompetenz oder der Verbesserung des interkulturellen Managements geht. Da einschlägige interkulturelle Positionen kaum angeboten werden, könnten Absolventen und Absolventinnen des Masterstudiengangs hier wichtige Funktionen als *Interkulturelle Change Agents* übernehmen.

Literatur

Bank for International Settlements (BIS) (2013): Triennial Central Bank Survey 2013. [http://www.bis.org/publ/rpfx13fx.pdf, 31.01.2014].

Bank for International Settlements (BIS): Annual Reports [http://www. bis.org/forum/research.htm, 31.01.2014]

Bolten, Jürgen (2002): Interkulturelles Coaching, Mediation, Training und Consulting als Aufgaben des Personalmanagements internationaler Unternehmen. In: Bolten, Jürgen / Erhardt, Claus (Hg.): Interkulturelle Kommunikation. Sternenfels: Verlag Wissenschaft & Praxis, 369–394.

Brocke, Jan v. (2010): Business Process Management (BPM). In: WISU. 4/2010 502–507.

CIA World Factbook [https://www.cia.gov/library/publications/the-world-factbook/, 31.01.2014]

Earley, Christopher P. / Singh, Harbir (1995): International and intercultural management research: What's next? In: DeNisi, Angelo et al. (Hg.): The Academy of Management Journal. Vol. 38, No. 2.

Festing, Marion (2009) Internationales Personalmanagement und Internationales Management. In: Oesterle, Michael-Jörg / Schmidt, Stefan (Hrsg.): Internationales Management. Stuttgart: Schäffer-Pöschel, 517–543.

Fockenbroch, Dieter / Terpitz, Katrin (2010): Die Zukunft des Managements: Der Blick in die Glaskugel. In: Handelsblatt. 31.12.2010, 38f,

Holzmüller, Hartmut (2009): Prozedurale Herausforderungen in der Forschung zum Interkulturellen Management und Ansätze zu deren Handhabung. In: Oesterle, Michael-Jörg / Schmidt, Stefan (Hg.): Internationales Management. Stuttgart: Schäffer-Pöschel, 251–282.

Koch, Eckart (2014): Globalisierung: Wirtschaft und Politik. Wiesbaden: Springer.

Koch, Eckart (2012): Interkulturelles Management. München: UVK-Lucius.

Koch, Eckart (2010): Remittances and Brain Gain - Impacts of International Migration; in: Koch, Eckart /Speiser, Sabine (Hg.): Internationale Migration - Chancen und interkulturelle Herausforderungen; München und Mering: Rainer Hampp Verlag, 1–22.

Koch, Eckart (2009): Interkulturelle Praxisprojekte - Erfahrungen und Einsichten. Kooperationen des Masterstudiengangs "Interkulturelle Kommunikation und Kooperation" mit Unternehmen und privaten Organisationen. In: Koch, Eckart / Speiser, Sabine (Hg.): Interkulturelle Projekte - Angewandte Interkulturalität. München/Mering, 185–210. [aktualisiert: http://www.eckart-koch.de/ de / downloads.html Stender-Monhemius, K. (2006): Schlüsselqualifikationen; München, 31.01.2014].

Kroeber, Alfred / Kluckhohn, Clyde (1952): Culture -a Critical Review of Concepts and Definitions. Papers of the Peabody Museum of American Archaeology & Ethnology, XLVII, I.

Miedaner, Günther (2011): Interkulturelle Aspekte im Management von "Hidden Champions" - eine empirische Untersuchung zu interkulturellen Einflussfaktoren in ausgewählten Managementfeldern bei mittelständischen Weltmarktführern. Hochschule München, Masterstudiengang Interkulturelle Kommunikation und Kooperation. (Unveröffentl. Masterarbeit).

Rüegg-Stürm, Johannes (2003): Das neue St. Galler Managementmodell. Bern: Haupt.

Stender-Monhemius, K. (2006): Schlüsselqualifikationen; München und Mering: Rainer Hampp Verlag.

Ulrich, Hans (1984): Management. Bern: Haupt.

UNCTAD: World Investment Report (WIR), versch. Jahrgänge [http://unctad.org/ en/pages/DIAE/World%20Investment%20Report/WIR-Series.aspx]

UN Department of Social and Economic Affairs [esa.un.org/unmigration/ wallchart 2013.htm, 31.01.2014]

Unruh, Gregory / Cabrera, Ángel (2013): Im Klub der Weltbürger. In: Harvard Business Manager. Juli 2013, 92–97.

Wiesbauer, Barbara (2012): Interkulturelle Aspekte des Wissensmanagements in international agierenden Unternehmen. Hochschule München, Masterstudiengang Interkulturelle Kommunikation und Kooperation (Unveröffentl. Masterarbeit).

WTO: International Trade Statistics, versch. Jahrgänge [http://www.wto.org/english/ res_e/statis_e/statis_e.htm, 31.01.2014]

Wolf Rainer Leenen, Siegfried Stumpf, Alexander Scheitza

„Interkulturelle Kompetenz" in der Personalauswahl – Konzeptionalisierung und Integration in bestehende Auswahlsysteme

1 Einleitung

Obwohl Deutschland über Jahrzehnte das Ziel einer quantitativ nicht unerheblichen Zuwanderungsbewegung war, hat die Republik bis zur Jahrtausendwende keine strategisch weitsichtige und alle Gesellschaftsbereiche einbeziehende Migrations- und Integrationspolitik entwickelt. Die Einseitigkeit der Zuwanderung auf der einen Seite (es sind bis in die siebziger Jahre vor allem wenig qualifizierte Arbeitskräfte und eher bildungsferne Familien eingewandert) und die politische Weigerung auf der anderen Seite, den Status eines „Einwanderungslandes" zu akzeptieren, hat integrationspolitisch eine gewisse Stagnation verursacht. Eine der Spätfolgen dieses jahrzehntelangen integrationspolitischen Stillstands ist der Gegensatz zwischen einer allgemeinen gesellschaftlichen Tendenz der „Multikulturalisierung" und einer gewissen Abgeschlossenheit und kulturellen Homogenität des ‚staatsnahen' Beschäftigungsbereichs: Damit sind Berufsfelder gemeint, die enge Berührung mit dem politischen System im engeren Sinn haben oder zum Bereich der Sicherheitskräfte oder der staatlichen Leistungs- und Eingriffsverwaltung zu zählen sind (Hönekopp 2007). Während inzwischen etwa ein Fünftel der Bevölkerung in Deutschland einen sog. Migrationshintergrund hat (mit prognostisch steigender Tendenz), liegt dieser Anteil bei den insgesamt im Öffentlichen Dienst Beschäftigten bei unter 10%, in den Schlüsselbereichen der staatlichen Ordnungs- und Eingriffsverwaltung sogar bei unter 5%. Die in allen Bundesländern in den letzten Jahren heftig aufflammende Diskussion über eine „Interkulturelle Ausrichtung" (Barbara John) der Öffentlichen Verwaltung ist ein Zeichen dafür, dass der hier existierende Nachholbedarf erkannt und nach politischen Lösungen gesucht wird. Für das Land Nordrhein-Westfalen sind hier der Kabinettsbeschluss „Landesinitiative zur interkulturellen Öffnung der Landesverwaltung" vom 31.5.2011 und das Gesetz zur Förderung der gesellschaftlichen Teilhabe und Integration in Nordrhein-Westfalen vom 14.02.2012 wegweisend. Kennzeichnend für die Stoßrichtung dieser politischen Initiativen ist, dass sie nicht schematisch bestimmte Strukturen und Proportionen zu verändern suchen. Mit dem Begriff der „Interkulturellen Öffnung" wird vielmehr ein komplexes soziales Innovationsprojekt (Howaldt/Schwarz 2010) skizziert, das die Leistungsfähigkeit der Öffentlichen Verwaltung, mit kultureller Vielfalt produktiv, angemessen und fair umzugehen, verbessern soll. Dies betrifft nicht nur die Leistungsdimension des Organisationshandelns, sondern auch die Prozess- und Strukturdimension der Organisation. Und stets lautet die Frage: Werden durch bestimmte Prozesse, Strukturen oder Ergebnisse des Organisationshandelns explizit oder implizit Ausschlussprozesse ausgelöst? Verstanden als ein Prozess der Personal- und Organisationsentwicklung setzt interkulturelle Öffnung „Interkulturelle Kompetenz" als Qualitätsstandard voraus. Die MitarbeiterInnen der Organisation müssen nicht nur im Außenverhältnis (d.h. in Bezug auf eine Kundschaft bzw. Klientel mit einem anderen Kulturhintergrund), sondern auch im Innenverhältnis (d.h. mit Blick auf eine kulturell heterogene Mitarbeiterschaft) besondere Kommunikations-, Handlungs- und Konfliktlösungsfähigkeiten besitzen.

2 Ausgangslage: Interkulturelle Kompetenz und Inklusion bei der Polizei NRW

Die Polizei NRW beschäftigt sich schon seit längerem mit den Herausforderungen einer kulturell vielfältigen Gesellschaft. Interkulturelle Kompetenzen zu vermitteln, ist ein ausdrückliches Ziel der polizeilichen Aus- und Fortbildung: Seit Beginn der 2000er Jahre bietet die Polizei NRW ihren MitarbeiterInnen Fortbildungen zu interkulturellen Themen an. In einer ersten Phase der interkulturellen Öffnung der Polizeiarbeit standen dabei Qualifizierungsangebote für die Arbeit im Außenverhältnis der Organisation im Vordergrund (also eine Vorbereitung auf Einsatzsituationen, in denen spezifische kulturelle oder religiöse Hintergründe eine Rolle spielen). In einem zweiten Schritt wurde nun die sich abzeichnende Steigerung der kulturellen Vielfalt innerhalb der Organisation zum Thema. Im Rahmen des XENOS-Projekts „Interkulturelle Qualifizierung und Förderung kultureller Diversität in der Polizei NRW" wurden zwischen 2009 und 2012 eine auf Besonderheiten der Organisation

Polizei zugeschnittene Diversitätsstrategie sowie daraus abgeleitete Fortbildungsseminare entwickelt (Leenen/Groß/Grosch/Scheitza, im Druck). Veranstaltungen, die beispielsweise die Herausforderungen der Zusammenarbeit in kulturell gemischten Teams thematisieren, interkulturelle Kompetenz für Lehrende oder das Management von Diversität durch polizeiliche Führungskräfte behandeln, sind mittlerweile ebenfalls fester Bestandteil der Fortbildungspalette der Polizei NRW. Zudem ist das Thema Interkulturelle Kompetenz inzwischen auch Gegenstand des Bachelor-Studienganges der Fachhochschule für Öffentliche Verwaltung im Fachbereich Polizeivollzugsdienst.

So begrüßenswert die Implementierung solcher Angebote ist: Der Entwicklung interkultureller Kompetenzen im Rahmen von Aus- und Fortbildung sind Grenzen gesetzt. Manche Teilaspekte interkultureller Kompetenz setzen Persönlichkeitseigenschaften voraus, deren Ausbildung in kurzzeitpädagogischen Angeboten nur eingeschränkt möglich ist. Personen, die beispielsweise grundlegende Schwierigkeiten damit haben, neuen Situationen Positives abzugewinnen oder sich an veränderte Anforderungen anzupassen, wird man die erforderliche Offenheit oder Flexibilität kaum über Fortbildungsveranstaltungen vermitteln können. Es kann daher sinnvoll sein, schon in der Personalauswahl solche Voraussetzungen für interkulturelle Kompetenzentwicklung zu verankern.

Mit dem durch das XENOS-Programm "Integration und Vielfalt" geförderten Projekt "Interkulturelle Kompetenz und Inklusion in der Personalauswahl der Polizei (IKIP)" analysiert der Forschungsschwerpunkt Interkulturelle Kompetenz der Fachhochschule Köln in enger Kooperation mit dem Landesamt für Ausbildung, Fortbildung und Personalangelegenheiten der Polizei NRW (LAFP) derzeit das Personalauswahlverfahren der Polizei NRW[1]. Ein Ziel des Projektes ist es, das Kriterium „Interkulturelle Kompetenz" in das Auswahlverfahren der Polizei für Direkteinsteiger zu integrieren. Des Weiteren soll überprüft werden, ob die im Auswahlverfahren eingesetzten Methoden dem Kriterium der Kulturfairness entsprechen. Der Begriff geht auf die Diskussion um Intelligenztests zurück, denen vor allem in den 1970er Jahren

---

[1]   Wir sind I. Harms und M. Gehrke (Dezernat 31 des LAFP) für die nachhaltige Unterstützung zu besonderem Dank verpflichtet.

vorgeworfen wurde, Angehörige aus anderen Kulturen als der Mehrheitskultur zu benachteiligen. Im Rahmen des Projektes soll analysiert werden, ob die Erfolgswahrscheinlichkeiten, das Auswahlverfahren erfolgreich zu durchlaufen, bei unterschiedlichen Migrantengruppen etwa gleich sind. Durch Modifikationen im Auswahlverfahren der Polizei NRW sollen gegebenenfalls interkulturelle Öffnungsprozesse der Organisation gefördert und jungen Menschen mit Migrationshintergrund der Zugang zum Polizeiberuf erleichtert werden.

Es würde den Rahmen dieses Beitrags sprengen, über beide Arbeitsbereiche des dreijährigen Projekts (2012-2014) im Detail zu informieren. Im Folgenden soll daher nur über den Aspekt der Integration der interkulturellen Kompetenz in das Auswahlverfahren berichtet werden. Diese Aufgabe wurde aus drei verschiedenen Richtungen angegangen: Mittels einer Literaturanalyse wurde versucht, diejenigen Kompetenzelemente zu identifizieren, die *aus theoretischer Sicht* Voraussetzung für erfolgreiches Handeln in interkulturellen Zusammenhängen sind. Dann wurde die *derzeitige Praxis der Personalauswahl in der Polizei NRW* und das ihr zugrunde liegende Kompetenzprofil genauer analysiert. Und schließlich wurden in einer *qualitativen empirischen Studie* interkulturell erfahrene PolizeibeamtInnen über kritische interkulturelle Anforderungssituationen, effektive und weniger effektive Verhaltensweisen in interkulturellen Kontexten sowie Unterscheidungsmerkmale von interkulturell kompetenten versus weniger interkulturell kompetenten BeamtInnen befragt. Die Untersuchungsergebnisse wurden jeweils in einem Workshop mit interkulturellen Fachexperten und einem weiteren Workshop mit Feldexperten kritisch diskutiert. Das Verfahren mündet in einen Vorschlag für ein um die interkulturelle Komponente erweitertes Anforderungsprofil, das zunächst der Behördenleitung des für das Auswahlverfahren zuständigen Landesamtes (LAFP) und schließlich dem Ministerium für Inneres und Kommunales NRW vorgelegt werden wird.

3 Interkulturelle Kompetenz als Auswahlkriterium für den Polizeiberuf

Der Begriff der Kompetenz wurde von McClelland (1973) in Abgrenzung zum traditionellen Intelligenzkonzept in die Diskussion um Verhalten im Organisationskontext eingebracht, wobei Kompetenzen als wesentliche Voraussetzungen des Erbringens von Leistung in Organisationen betrachtet werden. Während das Intelligenzkonzept eher die Stabilität und Unveränderbarkeit eines psychischen Merkmals in den Vordergrund rückt, weist McClelland mit dem Kompetenzbegriff auf die Veränderbarkeit psychischer Leistungsvoraussetzungen durch Erfahrung, Lernen oder Reifung hin. Kompetenzen können insofern vielfältige Formen annehmen (z.B. kognitive Kompetenzen wie Rechtschreibe- und Rechenfähigkeit, Kommunikationsfähigkeiten, Geduld und Impulskontrolle, Fähigkeiten zum Setzen realistischer Ziele, Eigeninitiative). Eine einheitliche und verbindliche Definition des Kompetenzbegriffs hat sich bis heute zwar nicht durchgesetzt (Schippmann/Ash/Battista/Carr/Eyde/Hesketh/ KehoePearlman/Prien/Sanchez 2000, Höft/Goerke 2014), dennoch erscheint das in Höft und Goerke (2014) auf Ausarbeitungen des Arbeitskreises Assessment Center e.V. zurückgehende Begriffsverständnis eine angemessene Explikation für den Organisationskontext wiederzugeben:

(1) „Kompetenz" umschreibt eine abgrenzbare Gruppe von thematisch zusammenhängenden Verhaltensweisen, die ein organisational erwünschtes Ziel bewirken oder fördern. Kompetenzen machen sich somit in produktivem Verhalten bemerkbar.

(2) Um diese erwünschten Verhaltensweisen hervorbringen zu können, muss der Akteur über spezifische personale Merkmale verfügen.

(3) Diese personalen Merkmale können sehr unterschiedlich sein. Es kann sich z.B. um kognitive Leistungsvoraussetzungen wie Intelligenz, um Persönlichkeitseigenschaften wie die Big-Five-Traits, Werthaltungen, Motive, Fähigkeiten und Fertigkeiten, Wissen und Erfahrung handeln.

(4) Eine Kompetenz kann somit als eine spezifische „Mischung" aus unterschiedlichen personalen Merkmalen gesehen werden, die in ihrem Zusammenwirken produktives Verhalten ermöglichen (z.B. setzt „soziale Kompetenz" oftmals ein Zusammenwirken von korrekter Problemanalyse, Abwägung von Entscheidungsalternativen, Eigeninitiative und konkreten sozialen Fertigkeiten voraus).

(5) Eine genauere Analyse der an einer Kompetenz beteiligten personalen Merkmale erlaubt Rückschlüsse auf die Veränderbarkeit bzw. Trainierbarkeit einer Kompetenz sowie die hierfür bestehenden Ansatzpunkte (z.B. an einem Fertigkeitsaspekt der Kompetenz). Kompetenzen können sich aufgrund ihrer spezifischen Zusammensetzung im Hinblick auf ihre Trainierbarkeit unterscheiden (z.B. wird eine Kompetenz

wie „analytisches Denken" schlechter trainierbar sein als eine Kompetenz wie „effektive Unfallaufnahme").

(6) Damit eine Person einen Arbeitsplatz in einer Organisation gut ausfüllen und einen Beitrag zum Organisationserfolg liefern kann, ist das kombinierte Wirken und Interagieren unterschiedlicher Kompetenzen erforderlich.

3.1 Stand der Forschung zum Thema „Interkulturelle Kompetenz"

Die Forschungsliteratur zum Thema „Interkulturelle Kompetenz" ist inzwischen quantitativ und qualitativ kaum noch überschaubar. Einen gewissen Einblick in die angelsächsische Forschungsdiskussion liefern „The Sage Handbook of Intercultural Competence" (Deardorff 2009), das "Handbook of Intercultural Training" in der 3. Auflage (Landis/Bennett/Bennett 2004) sowie fortlaufend das „International Journal of Intercultural Relations". Einen Eindruck von der ausgesprochen kontrovers geführten Diskussion in Deutschland liefern die in einem Sonderband der Zeitschrift „Erwägen, Wissen, Ethik" veröffentlichten Stellungnahmen zu dem von A. Thomas vorgelegten Ansatz (Benseler/Blanck/Keil-Slawik/Loh 2003). Einen Überblick liefern auch die Veröffentlichungen von Straub (2007) und Scheitza (2009). Wir nähern uns dem Thema für die Zwecke dieses Artikels über einige Grundsatzüberlegungen.

3.1.1 Interkulturelle Kompetenz: kontextübergreifend oder kontextspezifisch?

Eine Grundsatzfrage bei der Bestimmung „Interkultureller Kompetenz(en)" ist, ob die Anforderungssituationen, zu deren Bewältigung diese beitragen sollen, derart verallgemeinert werden können, dass das gewählte Konstrukt stets das gleiche beinhaltet, oder aber, ob nicht in bestimmten Handlungsbereichen Teilmerkmale dieser Kompetenz stärker, andere weniger oder zuweilen auch gar nicht gefordert sind (Leenen/Groß in Vorbereitung). Wenn letzteres zuträfe, müsste man wohl die Idee von „Interkultureller Kompetenz" als einer allgemeinen Schlüsselqualifikation revidieren (Straub, im Druck). Die Vorstellung, dass „Interkulturelle Kompetenz" kontextunabhängig sein könnte, wird offenbar durch die Typisierung der Anforderungssituationen nahegelegt, auf die das Konstrukt üblicherweise bezogen wird: Es gilt als Spezifikum sog. kultureller Überschneidungssituationen (vgl. Leenen/Grosch 1998: 31), dass die Beteiligten in kulturell unterschiedlichen Bedeutungswelten sozialisiert worden sind und von daher mehr oder weniger inkompatible Bedeutungen in die Interaktionssituation hineintragen. Die Folge sind Verständnislücken, die über Routinehandeln nicht problemlos zu schließen sind. Darüber hinaus sind solche Begegnungen durch eine strukturelle Unschärfe gekennzeichnet: Die Interaktionspartner können sich nie sicher sein, ob überhaupt und wenn ja, an welcher Stelle kulturelle Differenzen ins Spiel kommen. Kulturelle Kontaktsituationen erfordern daher immer komplexe Orientierungsleistungen und einen konstruktiven Umgang mit den entstehenden Unklarheiten und Unsicherheiten.

Doch auch für ein kontextabhängiges Verständnis interkultureller Kompetenz gibt es gute Gründe: Definiert man interkulturelle Kompetenz als Handlungskompetenz, muss diese in berufliche Handlungskontexte „eingelassen" sein und sich mit der dort erforderlichen fachlichen Professionalität verschränken. Je nach beruflicher Praxis einerseits und der kulturellen Unterschiedlichkeit der Interaktionspartner andererseits sind für gelingendes Handeln in interkulturellen Situationen eben nicht nur allgemeine Orientierungs-, Selbstmanagement- und Kommunikationsfähigkeiten erforderlich, sondern um die kulturelle Dimension erweiterte Wissensbestände und Interaktionsfähigkeiten. Die Ausgangsfrage nach dem kontextübergreifenden oder dem bereichsspezifischen Charakter „Interkultureller Kompetenz(en)" wäre demnach mit einem „sowohl als auch" zu beantworten: Bezogen auf das Typische interkultureller Überschneidungssituationen sind kontextübergreifende Elemente erforderlich; als Handlungskompetenz verstanden muss allerdings auch die Fähigkeit zur Bewältigung konkreter Anforderungssituationen dazu gehören. ‚Generalistische' Fähigkeiten müssen sich mit situations-, tätigkeits- und berufsfeldspezifischen Fertigkeiten verbinden. Berufliche Kompetenzprofile können demnach – was die interkulturellen Merkmale angeht – auch nur begrenzt handlungsfeldübergreifend bestimmt werden. Sie geraten abstrakt und wenig aussagefähig, wenn sie sich zu weit von einem konkreten Handlungsfeld entfernen.

3.1.2 Zum Zusammenwirken einzelner interkultureller Kompetenzelemente

Mit der Unterscheidung von Listen-, Struktur- und Prozessmodellen hat Bolten (2007) versucht, die Entwicklungsgeschichte theoretischer Ansätze zur Bestimmung interkultureller Kompetenz zu erfassen. Die Forschung sei bei dem Versuch, die für eine   Bewältigung   von   interkulturellen   Kontaktsituationen   und   von

Auslandserfahrungen unabdingbaren bzw. förderlichen Komponenten zu bestimmen, zunächst von einer bloßen Sammlung von Kompetenzelementen (*Listenmodell*) ausgegangen. Häufig wurden solche Listen auch nach affektiven, kognitiven und verhaltensbezogenen Aspekten geordnet – in der amerikanischen Trainingsliteratur auch als das „A, B, C der interkulturellen Kompetenz" (affections, behaviour, cognitions) dargestellt. So verdienstvoll solche ersten Auflistungen waren, sie entstanden meist aufgrund intuitiver Plausibilität und wurden in der Regel nicht empirisch validiert. Schon 1989 wies Spitzberg (1989) auf das Problem der Beliebigkeit der additiven Zusammenstellung solcher Kompetenzelemente hin. Die Bedeutung der Komponenten für eine erfolgreiche Situationsbewältigung bleibt dabei nebulös (Straub/Nothnagel 2010): Wirken sie einzeln, in bestimmten Kombinationen oder nur in ihrer Gesamtheit? Wie hat man sich ihr Zusammenwirken genau vorzustellen? Kann man sie überhaupt logisch oder semantisch trennscharf voneinander abgrenzen? Wirken die Einzelelemente stets in der gleichen Weise zusammen? Gibt es Elemente, die in bestimmten Situationen oder Praxisbereichen stärker erforderlich sind als andere?

Im Gegensatz zu Listenmodellen versuchen Strukturmodelle, eine Ordnung bzw. Strukturierung der einzelnen Kompetenzelemente vorzunehmen. Hammer, Gudykunst und Wiseman (1978) unterscheiden auf der Basis einer Faktorenanalyse drei Leistungsdimensionen interkultureller Kompetenz. „Interkulturelle Kompetenz" kann demnach unterstellt werden, wenn ein Akteur trotz kultureller Unterschiedlichkeiten zwischen den Interaktionspartnern und auch unter als fremd empfundenen Situations- und Kontextbedingungen (a) subjektive Zufriedenheit mit seiner Situation zu entwickeln versteht, (b) seine Ziele verfolgen bzw. seine Aufgaben erfolgreich erfüllen kann und (c) tragfähige und wechselseitig befriedigende soziale Kontakte eingehen kann. Subjektive Zufriedenheit gilt als Zeichen einer erfolgreichen psychischen Anpassung. Erfolgreiche Zielverfolgung bzw. Aufgabenerfüllung und wechselseitig befriedigende soziale Kontakte sind nur erreichbar, wenn ein Akteur in der Lage ist, den fremdkulturellen Kontext und die darin geltenden Anforderungen richtig zu deuten, Interaktionen nicht nur auf der Sach-, sondern auch auf der Beziehungsebene erfolgreich zu steuern und die unter den verwirrenden Bedingungen sich überschneidender Bedeutungshorizonte entstehenden Identitätsfragen zu bewältigen.

So genannte *Prozessmodelle* interkultureller Kompetenz betonen nach Bolten (2007) schließlich die Dynamik des Zusammenwirkens all dieser Kompetenzelemente. Im konkreten Handlungsvollzug lassen sich beispielsweise affektive, kognitive und konative Aspekte kaum voneinander trennen. Dynamische Wechselwirkungen gibt es wohl auch zwischen der psychologischen Anpassung einer Person an ein fremdkulturelles Umfeld, ihrer (instrumentellen) Effektivität und der kulturellen Angemessenheit ihres Verhaltens. Interkulturelle Handlungskompetenz wird in dynamischen Prozessmodellen als Zusammenwirken eines Bündels von Faktoren verstanden, die sich – wie in einem neuronalen Netzwerk – wechselseitig ergänzen oder (zumindest teilweise) auch ersetzen können. Dies könnte die Schwierigkeit erklären, die Bedeutung isolierter Kompetenzelemente empirisch zu bestimmen, weil diese im Fähigkeitsrepertoire einer Person möglicherweise nicht statisch, sondern dynamisch wirksam sind. Dynamische Prozessmodelle sind daher für die Erfassung interkultureller Kompetenzen weniger geeignet; als intuitive Hintergrundidee bei der Förderung und Entwicklung solcher Kompetenzen können sie durchaus von Bedeutung sein.

3.1.3 Bereiche interkultureller Kompetenz

Als hilfreich erweist sich an dieser Stelle ein Blick auf allgemeine Operationalisierungen beruflicher Handlungskompetenz. In diesem Forschungsbereich wird üblicherweise mit drei- oder vierdimensionalen Modellen gearbeitet, die eine Sortierung von Kompetenzelementen in Kompetenzklassen erlauben. Gebräuchlich ist eine Differenzierung zwischen Fach- und Methodenkompetenzen, Selbst- und Sozialkompetenzen sowie personalen und handlungsbezogenen Kompetenzen, wobei die Kompetenzbereiche unterschiedlich zusammengefasst werden (von Rosenstiel o.J., Kauffeld 2000, Strasmann/Schüller 1996). Wir unterscheiden hier ganz pragmatisch drei Kompetenzbereiche: (1) *Grundlegende Persönlichkeitseigenschaften*, (2) *Selbst- und Sozialkompetenzen* sowie (3) *Fach- und methodenbezogen Kompetenzen*. Bezogen auf die oben getroffene Unterscheidung von Listen-, Struktur- und Prozessmodellen operieren wir also mit einem sehr einfachen Strukturmodell von Kompetenz. Interkulturelle Kompetenz ist demnach ein Handlungsvermögen zur Bewältigung beruflicher Anforderungssituationen, in denen Kulturspezifik und Kulturdifferenz eine besondere Rolle spielen. Die drei allgemeinen Bereiche beruflicher Handlungskompetenz sind daher um sog. kulturallgemeine (culture-general) und kulturspezifische (culture-specific) Kompetenzen zu erweitern. Damit ergibt sich ein Rahmenkonzept zur Erfassung interkultureller Kompetenzen, das fünf Kompetenzbereiche mit interkultureller Relevanz unterscheidet. Aus diesen Bereichen sind je nach Berufsfeld und Anforderungssituationen unterschiedlich gewichtete Elemente und Kombinationen von Eigenschaften und Fähigkeiten gefordert. Mit der Postulierung solcher Kompetenzbereiche umgehen wir das Problem, eine generelle Aussage darüber zu treffen, ob beispielsweise landeskundliches Hintergrundwissen wichtiger ist als ausreichende kognitive Flexibilität oder ein bestimmter Umfang an sprachlicher Kompetenz.

3.1.4 Interkulturell besonders relevante Kompetenzmerkmale

(1) Grundlegende Persönlichkeitseigenschaften

Wir gehen davon aus, dass bestimmte Persönlichkeitsmerkmale oder Persönlichkeitseigenschaften den unverzichtbaren Kern bzw. die Basis interkultureller Kompetenzen bilden. Diese werden von Deller und Albrecht (2007) als *„eine relativ stabile und zeitlich überdauernde Verhaltensanlage"* definiert. Die Autoren gehen beispielsweise davon aus, dass die in Kulturbegegnungssituationen geforderte psychische Anpassungsleistung insbesondere *emotionale Ausgleichsfähigkeit* und *Fähigkeiten der Stressbewältigung* voraussetzt. Ebenso gehören die miteinander verwandten Eigenschaften *Offenheit* und *Ambiguitätstoleranz* zu den interkulturell besonders relevanten Persönlichkeitsmerkmalen. Ambiguitätstoleranz beschreibt die Fähigkeit, Widersprüche und Mehrdeutigkeiten in Situationen und Handlungsweisen zu ertragen, ohne sich unwohl zu fühlen oder aggressiv zu reagieren. Die Offenheit einer Person wird von vielen Autoren als eine grundlegende Persönlichkeitsvoraussetzung für erfolgreiche interkulturelle Lernprozesse angesehen (z.B. Berry 2004). Sie wird in der Forschung als eine psychologische Tendenz charakterisiert, neue Informationen leicht aufzunehmen und veränderten Umständen relativ unbefangen und mit wenig Widerstand zu begegnen. Van de Vijver und Leung (2009) heben hervor, dass sich in verschiedenen Studien ein vergleichsweise stabiler Zusammenhang zwischen interkulturellen Anpassungserfolgen bzw. einem erfolgreichen Agieren in einem internationalen Handlungsfeld und Persönlichkeitszügen wie z.B. *Offenheit, Flexibilität* oder *Empathiefähigkeit* herauskristallisiert. Untersuchungen im Zusammenhang mit Instrumenten wie dem Multicultural Personality Questionaire (Van der Zee/Van Oudenhoven 2000) oder der Intercultural Adjustment Potential Scale (Matsumoto/LeRoux/Ratzlaff/Tatani/ Uchida/Kim/Araki2001) zeigen, dass solche ausgewählten Persönlichkeitseigenschaften von besonderer interkultureller Relevanz sind.

Neben der kognitiven und emotionalen Flexibilität einer Person werden zu solchen interkulturell relevanten Persönlichkeitseigenschaften u.a. auch *psychische Belastbarkeit* bzw. die Fähigkeit zur *Stressbewältigung* gezählt. In Veröffentlichungen von Matsumoto u.a. wird betont, dass vor allem vier Komponenten ein persönliches Wachstum im Sinne einer interkulturellen Kompetenzsteigerung ermöglichen: Dies sind nach Untersuchungen dieser Autoren *Flexibilität* und *Offenheit* sowie die *Fähigkeit zu kritischem Denken* und zur *Regulation von Emotionen*. Die Fähigkeit zur Regulation von Emotionen wird als eine Schlüsselgröße herausgestellt, die bei der Kompetenzentwicklung als eine Art „gatekeeper" fungiert: Nur wenn negative Emotionen in interkulturellen Stresssituationen in einer Balance gehalten werden, können auch kognitive Schemata und die Einstellungen zu bestimmten Situationen und Personen verändert werden (Matsumoto/Yoo/LeRoux 2007). Dies hat sich in den Untersuchungen zur Intercultural Adjustment Potential Scale auch empirisch bestätigt: In multiplen Regressionsberechnungen war der Faktor „Emotionale Regulation" für die Hauptvarianz in den sogenannten Anpassungserfolgen verantwortlich (ebd.).

(2) Selbst- und Sozialkompetenzen

Interkulturell relevante Selbstkompetenzen sind z.B. die Fähigkeit zur differenzierten Selbstwahrnehmung und zur realistischen Selbsteinschätzung, ohne die die Wirkung des eigenen kulturbestimmten Handelns in der Interaktion nicht abschätzbar ist. Krewer und Scheitza (1995) unterscheiden selbstbezogene, partnerbezogene und interaktionsbezogene Sozialkompetenzen: Die selbstbezogenen Sozialkompetenzen zielen auf Fähigkeiten des Identitätsmanagements angesichts der Angreifbarkeit und Fragilität des Selbstkonzeptes im interkulturellen Feld. Dazu gehört z.B. die Fähigkeit, sich auch einem fremdkulturellen Gegenüber als vertrauenswürdig und kompetent darstellen zu können, sein Gesicht wahren und Identität ,aushandeln' zu können. Bei den partnerbezogenen Sozialkompetenzen geht es vor allem um die Fähigkeit, andere kulturelle Perspektiven einnehmen zu können und um die Qualität der

Fremdwahrnehmung. Interaktionsbezogene Sozialkompetenzen beziehen sich auf die Fähigkeit, Beziehungen aufbauen bzw. aufrechterhalten zu können und sich „social support"-Systeme zu erschließen.

(3) Kulturallgemeine Fähigkeiten

Die besondere Bedeutung so genannter kulturallgemeiner Fähigkeiten ist darin zu sehen, dass sie zur Bewältigung sehr unterschiedlicher Kulturkontaktsituationen befähigen. Bewusstheit der Kulturabhängigkeit des eigenen Denkens, Deutens und Handelns oder eine Vertrautheit mit der Dynamik interkultureller Kommunikationsprozesse, mit dem Ablauf psychischer und sozialer Adaptionsprozesse sowie den dabei wirksamen Verstärkungsmechanismen und Brisanzfaktoren (Paige 1993) sind grundlegende Voraussetzungen für den erfolgreichen Umgang mit den Herausforderungen kultureller Begegnungssituationen. J.M. Bennett (2009) zählt zu diesen kulturallgemeinen Fähigkeiten auch die Möglichkeit, kulturelle Orientierungskarten (culture maps) aufzurufen, mit deren Hilfe man eigene und fremde kulturelle Orientierungsmuster in Bezug zueinander setzen bzw. ‚positionieren' kann. Kulturelle Orientierungskarten sind einfache Rahmungen zur Einordnung kultureller Differenzen wie z.B. bestimmter Kommunikationsstile, Konfliktstile, Denk-, Argumentations- oder Lernstile. Die Möglichkeit der Positionierung eigener und fremder Präferenzen fördert „self-awareness" und ein Verständnis für die Einbettung solcher Orientierungen in tiefere Schichten unserer Weltauslegung.

(4) Kulturspezifische Fähigkeiten

Zu den kulturspezifischen Kompetenzen im engeren Sinne zählen beispielsweise Sprachkenntnisse, eine Vertrautheit mit kulturspezifischen Bedeutungsmustern (bestimmten Emblemen, Ritualen oder Tabus anderer Kulturen) oder die Teilhabe an historischen Erinnerungen anderer Kommunikationsgemeinschaften. In vielen Auflistungen interkultureller Kompetenzmerkmale wird Sprachkompetenz sträflich vernachlässigt, obwohl

> „die Möglichkeit der Partizipation an einer (fremd-) kulturellen Lebensform oft ganz direkt von der Fähigkeit abhängig (ist), Sprachspiele ‚mitspielen' zu können. Lebensformen, Weltbilder oder Weltansichten bleiben ohne Fremdsprachenkompetenz häufig fremd" (Straub, im Druck).

(5) Interkulturelle Fachlichkeit

Was als interkulturelle Fachlichkeit und Methodenkompetenz zu gelten hat, ist derzeit erst in Umrissen bestimmbar. Grundsätzlich geht es darum, berufliche Fachlichkeit mit den zuvor genannten Kompetenzen, insbesondere mit kulturallgemeinen und kulturspezifischen Fähigkeiten zu verschränken. Interkulturelle Beratungskompetenz im Umfeld eines Asylbewerberzentrums bedarf einer größeren Vertrautheit mit Traumatisierungsprozessen und deren Folgewirkungen; die Bildungsberatung in einem DAAD-Zentrum an einer vietnamesischen Universität verlangt nach vertieften landeskundlichen Kenntnissen. Dies sind natürlich nur plausible Beispiele, die die Kenntnis eines genaueren Anforderungsprofils nicht ersetzen können. Straub und Zielke (2007) sprechen mit Blick auf das Berufsfeld der Gesundheitsversorgung davon, dass dazu ein empirisch fundierter Überblick über die im Handlungsfeld anzutreffenden subjektiven Repräsentationen und eine Rekonstruktion der dort üblichen Handlungspraxis erforderlich wäre. Für das Berufsfeld Polizei schließen wir diese Lücke mit der im Abschnitt 3.2 dargestellten empirischen Anforderungsanalyse.

3.2 Das aktuelle Anforderungsprofil für die Polizei NRW[2]

Die Polizei NRW verwendet zurzeit ein recht breites Anforderungsprofil für den Polizeiberuf. Der Kompetenzkatalog in seiner aktuellen Form (Erlass vom 11. November 2004) beschreibt generell „notwendige Fähigkeiten und Fertigkeiten (Kompetenzmerkmale) der Mitarbeiterinnen und Mitarbeiter" („Kompetenzkatalog" S. 1).

> „Kompetenzen werden verstanden als diejenigen körperlichen und geistigen Potenziale, die eine Person als Voraussetzung benötigt, um anstehende Aufgaben oder Probleme verantwortungsvoll und zielorientiert zu lösen, die Lösungen zu bewerten und die persönlichen Handlungsmuster weiter zu entwickeln." (ebd.).

Unterschieden werden dabei „Kernkompetenzen" und „weitere zur erfolgreichen Aufgabenerledigung notwendige Kompetenzmerkmale" (ebd.). Die Kompetenzen werden in vier Kompetenzbereiche geordnet: Der Katalog unterscheidet persönliche, soziale, aufgabenbezogene sowie methodische Kompetenzen. Es wird festgehalten, dass im Zusammenhang mit der Auswahl von BerufsanfängerInnen gegebenenfalls

---

[2]   Die im Anforderungsprofil genannten Kompetenzen können aus naheliegenden Gründen hier und im Folgenden nicht explizit aufgeführt werden.

abweichende Vorgaben zu den Kompetenzausprägungen notwendig sind, damit sie der Situation des Berufseinstiegs bzw. den bei BerufsanfängerInnen voraussetzbaren Fähigkeiten gerecht werden. In der Anlage zum Kompetenzkatalog werden daher für das Einstellungsprofil insbesondere persönliche und soziale Kompetenzanforderungen genannt, während von den gewünschten aufgabenbezogenen sowie methodischen Kompetenzen lediglich an basalen Methoden des Selbstmanagements festgehalten wird. Alle weiteren Kompetenzen aus diesem Bereich sollen erst im Zuge der beruflichen Entwicklung erworben werden.

Festzuhalten ist, dass das derzeit in der Personalauswahl der Polizei NRW zugrunde gelegte Kompetenzprofil sich hinsichtlich der Unterteilung in Kompetenzbereiche nicht wesentlich von den in der Literatur diskutierten Profilen unterscheidet, sich von daher also für eine Integration zusätzlicher Elemente aus dem interkulturellen Kompetenzbereich sehr gut eignet. Einige der Merkmale des Eignungsprofils weisen schon deutliche Bezüge zu den bereits genannten interkulturellen Kompetenzanforderungen auf (wie z.B. Innovationsfähigkeit, Flexibilität oder Einfühlungsvermögen) und kommen als Ansatzpunkte für eine Verstärkung bzw. Modifikation von Kompetenzmerkmalen unter dem Gesichtspunkt der „Interkulturellen Kompetenz" infrage.

3.3 Ergebnisse der Anforderungsanalyse

In Hinblick auf die Gewinnung eines Anforderungsprofils unterscheidet Kanning (2003) eine intuitive, eine arbeitsplatzanalytische und eine personenanalytische Methode. Je nach Ansatz variiert der methodische Aufwand, aber auch die Güte der Ergebnisse.

	Intuitive Methode	Arbeitsplatzanalytische Methode	Personenanalytische Methode
Prinzip	Einschätzung von Experten	Zergliederung der Arbeitsbereiche in kleine Elemente	Aufwändige empirische Untersuchungen des Verhaltens sowie der Merkmale von Arbeitsplatzinhabern
Anwendung	Alle Tätigkeiten	Vornehmlich Produktionsarbeit und Bürotätigkeit	Alle Tätigkeiten
Vorteile	Geringe Kosten Hohe Plausibilität und Kommunizierbarkeit der Ergebnisse	Mäßig hohe Kosten Sehr systematisches Vorgehen Verborgenes kann zu Tage treten	Sehr systematisches Vorgehen Regelgerechte Entscheidungen Verborgenes kann zu Tage treten
Nachteile	Wenig systematisches Vorgehen Keine regelgeleiteten Entscheidungen Verborgenes kann nicht zu Tage treten Nutzen stark abhängig von der Qualität der Experten	Keine regelgeleiteten Entscheidungen Geringe Auswahl an standardisierten Instrumenten	Eher hohe Kosten Durchführung erfordert wissenschaftlich-methodische Fachkompetenz

Abbildung 1: Anforderungsanalytische Methoden im Vergleich (nach Kanning 2003)

Bei der *intuitiven Methode* werden die Anforderungen von Experten eingeschätzt. Der Aufwand dieses Vorgehens ist vergleichsweise gering. Die Ergebnisse bleiben jedoch subjektiv, da sie vom individuellen Erfahrungshintergrund des Experten abhängig sind. Neue Erkenntnisse über ein Tätigkeitsfeld sind durch den Rückgriff auf Erfahrungswerte aus der Vergangenheit nicht zu erwarten. Die *arbeitsplatzanalytische Methode* zeichnet sich durch ein systematischeres Vorgehen aus: Eine berufliche Tätigkeit wird hier in einzelne Elemente zerlegt, zu denen dann Anforderungen formuliert werden. Die Subjektivität der Anwender macht sich jedoch auch hier bemerkbar, wenn nicht auf standardisierte Instrumente zurückgegriffen werden kann. Die *personenanalytische Methode* betrachtet schließlich nicht nur den Arbeitsplatz, sondern fokussiert auf die Personen, die die entsprechende Tätigkeit ausüben. Die Untersuchung des Verhaltens und der Merkmale von ArbeitsplatzinhaberInnen ist aufwändig hinsichtlich der benötigten Zeit und der erforderlichen methodischfachlichen Qualifikation der Durchführenden. Die personenanalytische Methode führt allerdings auch zu Ergebnissen mit dem höchsten Realitätsbezug. Sie kann Erkenntnisse zutage befördern, die auch Experten bislang nicht bekannt waren und die sich auch nur eingeschränkt über eine Arbeitsplatzanalyse gewinnen lassen. Das Projekt IKIP bot die Möglichkeit, Methoden einzusetzen, die dem personenanalytischen Zugang entsprechen und somit zu empirisch gut abgesicherten Erkenntnisse führen.

3.3.1 Empirische Anforderungsanalyse

Um zu möglichst validen Aussagen zu gelangen, muss eine empirische Anforderungsanalyse im Sinne des personenanalytischen Ansatzes einerseits auf eine vergleichsweise große Stichprobe an Untersuchungspartnern zurückgreifen. Andererseits muss sie Verfahren einsetzen, die nicht nur oberflächliche Eigenschaftsbeschreibungen erfassen, sondern möglichst konkrete Interaktionssituationen, Verhaltensbeschreibungen und Erfahrungen ans Tageslicht befördern. Für die Erforschung beruflicher Anforderungen bedeutet dies ein sorgsames Austarieren von quantitativen und qualitativen Gütekriterien. Im Projekt IKIP haben wir uns entschieden, den quantitativen Anforderungen an eine große Stichprobe durch eine Fragebogenbefragung nachzukommen. Qualitative Interviews mit einer kleineren Zahl erfahrener PolizeibeamtInnen sollten hingegen einen möglichst tiefen Einblick in interkulturelle Anforderungen des Polizeiberufs gewähren.

Das Erkennen der interkulturellen Anteile einer Arbeitssituation setzt eine gewisse Vertrautheit mit interkulturellen Themen voraus und die Fähigkeit, kulturelle Faktoren zu identifizieren sowie deren Wirkung zu reflektieren. Aus diesem Grund wurden für die Teilnahme an den unten näher beschriebenen Interviewverfahren gezielt solche PolizeibeamtInnen angesprochen, die sich bereits mit interkulturellen Fragestellungen der Polizeiarbeit befasst hatten.[3]
Bei der Fragebogenerhebung wurde eine größere Repräsentativität der Untersuchungsstichprobe angestrebt. Für eine Teilnahme an der Untersuchung wurde über die nordrheinwestfälischen Polizeibehörden geworben. Es ist davon auszugehen, dass

---

[3]   Es wurden zum einen solche Personen angesprochen, die dem Projektteam aus Fortbildungen bei der Polizei NRW als interkulturell erfahren bekannt waren. Zum anderen wurden vom für interkulturelle Fortbildungen zuständigen Dezernat 34 des LAFP infrage kommende Personen benannt.

sich in erster Linie Personen für die Erhebung zur Verfügung stellten, die das interkulturelle Thema in irgendeiner (nicht unbedingt nur positiven) Art anspricht.

Abbildung 2 gibt einen Überblick über Zusammensetzung der Untersuchungsstichprobe für beide Befragungsverfahren. 38 Personen nahmen am REP-Interview-
Verfahren und 88 Personen an der Critical Incident Fragebogenerhebung teil.

	REP Interview	Critical Incident Fragebogenerhebung
Teilnehmer insgesamt	38	88
Frauen	11	26
Männer	27	62
ohne Migrationshintergrund	27	80
mit Migrationshintergrund	11	8
< 5 Dienstjahre	--	5
5-10 Dienstjahre	5	3
11-20 Dienstjahre	14	24
> 20 Dienstjahre	19	56
< 1 interkulturelle Situationen pro Monat*	1	
1-5 interkulturelle Situationen pro Monat*	8	
6-20 interkulturelle Situationen pro Monat*	13	
> 20 interkulturelle Situationen pro Monat*	16	

Abbildung 2: Zusammensetzung der Untersuchungsstichprobe (* = Durchschnitts-
werte für die letzten zwei Jahre)

3.3.1.1 Erhebungsmethode REP-Interview

Für den vertieften Einblick in die interkulturellen Anforderungen von Polizeibeamt-
tInnen haben wir uns für ein Interviewverfahren auf Grundlage der Repertory Grid
Methode von Kelly (1991) entschieden (REP-Interview). Das REP-Interview ist eine
standardisierte, teilstrukturierte Befragungstechnik, die es ermöglicht, subjektive Einschätzungen (Konstrukte) von Personen zu erfassen. Kern der Befragung ist die
Erhebung von Konzepten, mittels derer die Befragten aufgrund ihrer Erfahrungen

Unterschiede zwischen verschiedenen Akteuren (z.B. für ein Tätigkeitsfeld geeigneter vs. weniger geeigneter Personen) machen. Diese Konzepte werden in einer Tabelle (Grid) in Form von kurzen Beschreibungen festgehalten (zu Anwendung und Einsatzmöglichkeiten dieses Verfahrens siehe Scheer/Catina 1993, Fransella/Bell/Bannister 2004). Die REP-Methodik haben wir für unsere Fragestellung adaptiert.

Leitfaden des Interviewverfahrens nach REP-Methodik

1. Einführung und Vorbereitung

a) Erläuterung des Untersuchungskontextes- und -ziels, „Kennzeichen guter interkultureller Polizeiarbeit" und des Ablaufs des Erhebungsverfahrens.

b) Zusicherung von Anonymität bei der Auswertung und Einholen der Erlaubnis einer Tonaufnahme.

c) Vorstellung dreier Facetten interkultureller Polizeiarbeit, auf die während des Interviews fokussiert wird:

Aufgabenbewältigung: Das Ausmaß, in dem die anstehenden Aufgaben von dem/der PolizeibeamtIn gerade in Situationen mit kultureller Vielfalt und kulturellen oder subkulturellen Unterschieden gut bewältigt werden.

Kollegialität: Das Ausmaß, in dem ein/e PolizeibeamtIn mit den unterschiedlichsten KollegInnen gut zusammen arbeiten kann und von diesen als kompetente/r und beliebte/r KollegIn gesehen wird.

Akzeptanz beim Bürger: Das Ausmaß, in dem ein/e PolizeibeamtIn mit den unterschiedlichsten Bürgern/innen (dem polizeilichen "Gegenüber"), insbesondere solchen mit Migrationshintergrund, gut zurechtkommt und bei diesen auf Akzeptanz und Kooperationsbereitschaft stößt.

2. Verfahrensablauf

a) Die InterviewteilnehmerInnen bilden sog. „Elemente", d.h. sie ordnen reale KollegInnen der Gegenwart oder jüngeren Vergangenheit in ein Schema mit allen Kombinationen positiver und neutral/negativer Ausprägungen der Merkmale *Aufgabenbewältigung*, *Kollegialität* und *Akzeptanz beim Bürger* ein (Beispiel für ein „Element": ein/e KollegIn mit den Merkmalen *positive Aufgabenbewältigung, neutrale bis negative Kollegialität* und *positive Akzeptanz beim Bürger*). Durch die Kombination von drei Merkmalen mit jeweils zwei Ausprägungen ergeben sich insgesamt acht Elemente.

b) Die Befragten benennen und erläutern Gemeinsamkeiten und Unterschiede zwischen den mit Personen belegten Elementen. Diese Vergleiche erfolgen mit Hilfe einer Zufallstabelle. Es werden drei Elemente gemäß dieser Tabelle miteinander verglichen und Ähnlichkeiten und Unterschiedlichkeiten zwischen den diesen Elementen zugeordneten Personen beschrieben (z.B. Elemente 2-4-7; 1-5-8; 3-4-5; etc.).

Die Leitfrage für diese Dreiervergleiche lautet:

„Bitte überlegen Sie, was zwei der Elemente gemeinsam haben und was sie damit vom dritten Element unterscheidet."

Zur Konkretisierung von Verhaltensmerkmalen wird nachgefragt:

„Wie zeigt sich dieser Unterschied im Verhalten?"

„Was tun/machen diese beiden, wenn sie dieses Merkmal zeigen?"

„Was tut/macht dagegen die/der andere?"
„Können Sie mir eine Beispielsituation schildern, wo dieser Unterschied deutlich wird?"

Abbildung 3: Leitfaden des Interviewverfahrens nach der REP-Methodik

Die Interviews hatten eine Länge von 30-90 Minuten. Die Tonaufzeichnungen wurden im Anschluss an die Interviews verschriftet. Die Auswertung der REP Interviews orientierte sich an der Inhaltsanalyse nach Mayring (2010) und vollzog sich in vier Schritten:

1. *Herausarbeiten von Verhaltensbeschreibungen*

   In den Transkripten der Interviews wurden die Textstellen markiert, in denen eine produktive oder unproduktive Verhaltensweise eines/r PolizeibeamtIn beschrieben wurde. Aussagen der Respondenten über allgemein "gutes" oder "schlechtes" Polizeiverhalten oder über eigenes Verhalten wurden ebenfalls in die Auswertung aufgenommen (produktive/"gute" und unproduktive/"schlechte" Verhaltensweisen wurden entsprechend gekennzeichnet). Alle markierten Äußerungen wurden im Originalwortlaut in eine Auswertungstabelle übertragen

2. *Transformation zu Verhaltensparaphrasen*

   Die Originalzitate wurden zu verhaltensbeschreibenden Aussagen mit einer vereinheitlichten Satzstruktur transformiert (Subjekt-Prädikat-Objekt-Struktur).

3. *Verdichtung zu Bewältigungsfaktoren (Clusterbildung I)*

   Für inhaltlich ähnliche Verhaltensbeschreibungen wurden gemeinsame Überschriften gesucht. Dem Paradigma der Grounded Theory (Glaser/Strauss 1967) folgend, wurden diese Cluster im Verlauf der Durchsicht von Verhaltensparaphrasen immer wieder modifiziert, geteilt bzw. verbunden.

4. *Verdichtung zu Anforderungsmerkmalen (Clusterbildung II)*

   In einem vergleichbaren Prozess wurden Bewältigungsfaktoren zu Anforderungsmerkmalen gebündelt.

Abbildung 4 zeigt beispielhaft den Auswertungsprozess von einem Originalwortlaut zum Anforderungsmerkmal.

Wortlaut:	Paraphrase:	Bewältigungsfaktor:	Anforderungs-merkmal:
„Der sieht das nicht nur als so eine Sach-aufgabe, sondern er weiß, man muss mehr tun, wenn man die auch tatsächlich für sich gewinnen will."	Sieht Probleme nicht nur als Sachaufgaben, sondern versucht das Gegenüber mit Migra-tionshintergrund für sich zu gewinnen.	Herstellen einer persönlichen Bezi-ehung	Bürgernähe/Bürger-zugewandtheit

Abbildung 4: Auswertungsbeispiel für eine Verhaltensbeschreibung aus dem REP-Interview

3.3.1.2 Erhebungsmethode Critical Incident Fragebogen

Für die Erhebung mittels Fragebogen wurde die Methode der Critical Incidents (Kritischen Ereignisse) eingesetzt. Das Verfahren geht auf Flanagan (1954) zurück und dient im Zuge der Anforderungsanalyse der systematischen Beschreibung von Situationen sowie von Verhaltensweisen, die zu einem erfolgreichen oder nicht erfolgreichen Situationsumgang beitragen (Brannick/Levine/Morgeson 2007).

In dem von uns eingesetzten Fragebogen haben wir die an der Untersuchung teilnehmenden PolizeibeamtInnen nach erlebten Situationen aus ihrer beruflichen Erfahrungswelt befragt. Die Befragten wurden dabei gebeten, möglichst detaillierte Angaben zur Ausgangssituation, deren Rahmenbedingungen und den beteiligten Personen zu machen. Analog zur Befragung mit Hilfe des REP-Interviews haben wir die UntersuchungsteilnehmerInnen gebeten anzugeben, wie ein/e erfahrene/r kompetente/r oder aber unerfahrene/r inkompetente/r PolizeibeamtIn in der beschriebenen Situation handeln würde. Bei der Auswertung der Verhaltensbeschreibungen wurde ebenso inhaltsanalytisch vorgegangen wie bei der Auswertung der REP-Interviews. Als weiteres Ergebnis lieferten die Critical Incident Fragebögen eine Übersicht über Situationen polizeilichen Handelns, in denen interkulturelle Kompetenz zum Tragen kommt. Diese Situationsbeschreibungen sind für die Konstruktion der Auswahlinstrumente (z.B. situative Interviews) im Assessmentverfahren nutzbar.

3.3.1.3 Ergebnisse der empirischen Studie

Die REP-Interviews erwiesen sich als reichhaltige Quelle der Beschreibung von aus interkultureller Sicht produktiven und kontraproduktiven Verhaltensweisen aus der Polizeipraxis. In den 38 Interviews konnten insgesamt 1973 Verhaltensbeschreibungen kodiert werden. In den 88 Critical Incident Fragebögen wurden 130 kritische Ereignisse geschildert, aus denen insgesamt 534 Verhaltensbeschreibungen destilliert wurden. Insgesamt basiert die Anforderungsanalyse damit auf 2507 Verhaltensbeschreibungen, die in dem beschriebenen Clusterbegriffsprozess schließlich zu 19 Anforderungsmerkmalen verdichtet wurden.

Abbildung 5 stellt die Anforderungsmerkmale und die Häufigkeit ihrer Ladung mit Verhaltensbeschreibungen dar.

Anforderungsmerkmale	Häufigkeit
Bürgernähe und Bürgerzugewandtheit	317
Polizeiliche Korrektheit	310
Teamorientierung und Kollegialität	307
Adaptives Kommunikationsverhalten	179
Empathie und Perspektivenübernahme	149
Zielstrebigkeit und Durchsetzungsvermögen	148
Emotionale Kontrolle und Geduld	141
Grundlegende Kommunikationsfähigkeit, Beherrschen von Kommunikationstechniken	139
Toleranz und Respekt vor Kulturunterschieden	128
Flexibilität und Kreativität in der Aufgabenbewältigung	112
Deeskalation und Konfliktmanagement	111
Kulturwissen und Kulturerfahrung	96
Offenheit und Unvoreingenommenheit	82
Analysekompetenz	75
Polizeiliches Fachwissen und Erfahrung	51
Psychische Belastbarkeit	51
Identifikation mit dem Polizeiberuf	48
Kritik-, Lern- und Reflexionsfähigkeit	46
Fremdsprachenkenntnisse	17

Abbildung 5: Anforderungsmerkmale und die Häufigkeit ihrer Ladung mit Verhaltensbeschreibungen

Das empirisch gewonnene Anforderungsprofil zu polizeilichem Handeln in interkulturellen Anforderungssituationen besteht damit aus 19 Anforderungsmerkmalen. Jedes dieser Merkmale ist auf der Grundlage der hierfür vorliegenden empirischen Daten mit einer Begriffserläuterung versehen und wird mit einer Vielzahl von Beschreibungen produktiver und unproduktiver Verhaltensweisen veranschaulicht. Die 19 Anforderungsmerkmale lassen sich für Zwecke des Personalmanagements nach zwei Kriterien unterscheiden:

(1) *Situationsübergreifende generelle Kompetenzen vs. spezifisch interkulturelle Kompetenzen*: Letztere umfassen die Kompetenzen, die speziell in interkulturellen Anforderungssituationen relevant werden, erstere diejenigen Kompetenzen, die grundsätzlich und über viele Situationsarten hinweg als wichtig im Polizeidienst angesehen werden können.

(2) *Eher stabile Kompetenzen vs. eher veränderbare Kompetenzen*: Erstere können durch systematische Lern-, Erfahrungs- oder Trainingsprozesse nur schwer bzw. langsam verändert werden, letzte sind dagegen z.B. durch gezielte Personalentwicklungsmaßnahmen gut beeinflussbar. Zu den als stabil anzusehenden Kompetenzen gehören insbesondere solche, die stark durch grundlegende Persönlichkeitseigenschaften (vgl. Abschnitt 3.1.4) geprägt sind.

Abbildung 6 zeigt die Kompetenzen aus der Anforderungsanalyse in einem nach diesen Kriterien aufgebauten Schema.

Abbildung 6: Strukturmodell der aus der Anforderungsanalyse gewonnenen Kompetenzen

Ausgehend von obiger Abbildung sind die Kompetenzen in den Feldern A und C insbesondere für die Personalauswahl von Relevanz. Gut zugänglich für z.b. Trainings ist dagegen beispielsweise das Erlernen von Kommunikationstechniken, von Deeskalationsstrategien oder von Kulturwissen. Eine Sonderrolle nehmen die Fremdsprachenkenntnisse bei Bedarfssprachen der polizeilichen Arbeitswelt (z.b. Türkisch oder Polnisch ein) ein. Bringen BewerberInnen diese Fähigkeiten mit, so stellt dies eine zusätzliche Ressource dar, die sinnvoll im Polizeidienst genutzt werden kann und nicht mühsam z.b. durch Sprachschulungen aufgebaut werden muss. Insofern bietet es sich an, Sprachfähigkeiten in Bedarfssprachen – das gilt für BewerberInnen mit und ohne Migrationshintergrund gleichermaßen – bereits bei der Auswahl zu berücksichtigen und positiv zu werten. Da BewerberInnen mit Migrationshintergrund in derzeit üblichen Auswahlverfahren aufgrund von kulturellen Einflussfaktoren oder einer schwächeren Beherrschung der Mehrheitssprache tendenziell schlechter abschneiden als Bewerber ohne Migrationshintergrund (vgl. die Diskussion zum Adverse-Impact-Effekt, z.B. Outtz 2010), würde dies zudem in Richtung einer durch die Arbeitsanforderungen gedeckten Kompensation wirken und das Bestreben unterstützen, eine kulturell vielfältige Zusammensetzung der MitarbeiterInnen im Polizeidienst zu realisieren.

4 Diskussion und Ausblick

Wir haben uns der Aufgabe einer Integration "Interkultureller Kompetenz" in das Anforderungsprofil für den Polizeiberuf in der Polizei NRW von drei Seiten genähert: In einem *ersten Schritt* haben wir aus der theoretischen Diskussion um Fragen der Konzeptionierung interkultureller Kompetenz Vorstellungen zur Struktur des Kompetenzmodells und zu zentralen Kompetenzelementen gewonnen.

In einem *zweiten Schritt* haben wir mittels einer empirischen Studie die Verhaltensweisen und Persönlichkeitsmerkmale erheben können, die nach den Vorstellungen der Praktiker für ein erfolgreiches Handeln in sog. kulturellen Überschneidungssituationen Voraussetzung sind. Zugleich haben wir Informationen über die konkreten Anforderungssituationen erhalten, die erfahrene PolizeibeamtInnen in ihrem Berufsalltag als interkulturelle Herausforderung erleben. In einem inhaltsanalytischen Verfahren haben wir die uns genannten Verhaltensweisen und Persönlichkeitsmerkmale zu Kompetenzmerkmalen verdichtet. Man müsste hier genau genommen von *induktiv gewonnenen Kompetenzmerkmalen* sprechen, um sie von den in der Konzeptdiskussion gängigen Kompetenzen unterscheiden zu können. Wenn wir also von dem induktiv ermittelten Kompetenzmerkmal „Offenheit" sprechen, wird sich dies zwangsläufig (und wenn auch nur in Nuancen) von dem in der Literatur diskutierten Kompetenzmerkmal „Offenheit" unterscheiden (zumal in der theoretischen Debatte nicht nur eine Bedeutung von „Offenheit" zur Debatte steht). Im weiteren Verfahren von dem empirisch ermittelten Merkmal „Offenheit" auszugehen, hat den großen Vorteil, eine empirisch gestützte Operationalisierung anbieten zu können, die beispielsweise als Bewertungskriterium in einem Auswahlverfahren für Direkteinsteiger der Polizei des Landes NRW, z.B. einer Assessment-Center-Übung, zum Tragen kommen kann.

Da bei der Polizei NRW bereits ein etabliertes und verbindliches Kompetenzmodell vorliegt, stellt sich die Frage, wie die Ergebnisse aus der empirischen Anforderungsanalyse in dieses Kompetenzmodell integriert werden können. Zwischen den Ergebnissen einer auf Arbeitstätigkeiten zentrierten empirischen Anforderungsanalyse und einer eher auf Organisationsziele und -strategien fokussierenden Kompetenzmodellierung besteht zwangsläufig ein Spannungsfeld (z.B. Schippmann/Ash/Battis-ta/Carr/Eyde/Hesketh/Kehoe/Pearlman/Prien/Sanchez   2000, Campion/Fink/Rugge-berg/Carr/Phillips/Odman 2011). Höft und Goerke (2014) gehen davon aus, dass sich beide Ansätze zwar wechselseitig ergänzen sollten, die Ergebnisse aber nicht einfach ineinander überführt werden können. Die Frage, die wir uns in einem *dritten Schritt* gestellt haben, lautete somit: Gibt es Argumente, bestimmte interkulturell besonders relevante Kompetenzelemente in das aktuelle Anforderungsprofil der Polizei aufzunehmen bzw. bereits definierte Merkmale stärker interkulturell zu interpretieren?

Ein Blick auf Abbildung 7 verdeutlicht den unterschiedlichen Fokus der uns vorliegenden Untersuchungsergebnisse:

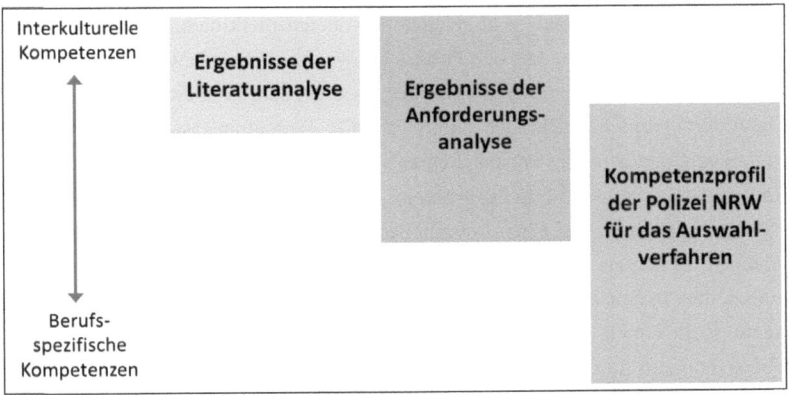

Abbildung 7: Reichweiten der verschiedenen Datenquellen des Projekts

Die Analyse des derzeitigen Auswahlverfahrens der Polizei NRW und des zugrunde liegenden Kompetenzprofils zeigt zahlreiche Anknüpfungspunkte für die Integration interkultureller Kompetenzelemente in das bestehende Kompetenzprofil der Polizei NRW. Es können sowohl neue Kompetenzelemente in das Profil sinnvoll integriert werden als auch bestehende Elemente stärker interkulturell prononciert werden. In der ausschließlich auf interkulturelle Kompetenzelemente abstellenden Literaturanalyse wurde erkennbar, welchen Kompetenzelementen eine zentrale Bedeutung zuzuschreiben ist. In der Anforderungsanalyse konnten diese Merkmale bestätigt und so konkretisiert werden, dass sie für das Erhebungsverfahren operationalisiert werden können.

Im hier beschriebenen Fall wurde vorgeschlagen, die Ergebnisse der Anforderungsanalyse zum interkulturellen Handeln in der Polizeitätigkeit wie folgt im verbindlichen Kompetenzmodell der Polizei NRW zu verankern:

(1) Kompetenzmerkmale, die sich aus der Literatur- und Anforderungsanalyse ergeben haben, aber im Kompetenzmodell der Polizei bisher nicht vorkommen, sollten ergänzend aufgenommen werden (z.B. die Merkmale *„Offenheit und Unvoreingenommenheit"* und *„Kulturwissen und -erfahrung"*)

(2) Aus der Anforderungsanalyse abgeleitete Kompetenzmerkmale, die einem Merkmal aus dem Kompetenzmodell der Polizei NRW klar zugeordnet werden können, dies aber etwas anders akzentuieren und interpretieren, sollten in das Kompetenzmodell integriert werden, z.B. der interkulturelle Bedeutungsaspekt *„emotionale Kontrolle und Geduld"* in das entsprechende verwandte Merkmal des Polizeiprofils. Zudem schlagen wir vor, die bislang bereits berücksichtigten Fremdsprachenkenntnisse in Englisch auf *Fremdsprachenkenntnisse in sog. Bedarfssprachen* auszudehnen. In den statistischen Untersuchungen zur Kulturfairness des Verfahrens zeigte sich, dass in den Teilen des Auswahlverfahrens, in denen Sprachsicherheit eine besondere Rolle spielt (dies betrifft bezeichnenderweise nicht nur einen Rechtschreibtest, sondern alle Testteile mit einer höheren sprachliche Komplexität), zwei- und mehrsprachige Bewerber durchweg schlechter abschneiden. Eine positive Berücksichtigung von Mehrsprachigkeit, über die bislang schon berücksichtigten Englischkenntnisse hinaus, böte die Chance, diesen Nachteil auszugleichen und für den Polizeieinsatz wichtige Zusatzkompetenzen positiv in das Verfahren einzubringen.

(3) Verschiedene Kompetenzmerkmale unserer Untersuchung sind inhaltlich den Merkmalen des bestehenden Eignungsprofils der Polizei sehr ähnlich, auch wenn hier die Benennungen zum Teil anders sind („Berufsmotivation" korrespondiert z.B. mit dem Merkmal „Identifikation mit dem Polizeiberuf" aus unserer Anforderungsanalyse). Hier könnten die von uns erhobenen Verhaltensbeschreibungen genutzt werden, um das entsprechende Merkmal aus dem Kompetenzmodell inhaltlich anzureichern, ohne dass dies seine Bedeutung grundsätzlich verändert.

(4) Um das Kompetenzmodell der Polizei NRW quantitativ nicht zu stark auszudehnen, wurde empfohlen, nur schwer inhaltlich unterscheidbare und im Verfahren kaum trennscharf erfassbare Merkmale des bisherigen Kompetenzmodells (wie z.B. Teamfähigkeit und Kooperationsfähigkeit) zusammenzuführen.

Unser Vorgehen beschreibt exemplarisch einen Weg, wie bestehende Eignungsprofile um interkulturelle Kompetenzmerkmale ergänzt werden können. Unsere Vorgehensweise lässt sich ohne weiteres auf andere Tätigkeitsfelder übertragen, bei denen angemessenes und erfolgreiches Handeln in kulturellen Überschneidungssituationen Teil des Berufsalltags (geworden) ist. Entscheidend ist unserer Ansicht nach, dass dabei zunächst die konkreten interkulturellen Anforderungen einer Tätigkeit systematisch erfasst werden, um die spezifische Validität eines interkulturellen Anforderungsprofils sicherzustellen.

Ist eine Integration interkultureller Kompetenzmerkmale in das Eignungsprofil vollzogen, so muss als nächster Schritt eine Weiterentwicklung der Auswahlinstrumente betrieben werden, um sicherzustellen, dass interkulturelle Kompetenzen reliabel, valide und fair im Auswahlprozess erhoben werden können. Diese Aufgabe wird im kommenden letzten Projektabschnitt angegangen, wobei der Schwerpunkt auf der Entwicklung eines Interviewverfahrens zur Erfassung interkultureller Kompetenzmerkmale liegen wird. Die Zentrierung auf die Interviewmethodik und nicht etwa auf simulationsorientierte Assessment-Center-Verfahren (Rollenspiele usw.) ergibt sich daraus, dass hier die Verzahnung mit dem bisherigen Auswahlinstrumentarium der Polizei NRW am leichtesten möglich erscheint. Strukturierte Interviewformen wie das Verhaltensbeschreibungsinterview oder das situative Interview lassen zudem angemessene Reliabilität, Validität und Fairness erwarten (vgl. z.B. Cook 2009) und sollten so die Möglichkeit eröffnen, interkulturelle Kompetenz im Auswahlprozess der Polizei NRW nicht nur konzeptionell zu berücksichtigen, sondern auch adäquat zu diagnostizieren.

Literatur

Bennett, Janet M. (2009): Cultivating intercultural competence: A process perspective. In: Deardorff, Darla K. (Hg.): The Sage Handbook of Intercultural Competence. Thousand Oaks: Sage, 121-140.

Brannick, Michael T. / Levine, Edward L. / Morgeson, Frederic P. (2007): Job and work analysis. Methods, research, and applications for human resource management. Los Angeles: Sage.

Benseler, Frank / Blanck, Bettina / Keil-Slawik, Reinhard / Loh, Werner (Hg.) (2003): Interkulturelle Kompetenz – Grundlagen, Probleme und Konzepte. In: Erwägen, Wissen, Ethik Jg. 14, H. 1, 137-228.

Berry, John W. (2004): Fundamental psychological processes in intercultural relations. In: Landis, Dan / Bennett, Janet M. / Bennett, Milton J. (eds.): Handbook of intercultural training (3rd ed.). Thousand Oaks: Sage, 166-184.

Bolten, Jürgen (2007): Was heißt „Interkulturelle Kompetenz"? Perspektiven für die internationale Personalentwicklung. In: Künzer, Vera / Berninghausen, Jutta (Hg.): Wirtschaft als interkulturelle Herausforderung. Business across cultures, Studien zum Interkulturellen Management. Bd. I. Frankfurt/M.: IKO, 21-42.

Campion, Michaela A. / Fink, Alexis A. / Ruggeberg, Brian J. / Carr, Linda / Phillips, Geneva M. / Odman, Ronald B. (2011): Doing competencies well: Best practices in competency modeling. In: Personal Psychology. 64, 225-262.

Cook, Mark (2009): Personnel selection. Adding value through people (5th ed.). Chichester: Wiley Blackwell.

Deardorff, Darla K. (ed.) (2009): The Sage Handbook of Intercultural Competence. Thousand Oaks: Sage.

Deller, Jürgen / Albrecht, Anne-Grit (2007): Interkulturelle Eignungsdiagnostik. In: Straub, Jürgen / Weidemann, Arne / Weidemann, Doris (Hg.): Handbuch Interkulturelle Kommunikation und Kompetenz. Stuttgart/Weimar: Metzler, 741-754.

Ebert, Petra S. / Tanzer, Cornelia (2014): Kompetenzmodelle kompetent managen: Ein Leitfaden zur Erstellung und Integration von Kompetenzmodellen in Personaldiagnostik und Personalentwicklung. In: Wirtschaftspsychologie. 16 (1), 15-24.

Glaser, Barney G. / Strauss, Anselm L. (1967): The discovery of grounded theory. Strategies for qualitative research. Chicago: Aldine Publishers.

Flanagan, John C. (1954): The critical incident technique. In: Psychological Bulletin. 51/4 1954, 327-359.

Fransella, Fay / Bell, Richard / Bannister, Don (2004): A manual for repertory grid technique (2nd ed.). Chichester: John Wiley & Sons.

Hammer, Mitchell R. / Gudykunst, William B. / Wiseman, Richard L. (1978): Dimensions of intercultural effectiveness: An exploratory study. In: International Journal of Intercultural Relations. 2, 382-393.

Höft, Stefan / Goerke, Panja (2014): Traditionelle Arbeits- und Anforderungsanalyse trifft modernen Kompetenzmanagementansatz: Rosenkrieg oder Traumhochzeit? In: Wirtschaftspsychologie. 16(1), 5-14.

Hönekopp, Elmar (2007): Situation und Perspektiven von Migranten auf dem Arbeitsmarkt in Deutschland. Ein Problemaufriss in 14 Befunden. In: BMAS (Hg.): Nationaler Integrationsplan Arbeitsgruppe 3. Dokumentation des Beratungsprozesses, 158-166.

Howaldt, Jürgen / Schwarz, Michael (2010): „Soziale Innovation" im Fokus. Skizze eines gesellschaftstheoretisch inspirierten Forschungskonzepts. Bielefeld: transcript.

Kanning, Uwe P. (2003). Diagnostik sozialer Kompetenzen. Göttingen: Hogrefe.

Kauffeld, Simone (2000): Das Kasseler-Kompetenz-Raster (KKR) zur Messung der beruflichen Handlungskompetenz. In: Arbeitsgemeinschaft Qualifikations-Entwicklungs-Management (Hg.): Flexibilität und Kompetenz: Schaffen flexible Unternehmen kompetente und flexible Mitarbeiter? Münster: Waxmann, 33-48.

Kelly, George A. (1991): The psychology of personal constructs. Vol. 1 and 2. New York: Routledge.

Krewer, Bernd / Scheitza, Alexander (1995): Interkulturelle Kompetenz als Kriterium der Personalauswahl. Konzept- und Instrumentenvorschlag zur Überarbeitung des Personalauswahlverfahrens der GTZ. Saarbrücken: Arbeitsgruppe Umwelt- und Kulturpsychologie der Universität des Saarlandes.

Landis, Dan / Bennett, Janet M. / Bennett, Milton J. (2004): Handbook of Intercultural Training (3rd ed.). Thousand Oaks: Sage.

Leenen, Wolf Rainer/ Grosch, Harald (1998): Bausteine zur Grundlegung interkulturellen Lernens, in: Bundeszentrale für politische Bildung (Hg.), Interkulturelles Lernen. Arbeitshilfen für die politische Bildung. Bonn, 29-46.

Leenen, Wolf Rainer / Groß, Andreas (in Vorbereitung): Interkulturelle Kompetenz(en): Modellbildung – Erfassung – Entwicklung. In: Henze, Jürgen / Kulich, Steven J. / Wang, Zhiqiang (Hg.), Interkulturelle Kommunikation: Deutsch-chinesische Perspektiven. Wiesbaden: Springer VS (in Vorbereitung).

Leenen, Wolf Rainer/ Groß, Andreas / Grosch, Harald / Scheitza, Alexander (im Druck): Kulturelle Diversität in der Öffentlichen Verwaltung. Konzeptionelle Grundsatzfragen, Strategien und praktische Lösungen am Beispiel der Polizei. Münster: Waxmann.

Matsumoto, David / LeRoux, Jeff A. / Ratzlaff, Charlotte / Tatani, Haruyo / Uchida, Hideko / Kim, Chu / Araki, Shoko (2001): Development and validation of a measure of intercultural adjustment potential in Japanese sojourners. The intercultural adjustment potential scale (ICAPS). In: International Journal of Intercultural Relations. 25, 1-28.

Matsumoto, David / Yoo, S.H. / LeRoux, Jeff. A. (2007): Emotion and intercultural adjustment. In: Kotthoff, Helga / Spencer-Oatey, Helen (eds.): Handbook of intercultural communication, (Handbooks of applied linguistics Vol.7). Berlin/New York: Mouton de Gruyter, 77-97.

Mayring, Phillip (2010): Qualitative Inhaltsanalyse. Grundlagen und Techniken (11. Auflage). Weinheim: Beltz.

McClelland, David C. (1973): Testing for competence rather than for intelligence. In: American Psychologist. 28, 1-14.

Outtz, James L. (ed.) (2010): Adverse Impact. Implications for organizational staffing and high stakes selection. New York: Routledge.

Paige, Michael R. (1993): On the nature of intercultural experience and intercultural education. In: Paige, Michael R. (ed.): Education for the intercultural experience. Yarmouth: Intercultural press, 1-19.

Rosenstiel, Lutz von (o.J.): Kompetenzen erkennen und entwickeln in der Krise. [Online: http://www.psy.lmu.de/soz/studium/downloads_folien/ws_09_10/muf_09_10/von_rosenstiel_krise.pdf] abgerufen am 01.11.2013.

Scheitza, Alexander (2009): Interkulturelle Kompetenz: Forschungsansätze, Trends und Implikationen für interkulturelle Trainings. In: Otten, Matthias / Scheitza, Alexander / Cnyrim, Andrea (Hg.): Interkulturelle Kompetenz im Wandel. Band 1: Grundlegungen, Diskurse und Konzepte (2. Auflage). Münster: LIT.

Scheer, Jörn W. / Catina, Ana (1993): Einführung in die Repertory Grid-Technik. Band I: Grundlagen und Methoden. Bern: Huber.

Schippmann, Jeffery S. / Ash, Ronald A. / Battista, Maringela / Carr, Linda / Eyde, Lorraine D. / Hesketh, Beryl / Kehoe, Jerry / Pearlman, Kenneth / Prien, Erich P. / Sanchez, Juan. I. (2000): The practice of competency modeling. In: Personnel Psychology. 53, 703-740.

Spitzberg, Brian H. (1989): Issues in the development of a theory of interpersonal competence in the intercultural context. In: International Journal of Intercultural Relations. 13/1989, 241-268.

Spitzberg, Brian H. / Changnon, Gabrielle (2009): Conceptualizing intercultural competence. In: Deardorff, Darla K. (ed.): The Sage Handbook of Intercultural Competence. Thousand Oaks: Sage, 2-52.

Strasmann, Jochen / Schüller, Achim (1996): Kernkompetenzen. Was Unternehmen wirklich erfolgreich macht. Stuttgart: Schäfer-Poeschel.

Straub, Jürgen (2007): Kompetenz. In: Straub, Jürgen / Weidemann, Arne / Weidemann, Doris (Hg.): Handbuch Interkulturelle Kommunikation und Kompetenz. Stuttgart/Weimar: Metzler, 35-46.

Straub, Jürgen (im Druck): Das Selbst als interkulturelles Kompetenzzentrum. In: Chakkarath, P. / Weidemann, D. (Hg.): Kulturpsychologische Zeitdiagnosen. Bielefeld: transcript.

Straub, Jürgen / Zielke, Barbara (2007): Gesundheitsversorgung. In: Straub, Jürgen / Weidemann, Arne / Weidemann, Doris (Hg.): Handbuch Interkulturelle Kommunikation und Kompetenz. Stuttgart/Weimar: Metzler, 716-728.

Straub, Jürgen / Nothnagel, Steffi (2010): Interkulturelle Kompetenz lehren: Begriffliche und theoretische Voraussetzungen. In: Weidemann, Arne / Straub, Jürgen / Nothnagel, Steffi (Hg.): Wie lehrt man interkulturelle Kompetenz? Theorien, Methoden und Praxis in der Hochschulausbildung. Ein Handbuch. Bielefeld: transcript, 15-27.

Van de Vijver, Fons J.R. / Leung, Kwok (2009): Methodological issues in researching intercultural competence. In: Deardorff, Darla K. (ed.): The Sage Handbook of Intercultural Competence. Thousand Oaks: Sage, 404-419.

Van der Zee, Karen I. / Van Oudenhoven, Jan P. (2000): The multicultural personality questionnaire: A multidimensional instrument of multicultural effectiveness. In: European Journal of Personality. 14, 291-309.

Autoren und Autorinnen dieses Bandes

Friederike Barié-Wimmer, M.A., promoviert an der Universität Bayreuth im Graduiertenprogramm „Kommunikative Konstruktion von Wissen" und arbeitet als Referentin für den Masterstudiengang Interkulturelle Kommunikation und Kooperation an der Hochschule München. Ihre Forschungsinteressen sind interkulturelle Behördenkommunikation, Gesprächsforschung und Migration.

Andreas Boes, Dr., ist Wissenschaftler am ISF München und lehrt als Privatdozent an der Technischen Universität Darmstadt. Er ist Vorstandsmitglied des ISF München. Seine Forschungsschwerpunkte liegen auf den Gebieten Informatisierung der Gesellschaft, Zukunft der Arbeit, Qualifikationsentwicklung von Computerspezialisten, Entwicklung der IT-Industrie.

Michael Brenker, Dipl.-Psych., ist als wissenschaftlicher Mitarbeiter an der Forschungsstelle für interkulturelle und komplexe Arbeitswelten der Friedrich-Schiller-Universität Jena verantwortlich für das Projekt MarNet. Zu seinen Forschungsinteressen zählen Kommunikationsprozesse in multinationalen Teams sowie die Grundlagen sozialer Kognitionen in Teams.

Daniela Gröschke, Prof. Dr., Dipl.-Psych., ist Junior-Professorin für Interkulturelle Personal- und Organisationsentwicklung am Fachgebiet Interkulturelle Wirtschaftskommunikation der Friedrich-Schiller-Universität Jena. Ihre Forschungsschwerpunkte liegen im Bereich Interkulturelle Kompetenz von Individuen, Gruppen und Organisationen, interkulturelle Teamarbeit und Diversity Management.

Katharina von Helmolt, Prof. Dr., ist Professorin für Interkulturelle Kommunikation und Kooperation an der Hochschule München. Ihre Arbeitsschwerpunkte und Forschungsinteressen sind Gesprächsanalyse interkultureller Situationen, Lehr- und Lernforschung im Bereich der Interkulturellen Kommunikation, Migration und

Mobilität. Sie ist Mitherausgeberin der Reihe „Kultur – Kommunikation – Kooperation" beim ibidem-Verlag.

Tobias Kämpf, Dr., ist Wissenschaftler am ISF München und Lehrbeauftragter der Friedrich-Alexander-Universität Erlangen-Nürnberg. Seine Forschungsschwerpunkte liegen auf den Themen Globalisierung und neue Formen internationaler Arbeitsteilung ("Offshoring"), Gewerkschaften und Interessenvertretung im Bereich hochqualifizierter Arbeit, Angestelltensoziologie, Gesundheit und Prävention.

Eckart Koch, Prof. Dr., war Professor für Volkswirtschaftslehre mit Schwerpunkt Internationale Wirtschaftsbeziehungen an der Hochschule München und publiziert zu den Themen internationale Wirtschaftsbeziehungen, Globalisierung, Finanzsystementwicklung in Entwicklungsländern, Migration und Interkulturelles Management. Als Langzeitexperte leitete er mehrere Entwicklungsprojekte in Südostasien und ist seit über 20 Jahren Gutachter und Berater für Entwicklungsvorhaben in Asien und Afrika.

Wolf Rainer Leenen, Prof. Dr., war von 1998-2013 Leiter des Forschungsschwerpunkts „Interkulturelle Kompetenz" und der „Kompetenzplattform „Migration, interkulturelle Bildung und Organisationsentwicklung" an der Fachhochschule Köln. Zurzeit leitet er das XENOS-Projekts "Interkulturelle Kompetenz und Inklusion in der Personalauswahl der Polizei (IKIP)". Seine aktuellen Forschungsschwerpunkte sind interkulturelle Kompetenztrainings, interkulturelle Personal- und Organisationsentwicklung, Diversität in Organisationen.

Mareike Martini, Dr., publizierte nach Forschungsaufenthalten in Kuba zu Wirtschaft und Gesellschaft des Landes und promovierte 2007 zu gedolmetschten deutsch-kubanischen Arbeitsbesprechungen an der TU Chemnitz. Danach war sie wissenschaftliche Mitarbeiterin am Zentrum für Angewandte Kulturwissenschaft des Karlsruher Instituts für Technologie und ist seit 2011 an der Universität Mannheim in der Abteilung Kommunikation und Fundraising des Rektorats tätig.

Sarah Möckel, Dipl.-Inf., M.A., ist als wissenschaftliche Mitarbeiterin an der For-schungsstelle für interkulturelle und komplexe Arbeitswelten der Friedrich-Schiller-Universität Jena verantwortlich für das Projekt MarNet. Zu Ihren Forschungsinteres-sen zählen der Faktor Mensch und empirische Forschungsmethoden in komplexen Arbeitswelten sowie nutzerzentrierte Vorgehensweisen in der Software- und Pro-duktentwicklung.

Alois Moosmüller, Prof. Dr., ist Professor für Interkulturelle Kommunikation und Ethnologie an der Ludwig-Maximilians-Universität München. Von 1992 bis 1997 war er Dozent an der Keio-Universität in Tokyo und führte Forschungen zur interkul-turellen Zusammenarbeit in deutschen und US-amerikanischen Unternehmen in Japan durch. Seine Forschungsschwerpunkte sind Akkulturation, Elitenmigration, Diaspora, Organisationsethnologie.

Kirsten Nazarkiewicz, Dr., ist Geschäftsführerin von consilia cct, einem Institut, das sich auf die Vermittlung von reflexiver Kulturkompetenz für Organisationen und Per-sonen in der globalisierten Welt spezialisiert hat. Ihre aktuellen Lehr-, Forschungs-und Arbeitsschwerpunkte sind interkulturelles und transkulturelles Coaching, Inter-cultural Management und Global Leadership.

Astrid Podsiadlowski, Dipl.-Psych., Dr., ist derzeit Senior Researcher an der Grund-rechteagentur der Europäischen Union in Wien und leitet den Sektor „Kinderrechte". Ihre Forschungsschwerpunkte liegen im Bereich interkulturelle Zusammenarbeit, multikulturelle Teams und Diversität in Organisationen.

Alexander Scheitza, Dipl.-Psych., ist wissenschaftlicher Mitarbeiter des Forschungs-schwerpunkts Interkulturelle Kompetenz der Fachhochschule Köln. Daneben ist er für das Kölner Institut für Interkulturelle Kompetenz (KIIK e.V.) als Trainer und Be-rater für Interkulturelle Kompetenz und Interkulturelle Öffnung tätig.

Steffen Steglich ist Doktorand am ISF München und Lehrbeauftragter an der Techni-schen Universität Darmstadt. Seine Forschungsschwerpunkte liegen auf den Themen

Arbeit in global verteilten Teams, Arbeit und Interesse von Hochqualifizierten; Informatisierung von Arbeit.

Siegfried Stumpf, Prof. Dr., ist Professor für Kommunikationspsychologie und Führungslehre an der Fachhochschule Köln, Campus Gummersbach. Seine Arbeits- und Forschungsschwerpunkte sind Teamprozesse und Teameffektivität, Interkulturelles Management, simulationsorientierte Verfahren der Personalauswahl und -entwicklung.

Stefan Strohschneider, Prof. Dr., ist Professor für Interkulturelle Kommunikation an der Friedrich-Schiller-Universität Jena und Leiter der Forschungsstelle für interkulturelle und komplexe Arbeitswelten. Zu seinen Forschungsschwerpunkten zählen Kommunikationsprozesse in heterogenen Teams, kulturvergleichende Studien im Entscheidungsverhalten sowie die Rolle von Affiliation im Umgang mit unbestimmten und komplexen Situationen.

Bernhard Zimmermann, Prof. Dr., war Professor für Soziologie an der Hochschule München. Seine Themenschwerpunkte sind Entwicklungssoziologie, Soziologie der ethnischen Beziehungen, Afrikanische Gesellschaften, Stadtsoziologie, Absolventenforschung, Interkulturelle Kooperation.

KULTUR – KOMMUNIKATION – KOOPERATION

herausgegeben von Gabriele Berkenbusch und Katharina von Helmolt

ISSN 1869-5884

9   *Ann-Kathrin Hörl*
Interkulturelles Lernen von Schülern
Einfluss internationaler Schüler- und Jugendaustauschprogramme auf die persönliche
Entwicklung und die Herausbildung interkultureller Kompetenz
ISBN 978-3-8382-0361-4

10   *Gwendolin Lauterbach*
Hierarchie in internationalen Hochschulkooperationen
Eine Studie zu deutsch-kirgisischer Projektarbeit
ISBN 978-3-8382-0392-8

11   *Gabriele Berkenbusch, Elisa Wiesbaum, Jens Weyhe*
Zwischen Hochschule und Arbeitsmarkt
Die Absolventenstudie der Fakultät Angewandte Sprachen und Interkulturelle
Kommunikation der Westsächsischen Hochschule Zwickau
ISBN 978-3-8382-0351-5

12   *Ciara Hogan, Nadine Rentel, Stephanie Schwerter (eds.)*
Bridging Cultures: Intercultural Mediation in Literature, Linguistics
and the Arts
ISBN 978-3-8382-0352-2

13   *Katharina von Helmolt, Gabriele Berkenbusch, Wenjian Jia (Hg.)*
Interkulturelle Lernsettings
Konzepte – Formate – Verfahren
ISBN 978-3-8382-0349-2

14   *Alexandra Bauer*
Identifikative Integration
Über das Zugehörigkeitsgefühl von Migranten und Migrantinnen
zu ihrer Aufnahmegesellschaft
ISBN 978-3-8382-0382-9

15   *Melanie Püschel*
Emotionen im Web
Die Verwendung von Emoticons, Interjektionen und emotiven Akronymen in
schriftbasierten Webforen für Hörgeschädigte
ISBN 978-3-8382-0506-9

16   *Friederike Barié-Wimmer, Katharina von Helmolt,*
Bernhard Zimmermann (Hg.)
Interkulturelle Arbeitskontexte
Beiträge zur empirischen Forschung
ISBN 978-3-8382-0637-0

Sie haben die Wahl:

Bestellen Sie die Schriftenreihe
Kultur – Kommunikation – Kooperation
einzeln oder im **Abonnement**

per E-Mail: vertrieb@ibidem-verlag.de | per Fax (0511/262 2201)
als Brief (*ibidem*-Verlag | Leuschnerstr. 40 | 30457 Hannover)

Bestellformular

☐ Ich abonniere die Schriftenreihe *Kultur – Kommunikation – Kooperation* ab Band # _____

☐ Ich bestelle die folgenden Bände der Schriftenreihe *Kultur – Kommunikation – Kooperation*

\# _____; _____; _____; _____; _____; _____; _____; _____; _____

Lieferanschrift:

Vorname, Name ....

Anschrift ....

E-Mail... | Tel.: ....

Datum .... | Unterschrift ....

Ihre Abonnement-Vorteile im Überblick:

- Sie erhalten jedes Buch der Schriftenreihe pünktlich zum Erscheinungstermin – immer aktuell, ohne weitere Bestellung durch Sie.
- Das Abonnement ist jederzeit kündbar.
- Die Lieferung ist innerhalb Deutschlands versandkostenfrei.
- Bei Nichtgefallen können Sie jedes Buch innerhalb von 14 Tagen an uns zurücksenden.

***ibidem*-**Verlag

Melchiorstr. 15

D-70439 Stuttgart

info@ibidem-verlag.de

www.ibidem-verlag.de
www.ibidem.eu
www.edition-noema.de
www.autorenbetreuung.de